职业教育新能源汽车类专业
新形态一体化教材

新能源汽车概论

主　编　蔺宏良　任春晖
副主编　王慧怡　黄晓鹏
参　编　江　泉　彭小红　谢　军
赵宏涛　朱布博　罗洋坤
孙少杰　李　彬　孙春鹏
陈庆贵

课程思政
课程思政示范课程
mooc
职业教育国家在线精品课程

中国教育出版传媒集团
高等教育出版社·北京

内容简介

本书是首批国家级课程思政示范课程和2022年职业教育国家在线精品课程“新能源汽车概论”的配套教材。

全书包括认识新能源汽车、混合动力汽车、纯电动汽车、燃料电池汽车与其他能源动力汽车、新能源汽车科学使用、新能源汽车安全维护与新能源汽车应用展望共7个单元。

本书在注重知识系统化的同时，有机融入劳动精神、劳模精神和工匠精神，实现价值塑造、能力培养与知识传授紧密融合；同时，注重职业性与技术性、科学性与应用性、系统性与趣味性融合，内容新颖、图文并茂。本书配有丰富的数字资源，通过扫描二维码可查看对应的微课等资源，学习者也可访问“智慧职教”平台（www. icve. com. cn）的“新能源汽车概论”在线开放课程进行学习。

本书可作为职业院校新能源汽车技术、汽车制造与试验技术、汽车检测与维修技术等汽车类专业的教材，也可作为汽车行业相关从业人员的学习用书。授课教师如需本书配套的教学课件或有其他需求，可发送邮件至gzjx@ pub. hep. cn 获取。

图书在版编目（CIP）数据

新能源汽车概论 / 蔺宏良，任春晖主编. --北京：高等教育出版社，2023.8（2024.9重印）

ISBN 978-7-04-060124-4

Ⅰ. ①新… Ⅱ. ①蔺… ②任… Ⅲ. ①新能源-汽车-概论 Ⅳ. ①U469.7

中国国家版本馆 CIP 数据核字(2023)第037028号

XINNENGYUAN QICHE GAILUN

策划编辑 姚 远　责任编辑 姚 远　封面设计 赵 阳　版式设计 童 丹
责任绘图 李沛蓉　责任校对 胡美萍　责任印制 刁 毅

出版发行 高等教育出版社
社 址 北京市西城区德外大街4号
邮政编码 100120
印 刷 北京市鑫霸印务有限公司
开 本 787 mm×1092 mm 1/16
印 张 15.75
字 数 380千字
购书热线 010-58581118
咨询电话 400-810-0598
网 址 http://www. hep. edu. cn
http://www. hep. com. cn
网上订购 http://www. hepmall. com. cn
http://www. hepmall. com
http://www. hepmall. cn
版 次 2023年8月第1版
印 次 2024年9月第2次印刷
定 价 42.80元

物 料 号 60124-00

前 言

在新一轮科技革命和产业变革的影响下，汽车产业的转型升级不断加快。党的二十大报告指出：推动制造业高端化、智能化、绿色化发展；要坚持科技自立自强。作为中国汽车工业实现“弯道超车”的重要载体，新能源汽车的发展日新月异，新技术、新工艺、新规范不断涌现。教育、科技、人才是全面建设社会主义现代化国家的基础性、战略性支撑。在这种背景下，出版一部能够兼顾汽车专业教学需求和从业人员及汽车爱好者学习需求、既通俗易懂又专业规范、服务于新能源汽车产业人才培养的新能源汽车入门读物就成为编者的心愿。

本书紧密对接当前新能源汽车产业的最新发展状况，遵循职业性与技术性、科学性与应用性、系统性与趣味性融合的“六性三融合”原则，将行业产业新技术、新工艺、新规范引入教材，从“行业、产业、政策、标准、产品”五个维度，有机序化并梳理出认识新能源汽车、混合动力汽车、纯电动汽车、燃料电池汽车与其他能源动力汽车、新能源汽车科学使用、新能源汽车安全维护和新能源汽车应用展望共7个学习单元；每个学习单元包含2～5个学习主题，学习主题之间既相互独立又相辅相成，全书梳理凝练出“新能源汽车概述”等共23个学习主题。书中每个学习单元都以学习指引，学习主题下的课堂导入、学习内容、拓展迁移，以及复习巩固、学习思考（学习自评、个人收获及思考）6个环节为主线，实现学习者的“自主学习闭环”；同时借助“互联网+”技术，在关键知识点处以二维码形式融入了微课，将纸质教材与数字资源有机结合，突破教与学的时空限制，激发学生兴趣，有助于对知识点的学习与理解，使教材内容立体化、可视化。教材立足“国际-国内，省情-校情”四重视角，构建了新能源汽车“节能安全环保”目标统领，“生态文明”理念、“科技报国”担当、“大国工匠”精神三环支撑联动的课程思政育人主线，有机融入“汽车强国、担当有我”等近百个思政育人点，制订课程思政课堂教学指引，有效落实课程思政育人。

本书由陕西交通职业技术学院蔺宏良、任春晖担任主编，长春汽车工业高等专科学校王慧怡、陕西交通职业技术学院黄晓鹏担任副主编，陕西交通职业技术学院江泉、彭小红、朱布博、孙少杰，长春汽车工业高等专科学校赵宏涛、广西交通职业技术学院谢军、湖南汽车工程职业学院罗洋坤、长安大学汽车学院李彬参与编写。本书单元一由江泉编写；单元二主题1、主题2由彭小红编写，主题3由谢军编写；单元三主题1由王慧怡编写，主题2、主题5由赵宏涛编写，主题3、主题4由朱布博编写；单元四由任春晖编写；单元五主题1由罗洋坤编写，主题2、主题3由孙少杰编写；单元六由黄晓鹏编写；单元七主题1、主题4由李彬编写，主题2、主题3由蔺宏良编写。此外，博世汽车服务技术（苏州）有限公司孙春鹏、大众汽车集团（中国）大众汽车学院陈庆贵为本书提供部分案例素材，并对部分技术资料进行审核把关。

党的二十大报告指出：推进职普融通、产教融合、科教融汇，优化职业教育类型定位。瞄准这一目标，本书在编写过程中，参考了部分国内外技术资料和文献，并得到了许多企业专家和教育同行的大力支持，在此谨向资料的作者及支持帮助本书的同行们表示衷心的感谢。

由于编者水平有限，书中难免有疏漏及不妥之处，竭诚欢迎读者批评指正。

编者

2023年5月

目　录

认识新能源汽车

2021 年我国新能源汽车产销规模超过 350 万辆，保有量超过 780 万辆，连续 7 年居世界首位，中国新能源汽车产业已走在世界前列。新能源汽车是全球汽车产业绿色发展、低碳转型的重要方向，也是我国汽车产业高质量发展的战略选择。接下来，让我们一起来认识新能源汽车。

学习指引

本单元主要学习如何认识新能源汽车，本单元学习思维导图如图 1-1 所示。

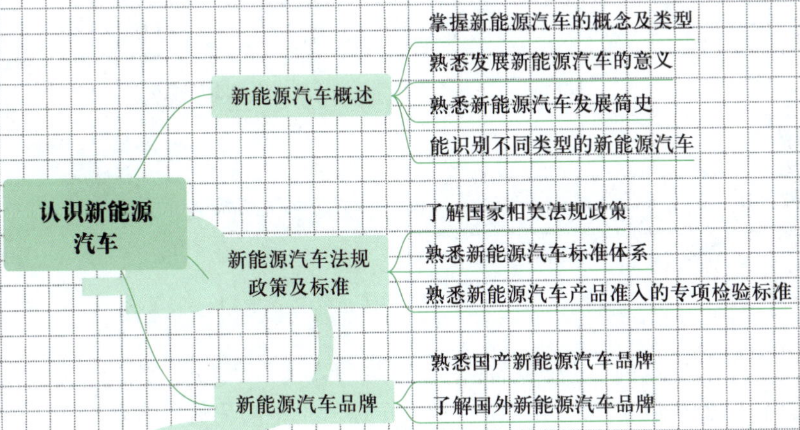

- 认识新能源汽车
  - 新能源汽车概述
    - 掌握新能源汽车的概念及类型
    - 熟悉发展新能源汽车的意义
    - 熟悉新能源汽车发展简史
    - 能识别不同类型的新能源汽车
  - 新能源汽车法规政策及标准
    - 了解国家相关法规政策
    - 熟悉新能源汽车标准体系
    - 熟悉新能源汽车产品准入的专项检验标准
  - 新能源汽车品牌
    - 熟悉国产新能源汽车品牌
    - 了解国外新能源汽车品牌

图 1-1 认识新能源汽车学习思维导图

主题1 新能源汽车概述

课堂导入

碳达峰与碳中和

随着人类社会对能源利用和环境保护的重视，节能减排成为人类必须面对的挑战。2020年12月在《巴黎协定》签署5周年之际，中国向世界宣布了力争于2030年前实现碳达峰，2060年前实现碳中和的目标。

实现碳达峰、碳中和（见图1-2）是我国向世界作出的庄严承诺，也是一场广泛而深刻的变革，绝不是轻轻松松就能实现的。“十四五”时期是我国生态文明建设进入以降碳为重点战略方向、推动减污降碳协同增效、促进经济社会发展全面绿色转型、实现生态环境质量改善由量变到质变的关键时期。

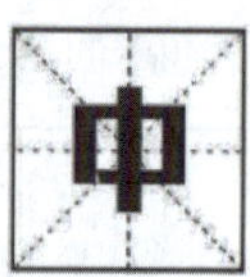

某一个时刻，二氧化碳排放量达到历史最高值，之后逐步回落。

通过植树造林、节能减排等形式，抵消自身的二氧化碳或温室气体排放量，实现正负抵消，达到相对“零排放”。

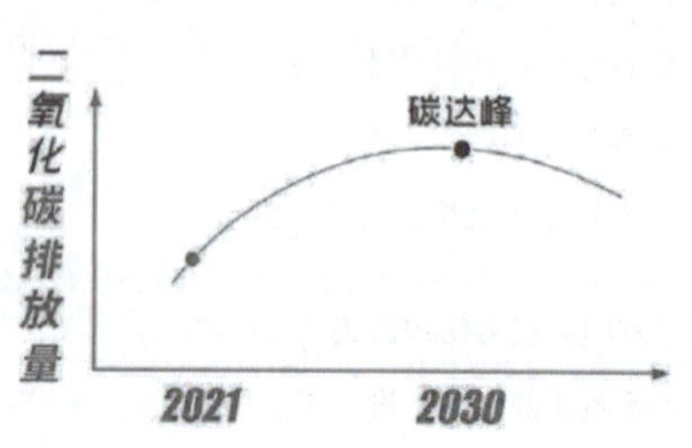

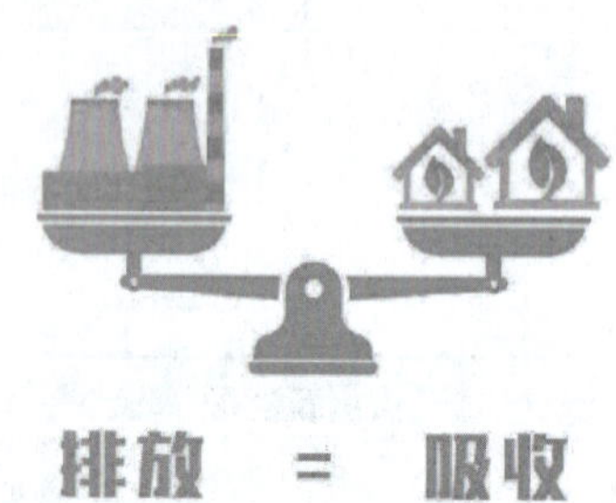

图1-2 碳达峰与碳中和

国务院印发的《2030年前碳达峰行动方案》提出大力推广新能源汽车，逐步降低传统燃油汽车在新车产销量和汽车保有量中的比例，推动城市公共服务车辆电动化替代，推广电力、氢燃料、液化天然气动力重型货运车辆。

发展新能源汽车有利于缓解石油短缺，保障国家能源和经济安全，有利于减少污染物和温室气体排放从而应对气候变化，有利于推进汽车产业转型升级，推动汽车产业低碳发展，实现可持续发展。碳达峰、碳中和背景下，新能源汽车逐渐成为汽车产业主流产品。

学习内容

一、能源、环境、气候与新能源汽车

汽车作为交通工具，在对现代文明做出巨大贡献的同时，也带来了诸如能源、环境与气候等方面的严峻挑战，如图 1-3 所示，石油短缺日益严重，环境污染不断加剧，温室气体排放大幅增加。基于以上背景，发展新能源汽车，不仅有利于降低对石油的依赖，保证我国的能源安全，也有利于我国的环境保护和可持续发展，并为我国汽车产业实现跨越式发展提供重要的支撑。

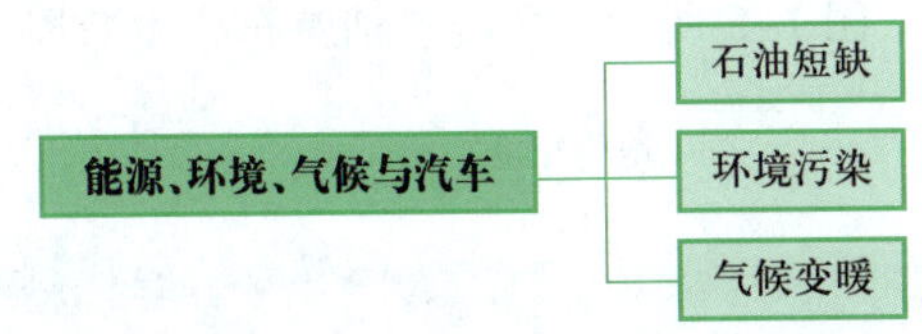

图 1-3　能源、环境与汽车

1. 能源因素

能源是指能够提供能量的资源。这里的能量通常指热能、电能、光能、机械能、化学能等，能源是可以为人类提供动能、机械能和能量的物质。

自然界中以原有形式存在、未经加工转换的能量资源称为一次能源，又称天然能源，包括化石燃料（石油、煤炭、天然气）、水能以及太阳能、风能、地热能、海洋能、生物质能、核能等。一次能源可分为传统能源和新能源，能源的分类如图 1-4 所示。

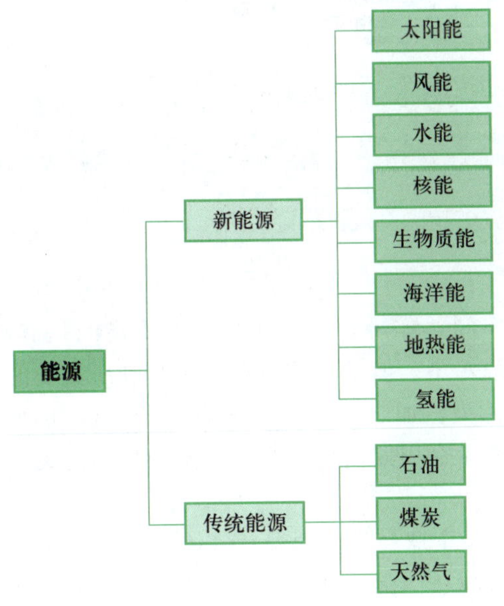

图 1-4　能源的分类

石油被誉为现代工业的“血液”，是一次能源，其储备量和全球的供求趋势直接关系到国家安全和经济秩序。传统燃油汽车消耗的能源主要来自石油，随着我国汽车保有量的不断增加，我国已成为世界排名第二的石油消耗国，石油已成为影响我国经济长远健康发展的短缺资源。因此，能源供给的结构性变化推动汽车动力能源转型，探求石油以外的汽车动力能源是迫切需要实现的目标。

2. 环境因素

传统燃油汽车在行驶过程中会产生大量的有害气体，不但污染环境，还大大地影响人类健康。汽车尾气排放的主要污染物为一氧化碳（CO）、碳氢化合物（HC）、氮氧化物（NO_x）、铅（Pb）、细微颗粒物及硫化物等。这些一次污染物还会通过大气化学反应生成光化学烟雾、酸沉降等二次污染物。全球大气污染 42% 源于交通车辆产生的污染。图 1–5 所示为传统燃油汽车全生命周期内对环境的影响。

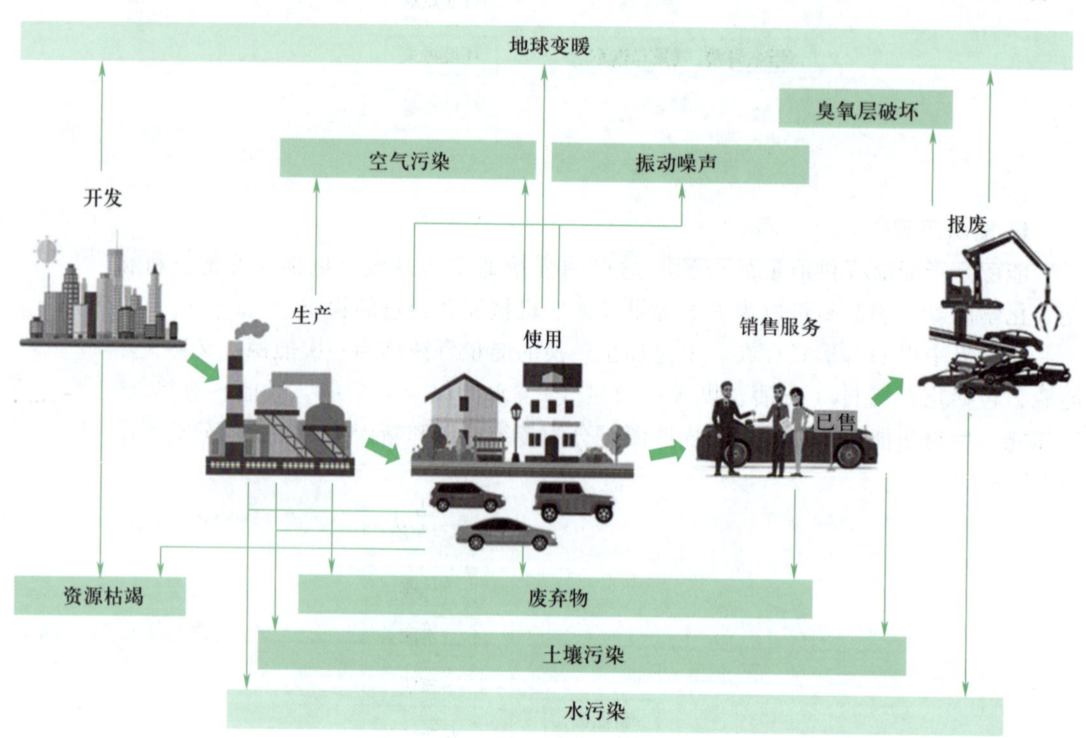

图 1–5　传统燃油汽车对环境的影响

目前，纯电动汽车的“零污染、零排放”主要指的是其在使用阶段污染物排放为零，不会导致环境污染。但是，纯电动汽车行驶所需要的电能，在其生产阶段或多或少仍然会产生污染，加之现阶段废旧电池的回收处理技术尚不够成熟，因此，纯电动汽车在其全生命周期内仍然存在一定的环境污染。

3. 气候因素

二氧化碳（CO_2）是全球最重要的温室气体，是造成气候变化的主要原因，而它主要来自化石燃料的燃烧。随着温室效应的加剧，气候变化风险不断增加，交通领域二氧化碳排放成为气候变化关注重点。

新能源汽车不直接排放二氧化碳，但是新能源汽车的生产和使用对电能的消耗也会间接产生二氧化碳（例如，火力发电厂燃烧煤炭发电）。图 1-6 所示是汽车使用各种能源直接或间接产生的二氧化碳排放量的对比。

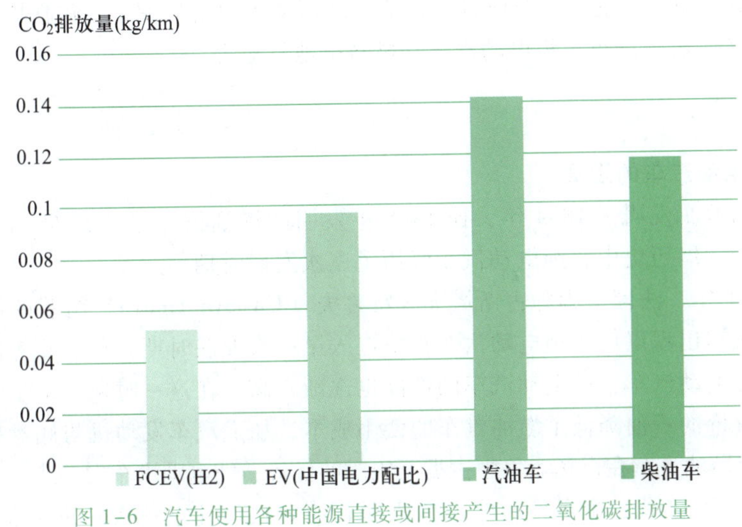

图 1-6　汽车使用各种能源直接或间接产生的二氧化碳排放量

二、新能源汽车的概念

新能源汽车是相对于传统汽车而言的，我国对新能源汽车的界定是一个不断变化的过程，对新能源汽车的定义和定义下涵盖的车辆类型逐渐清晰，同时也越来越规范。

2009 年 6 月 17 日，工业和信息化部发布的《新能源汽车生产企业及产品准入管理规则》中明确指出：“新能源汽车是指采用非常规的车用燃料作为动力来源（或使用常规的车用燃料、采用新型车载动力装置），综合车辆的动力控制和驱动方面的先进技术，形成的技术原理先进、具有新技术、新结构的汽车。

新能源汽车的定义

根据新能源汽车的定义，新能源汽车包括混合动力汽车（HEV）、纯电动汽车（BEV，包括太阳能汽车）、燃料电池电动汽车（FCEV）、氢燃料汽车、其他新能源（如高效储能器、二甲醚）汽车等各类别产品，新能源汽车的分类如图 1-7 所示。

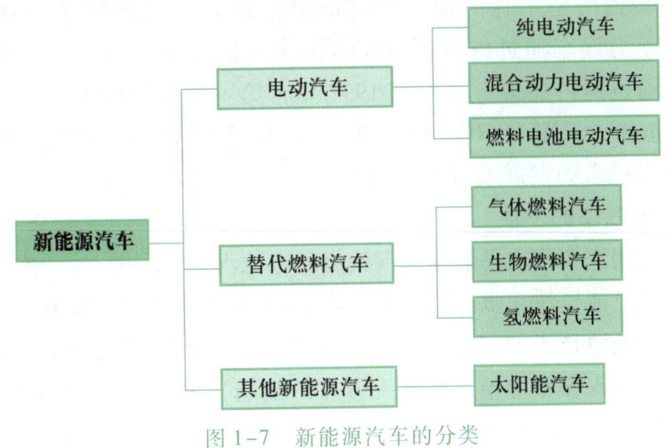

图 1-7　新能源汽车的分类

新能源汽车的分类

随着我国新能源汽车产业的快速发展和新能源汽车保有量的快速增加，为促进新能源汽车产业持续健康发展，2017 年，工业和信息化部发布新版《新能源汽车生产企业及产品准入管理规定》，并于 2020 年再次修订。其中明确了新能源汽车是指采用新型动力系统，完全或者主要依靠新型能源驱动的汽车，包括插电式混合动力（含增程式）汽车、纯电动汽车和燃料电池汽车等。

三、新能源汽车的发展

1. 纯电动汽车的发展

纯电动汽车发明于 1834 年，比 1895 年发明的燃油汽车早了约 60 年。在 100 多年的汽车发展历史中，纯电动汽车经历了三次发展时期。

自 1881 年，法国工程师古斯塔夫·特鲁夫（Gustave Trouve）组装的第一辆纯电动三轮汽车出现以后，纯电动汽车很快进入第一次发展时期。英、美等国也先后制造出了纯电动汽车，纯电动汽车的性能也逐渐提高。在这一时期，由于大量油田的开发，廉价的石油降低了燃油汽车的使用成本，加上汽车发动机与底盘技术的不断提高，使燃油汽车在市场竞争中占据了绝对的优势，纯电动汽车发展进入了停滞。

20 世纪 70 年代，世界性的能源危机和石油短缺使纯电动汽车重新获得生机，世界各国都开始研发和生产纯电动汽车，从而进入了纯电动汽车第二次发展时期。在 20 世纪 70 年代末，随着石油价格的不断下跌，石油短缺问题已不再严重，使得未成气候的纯电动汽车商业化再次走入了低谷。

20 世纪 80 年代以来，随着汽车保有量的不断增加，燃油汽车排放的有害气体对人类健康及生命安全的影响日益突出，并且燃油汽车需要消耗大量的石油资源，纯电动汽车第三次进入了较快的复苏发展及创新时期。在该发展时期，世界各大汽车公司纷纷投入大量的人力和资金，研究与开发新型纯电动汽车，包括我国在内的许多国家也都纷纷推出相关的政策，支持和鼓励纯电动汽车的开发和使用，纯电动汽车产业得到迅速的发展，开启了纯电动汽车新的生命周期。早期的纯电动汽车如图 1–8 所示，现代智能纯电动汽车如图 1–9 所示。

2. 混合动力汽车的发展

1902 年，费迪南德·保时捷（Ferdinand Porsche）造出了第一辆混合动力汽车，这辆混合动力汽车通过内燃机（Internal Combustion Engine）带动发电机为汽车轮毂中的电动机提供能量。一直到 1997 年，第一款量产的混合动力汽车——丰田普锐斯（Prius）（见图 1–10），才被推向市场。随着混合动力汽车性能的不断提高，混合动力汽车市场发展前景越来越好。

3. 燃料电池汽车的发展

1966 年，通用汽车推出了全球第一款燃料电池汽车 Electrovan，该车动力系统由 32 个薄电极燃料电池模块串联组成，持续输出功率为 32 kW，峰值功率为 160 kW，完美诠释了燃料电池技术的可行性潜力。自 1993 年加拿大巴拉德公司推出燃料电池汽车后，全球进入燃料电池汽车研究开发的热潮，主要的汽车厂家都投入到燃料电池汽车研发当中，并取得不断进步。直到 2015 年，丰田 Mirai（见图 1–11）和本田 Clarity 燃料电池汽车上市，开始面向私人乘用车领域销售，燃料电池汽车正式进入商业化阶段。

图 1-8 早期的纯电动汽车

图 1-9 现代智能纯电动汽车

图 1-10 丰田普锐斯（Prius）

图 1-11 丰田 Mirai 燃料电池汽车

燃料电池汽车采用燃料电池作为电源，是一种节能、无污染、环保型的汽车，是新能源汽车发展的一条重要的技术路线。

我国新能源汽车主要的发展方向是纯电动汽车、插电式混合动力汽车和燃料电池汽车。2020年发布的《节能与新能源汽车技术路线图》2.0中提出了我国汽车产业发展面向2035年的六大目标，即汽车产业碳排放将于2028年左右先于国家碳减排承诺提前达峰，至2035年，碳排放总量较峰值下降20%以上；新能源汽车将逐渐成为主流产品，汽车产业基本实现电动化转型；中国方案智能网联汽车核心技术国际领先，产品大规模应用；关键核心技术自主化水平显著提升，形成协同高效、安全可控的产业链；建立汽车智慧出行体系，形成汽车、交通、能源、城市深度融合生态；技术创新体系基本成熟，具备引领全球的原始创新能力。

拓展迁移

你了解全生命周期评价吗

全生命周期评价（Life Cycle Assessment，LCA）作为一种思想方法，研究产品从设计、原材料开采、生产、运输、储存、使用、再循环，直至最终废弃处置的整个生命周期，对周期各阶段所产生的环境影响予以定性或定量的分析评价，并比较这些影响效应的优劣。通过全生命周期评价可以有效识别产品生命周期各阶段的环境负载，科学地评价整个生命周期累积的环境负载。全生命周期评价不是只关注车辆使用环节，而是对燃料的整个生命周期进行研究，是基于从燃料开始生产直至其完全氧化的全过程的能耗和总排放。只有对燃料的整个生命周期进行研究，才能够真正比较各种燃料用于汽车时是否真正达到在经济成本允许的情况下节约能源、减少污染的目的。

主题 2 新能源汽车法规政策及标准

课堂导入

换电标准化需求

新能源汽车换电模式主要分为集中充电模式和充换电模式，充换电模式即换电站同时具备电池更换和电池充电两种功能，这将是未来的主流模式。新能源汽车采用换电模式与充电模式相比，最大区别在于换电模式电池的补能效率高，通过机械方式更换新能源汽车的电池可以快速达到补能效果。

由于新能源汽车用动力电池的形状、尺寸、规格、电气结构等不尽相同，再加上动力电池与整车之间匹配、通信和控制的复杂性，不同车型之间较难实现兼容互换。但换电模式推动了“车电分离”模式的尝试及运行，解决了新能源汽车初次购置成本高、二手车残值低的固有问题，一定程度上促进了新能源汽车市场发展，并由此产生了换电标准化的需求，通过换电标准化可实现动力电池在车辆上的兼容性，以及实现换电站的共享化。

学习内容

一、新能源汽车法规政策

为了全力推动新能源汽车产业持续健康发展，我国构建了比较完善的法规政策体系。通过制定国家法律法规、出台相关配套政策等形式，有力提升了汽车生产企业和汽车消费群体对新能源汽车的信心，对规范和推动新能源汽车产业发展起到了显著的效果。如《乘用车企业平均燃料消耗量与新能源汽车积分并行管理办法》，将“鼓励”车企生产新能源汽车变成“强制推进”过程，极大地推动了国内汽车生产企业转型生产新能源汽车的步伐。通过梳理，我国新能源汽车相关政策主要有宏观综合政策、行业管理政策、推广应用政策、税收优惠政策、科技创新政策、基础设施政策六个方面，已形成了覆盖新能源汽车（New Energy Vehicle，NEV）全产业链的政策支持体系，如图 1-12 所示。

二、新能源汽车关键技术及标准

1. 新能源汽车关键技术

（1）电池。电池系统关键技术是以动力电池模块为核心，实现我国以能量型锂离子动力电池为重点的车用动力电池大规模产业化突破。以车用能量型动力电池为主要发展方向，兼顾功率型动力电池和超级电容器的发展，全面提高动力电池输入输出特性、安全性、一致性、耐久性和性价比等综合性能；强化动力电池系统集成与热—电综合管理技术，促进动力电池模块化技术发展；实现车用动力电池模块标准化、系列化、通用化，为支撑纯电驱动新能源汽车的商业化运营模式提供保障。

新能源汽车政策体系

宏观综合政策	行业管理政策	推广应用政策	税收优惠政策	科技创新政策	基础设施政策
汽车产业振兴规划	汽车动力蓄电池行业规范条件	继续开展NEV推广应用工作	车船税减免政策	国家“863”计划	电动汽车用电价格
战略性新兴产业规划	新建纯电动乘用车企业规定	NEV政府采购实施方案	消费税优惠政策	国家“973”计划	充电设施指导意见
工业转型升级规划	电动汽车动力电池回收利用技术政策	公共服务领域NEV推广方案	关税优惠政策	国家科技支撑计划	充电设施发展指南
能源发展规划	外商投资指导目录	加快NEV在交通行业推广应用意见	高新技术企业所得税优惠政策	技改资金支持	充电设施用地政策
加快节能环保产业发展意见	NEV准入管理规则	2016~2020财政支持政策	营业税优惠政策	国家重点研发计划NEV专项	充电设备建设奖励
大气污染防治行动计划	双积分管理制度	城市公交车油补政策	NEV购置税免征	产业技术创新工程	
NEV产业发展规划		加快NEV推广应用指导意见			

图 1-12 我国新能源汽车政策体系

注：参考全国汽车标准化委员会和中国汽车技术研究中心编制的《中国电动汽车标准化工作路线图（第三版）》。

瞄准国际前沿技术，深入开展下一代新型车用动力电池自主创新研究，为新能源汽车产业中长期发展进行技术储备。新体系动力电池方面，重点研究石墨烯添加剂、纳米硅负极三元锂电池、富锂锰基、锂硫等长续航里程电池，并通过试验技术验证，建立动力电池创新发展技术研发体系；突破燃料电池关键技术和系统集成，推进工程实用化，为新一代燃料电池汽车研发与产业化奠定核心技术基础；重点推进燃料电池的工程实用化，建立小批量生产线，进一步提升燃料电池性能，降低成本，强化电堆与系统的寿命考核，改进提高燃料电池系统控制策略与关键部件性能，提升燃料电池系统可靠性与耐久性，为燃料电动汽车示范运行提供可靠的车用燃料电池系统。

（2）电机。电机系统关键技术是以轻量化、集成化高效驱动模块为主要方向，面向混合动力汽车大规模产业化需求，开发混合动力发动机/电机总成（发动机+ISG/BSG）和机电耦合传动总成（电机+变速器），形成系列化产品，实现市场竞争力，为混合动力汽车大规模产业化提供技术支撑。面向纯电动汽车大规模商业化需求，开发纯电动汽车驱动电机及其传动系统系列，同步开发配套的发动机发电机组（APU）系列，为实现纯电动汽车大规模商业化提供技术支撑。面向下一代纯电驱动系统技术攻关，从新材料/新结构/自传感电机、IGBT 芯片封装和驱动系统混合集成、新型传动结构等方面着手，开发高效率、高材料利用率、高密度和适应极限环境条件的电力电子、电机与传动技术，探索下一代车用电机驱动及其传动系统解决方案，满足电动汽车可持续发展需求。

(3) 电控。电控系统关键技术是以高可靠性、高效率、高智能为主要方向。重点开发整车集成技术及控制系统、多部件间的转矩耦合和动态协调控制算法，满足新能源汽车大规模产业化技术需求。重点开发先进的纯电动汽车分布式、高容错和强实时控制系统，高效、智能和低噪声的电动化总成控制系统（电动空调、电动转向、制动能量回馈控制系统），纯电动汽车的车载信息、智能充电及其远程监控技术，满足纯电动汽车大规模商业化需要。重点开发基于新型电机集成驱动的一体化底盘动力学控制、高性能的下一代整车控制器及其专用芯片、电动汽车智能交通系统（ITS）与车网融合技术［V2X，包括 V2G（汽车到电网的链接）、V2H（汽车到家庭的链接）、V2V（汽车到汽车的链接）等网络通信技术］，为下一代纯电动汽车开发提供技术支撑。

V2X

2. 我国新能源汽车标准化机构

我国新能源汽车标准涉及新能源汽车整车、关键零部件、基础设施等领域，包括国家标准（GB）、汽车行业标准（QC）和能源行业标准（NB）。

全国汽车标准化技术委员会（SAC/TC114）成立于 1988 年，简称汽车标委会，自“九五”末期开始进行新能源汽车标准的研究。为了全面支撑新能源汽车的研发、示范和产业化，系统开展新能源汽车标准体系规划和标准制定、修订，经国家标准化主管部门批准，1998 年，在全国汽车标准化技术委员会下组建成立了电动车辆分技术委员会（SC27），负责全国纯电动汽车、混合动力汽车、燃料电池汽车、电动汽车关键系统和零部件、充换电、加氢等相关领域的标准化工作，并作为 ISO/TC22/SC21 和 IEC/TC69 等国际组织的国内对口单位参与国际标准协调和制定。为了更广泛地吸纳行业力量共同参与标准研究制定，在 TC114 和 SC27 下又成立了若干工作组，开展具体领域的标准体系研究和标准制定、修订。我国新能源汽车标准化工作组织如图 1-13 所示。

2010 年之前，中国电动汽车标准的制、修订工作由全国汽车标准化技术委员会电动车辆分技术委员会（SAC/TC114/SC27）负责。2010 年开始，随着工业和信息化部与国家能源局在电动汽车标准化工作管理职能分工的确定，电动汽车基础设施方面的标准由电力行业组织起草。2010 年 7 月，国家能源局批准成立能源行业电动汽车充电设施标准化技术委员会（NEA/TC3），主要负责能源行业电动汽车充电设施标准化工作。

3. 我国新能源汽车标准体系现状

我国新能源汽车标准体系是在传统汽车标准体系的基础之上发展起来的，而新能源汽车标准大部分是根据国内的研发、示范、应用经验自主制定的。

截至2021年，我国新能源汽车领域现行有效的国家标准共计100余项，在研标准20余项。其中36项已列为新能源汽车产品准入的专项检验标准（见表1-1）。我国新能源汽车技术领域现有的相关技术标准体系主要包括：整车标准、关键系统及零部件标准、基础设施标准、基础与通用标准等部分，如图1-14所示，涵盖了纯电动汽车、插电式混合动力汽车、燃料电池汽车等整车相关标准，以及驱动电机系统、储能系统（动力电池）、动力总成、辅助装置、专用部件及基础设施等相关标准。

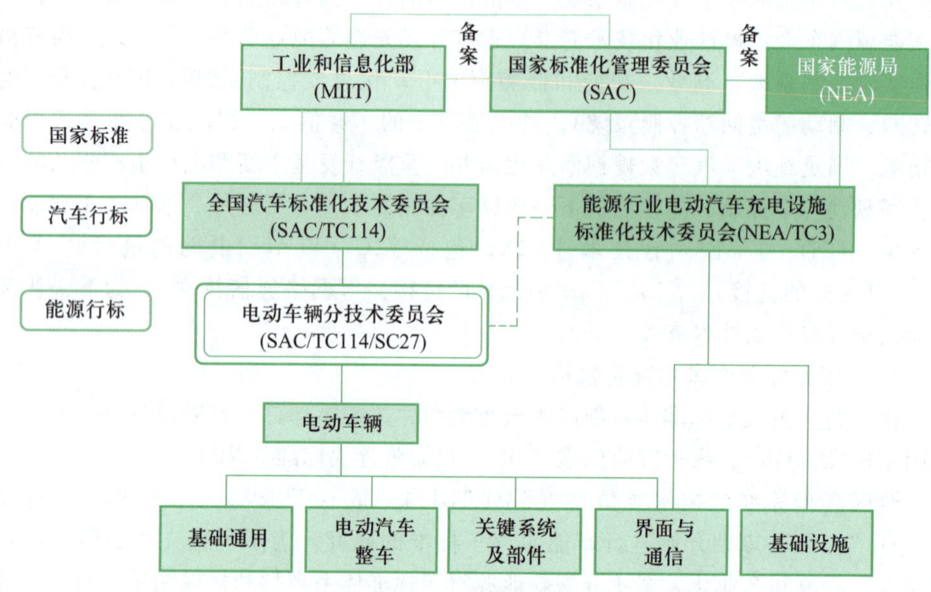

图1-13 我国新能源汽车标准化工作组织

注：参考全国汽车标准化委员会和中国汽车技术研究中心编制的《中国电动汽车标准化工作路线图（第三版）》。

表1-1 新能源汽车产品准入的专项检验标准

序号	检验项目	标准名称	标准号
1	储能装置（单体、模块）	电动汽车用锌空气电池	GB/T 18333. 2—2015
		电动汽车用动力蓄电池循环寿命要求及试验方法	GB/T 31484—2015
		电动汽车用电池管理系统功能安全要求及试验方法	GB/T 39086—2020
		电动汽车用动力蓄电池电性能要求及试验方法	GB/T 31486—2015
	储能装置（动力电池包）	电动汽车用动力蓄电池安全要求	GB 38031—2020
2	电机及控制器	电动汽车用驱动电机系统　第1部分：技术条件	GB/T 18488. 1—2015
		电动汽车用驱动电机系统　第2部分：试验方法	GB/T 18488. 2—2015
		电动汽车　安全要求	GB 18384—2020
		燃料电池电动汽车　安全要求	GB/T 24549—2020

续表

序号	检验项目	标准名称	标准号
3	电磁场辐射	电动车辆的电磁场发射强度的限值和测量方法	GB/T 18387—2017
4	电动汽车操纵件	电动汽车　操纵件、指示器及信号装置的标志	GB/T 4094. 2—2017
5	电动汽车仪表	电动汽车仪表	GB/T 19836—2019
6	能耗	电动汽车　能量消耗率和续驶里程试验方法　第1部分：轻型汽车	GB/T 18386. 1—2021
		轻型混合动力电动汽车能量消耗量试验方法	GB/T 19753—2021
		重型混合动力电动汽车能量消耗量试验方法	GB/T 19754—2021
7	电动汽车除霜除雾	电动汽车风窗玻璃除霜除雾系统的性能要求及试验方法	GB/T 24552—2009
8	电动汽车技术条件	纯电动乘用车　技术条件	GB/T 28382—2012
9	燃料电池发动机	燃料电池发动机性能试验方法	GB/T 24554—2009
10	燃料电池汽车加氢口	燃料电池电动汽车　加氢口	GB/T 26779—2021
11	燃料电池汽车车载氢系统技术要求	燃料电池电动汽车　车载氢系统 技术条件	GB/T 26990—2011
		燃料电池电动汽车　车载氢系统 试验方法	GB/T 29126—2012
12	电动汽车传导充电用连接装置	电动汽车传导充电用连接装置　第1部分：通用要求	GB/T 20234. 1—2015
		电动汽车传导充电用连接装置　第2部分：交流充电接口	GB/T 20234. 2—2015
		电动汽车传导充电用连接装置　第3部分：直流充电接口	GB/T 20234. 3—2015
13	通信协议	电动汽车非车载传导式充电机与电池管理系统之间的通信协议	GB/T 27930—2015
14	碰撞后安全要求	电动汽车碰撞后安全要求	GB/T 31498—2021
15	插电式混合动力汽车技术条件	插电式混合动力电动乘用车　技术条件	GB/T 32694—2021
16	电动汽车远程服务与管理系统技术规范	电动汽车远程服务与管理系统技术规范　第2部分：车载终端	GB/T 32960. 2—2016
		电动汽车远程服务与管理系统技术规范　第3部分：通信协议及数据格式	GB/T 32960. 3—2016
17	定型试验	电动汽车　定型试验规程	GB/T 18388—2005
		混合动力电动汽车　定型试验规程	GB/T 19750—2005
		电动汽车 动力性能　试验方法	GB/T 18385—2005
		混合动力电动汽车　动力性能 试验方法	GB/T 19752—2005
		燃料电池电动汽车　最高车速试验方法	GB/T 26991—2011

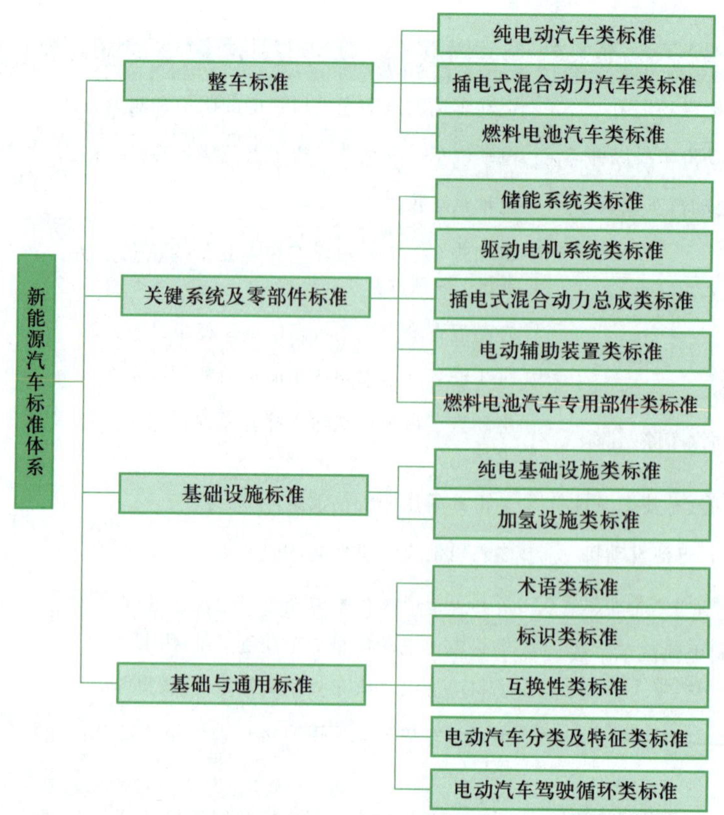

图 1-14 新能源汽车标准体系

拓展迁移

你了解换电新科技吗

为了解决新能源汽车用户在使用车辆过程中遇到的电池老化、电池维修保养困难、充电速度慢、充电桩难寻等一系列问题，纳入新基建的“换电”或许是一个不错的选择。在用户的车辆所剩电量不多的情况下，将车辆开到指定的换电站，由机器设备将车辆底部的电池取下，换上一块已经充满电的电池上去，整个过程非常简单。智能换电站包括换电和充电平台以及换电和控制系统。换电平台包括汽车定位系统、举升系统和安全装置。充电平台是指由电池存储模块和起降机模块组成的充电架。换电平台的停车底座上设有汽车定位系统和举升装置。当新能源汽车需要进行换电时，待换电的新能源汽车停放在换电平台的停车底座上。通过汽车定位系统定位后通过举升装置将新能源汽车举升到一定高度。然后由换电系统对新能源汽车进行换电，并将换下的电池运送至充电平台的电池架上。

主题 3 新能源汽车品牌

课堂导入

中国汽车产业的崛起

1956 年 7 月 13 日，新中国第一辆汽车——“解放牌”载重汽车在长春下线。经过 60 多年的发展，中国汽车产业的崛起已成为不可阻挡的趋势。

从汽车产品角度来看，只有通过产品研发，才有可能获得对产品系统的整体认识。在整个产品研发系统中，没有核心技术，只有产品方案和外围技术的企业，随时可能受制于人，很难有完全的自主权。只有在核心技术和关键技术的自主研发上实现突破，才谈得上具备自主创新能力，才能自主、自立。我国新能源汽车产业规模已经做到全球领先，产业体系也已贯通了包括基础材料、关键零部件、制造装备等产业链的关键环节，在新能源汽车核心技术——电池、电机和电控技术上，我国国产新能源汽车品牌也取得了可喜的发展与突破。中国新能源汽车产业的发展不仅是时代的感召，也是历史的必然。

学习内容

一、国产新能源汽车品牌

作为全球最大的新能源汽车市场，我国新能源汽车产业持续快速发展，产销量连续多年居世界第一（见图 1-15、图 1-16），领跑全球。

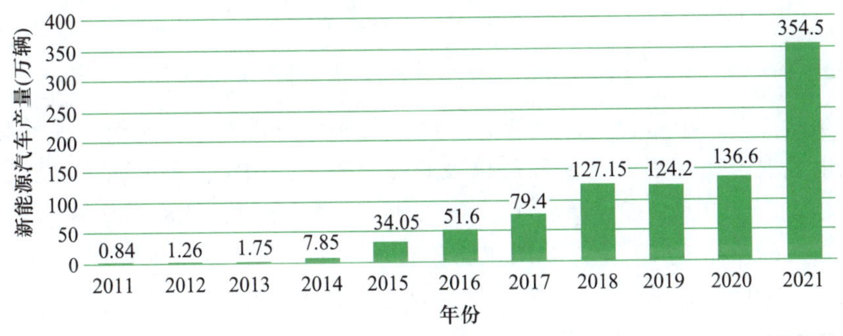

图 1-15　2011～2021 年我国新能源汽车产量

数据来源：中国汽车工业协会

更多企业积极探索电动化、智能化方向，传统车企加速转型，造车新势力蓬勃发展，科技、互联网公司开始涌入。传统车企具备成熟的产业体系和较高的品牌认可度，依然占据主要市场份额。造车新势力，把握我国消费者需求，凭借科技感强、体验感好、性价比高等特点，受到了年轻一代消费者青睐，市场规模及份额持续提升。当前新能源汽车品牌方面已形成传统品牌和新势力品牌两大类别（见表1-2）。

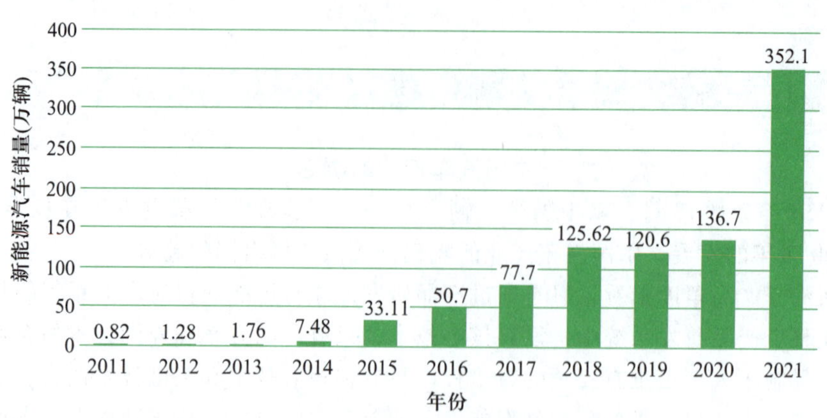

图 1-16 2011～2021 年我国新能源汽车销量

数据来源：中国汽车工业协会

表 1-2 传统与新势力新能源汽车品牌的差异

市场品牌	产业链条	发展模式	营销模式	代表企业
传统品牌	背靠自身实力，拥有完整的研产销产业链条	传统	经销商、4S 店	比亚迪、上汽、吉利、长安
新势力品牌	深化三电技术和智能化技术的自主研发，重构传统产业链价值分工	科技+互联网	新零售+数字化销售模式，注重品牌理念	蔚来、小鹏、理想

传统新能源汽车品牌以比亚迪、上汽、吉利等为代表。比亚迪产品涵盖纯电动、插电式混合动力两大技术种类以及轿车、SUV、MPV、客车四大品类，拥有秦、唐、宋、汉、元、e2、e5、e6、驱逐舰、海豚、海豹、K8、K9 等多款产品，形成了强大的产品矩阵。上汽集团在混合动力（含插电式混合动力）、纯电动及燃料电池汽车方面都有所建树，“荣威”系列是上汽新能源汽车领域代表车型，主要有：荣威 E550、荣威 ERX5EV、荣威 Marvel X、荣威 Ei5 等。吉利在新能源汽车产品上的布局主要有帝豪 EV、星越新能源、嘉际新能源、远程纯电动客车 E12 以及独立品牌极氪、几何等。此外，吉利还是全球首家进行甲醇车自主研发并取得我国甲醇车生产资质的企业。新势力新能源汽车品牌以蔚来、小鹏、理想等为代表，如图 1-17 所示。

二、国外新能源汽车品牌

图 1-17　新势力新能源汽车品牌

从品牌上来看，美国拥有众多的新能源汽车品牌，不仅许多传统老牌车企开始涉足新能源汽车，也出现了一些新兴新能源汽车品牌如特斯拉，仅用十几年时间的就已经跻身全球新能源汽车龙头企业行列。如图 1-18 所示，2021 年特斯拉交付新能源汽车达到 93.62 万辆。

以德国车企为代表的欧洲汽车企业在新能源汽车方面也做出了非常重要的贡献，各大品牌跟进的都非常快。大众基于 MQB 平台推出的新能源汽车代表车型有知名度很高的途观混动版、高尔夫纯电版 e-Golf、基于模块化电驱动平台的纯电动 I. D 系列车型；此外，大众旗下奥迪新能源汽车代表车型有奥迪 e-tron；宝马集团新能源汽车代表车型有 BMWi3、BMWi8，插电式混动版 X1、X5、740Le 等。

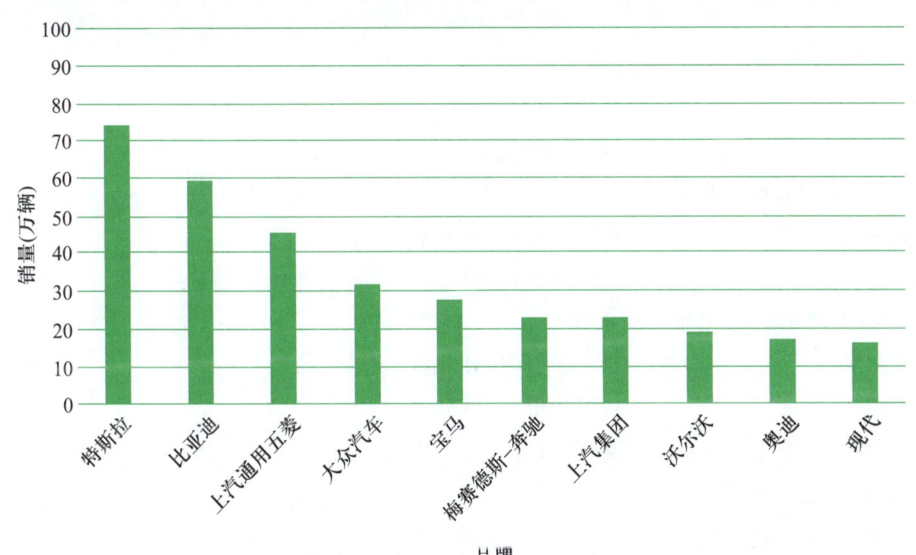

图 1-18　2021 年全球前十大新能源汽车品牌销量

以日产、丰田为代表的日本新能源汽车品牌在全球已实现连续多年畅销，2021 年全球新能源车企销量前二十中，日产、丰田占据两席。

拓展迁移

我国发展新能源汽车的优势

发展新能源汽车是我国汽车产业跨越式发展的难得机遇，承载着汽车产业

“弯道超车”的历史使命。

我国发展新能源汽车除了具有明显的市场优势之外，还具有两个优势：一是具有发展新能源汽车的资源优势，我国在锂离子电池、永磁电机等新能源汽车关键零部件的核心材料方面的优势得天独厚。根据已探明储量，我国锂资源储量占世界总储量的13%，居世界第二位，稀土资源储量占世界总储量的46%，居世界第一位，这为新能源汽车大规模发展提供了支撑和保障；第二个是具有新能源汽车的成本优势。我国能量型锂离子动力电池的价格低于美、欧、日的价格，稀土永磁电机的价格也低于国际市场价格。在具有上述优势的情况下，大力发展新能源汽车既是提高我国汽车产业国际竞争力的战略举措，也是实现我国汽车产业自主可控发展目标的重要步骤。

复习巩固

1. 选择题。

（1）以下属于非常规车用燃料的是（　　）。

A. 汽油、柴油　　B. 天然气（NG）、液化石油气（LPG）

C. 氢燃料　　D. 乙醇汽油

（2）纯电动汽车起源于哪个时间段。（　　）

A. 19 世纪 30 年代　　B. 20 世纪 00 年代

C. 1880 年左右　　D. 20 世纪 90 年代

（3）混合动力汽车起源于哪个时间段。（　　）

A. 19 世纪 30 年代　　B. 20 世纪 00 年代

C. 1880 年左右　　D. 20 世纪 90 年代

（4）以下属于新能源汽车的发展趋势的是（　　）。

A. 突破动力电池技术是关键

B. 驱动电机呈多样化发展

C. 燃料电池成为竞争的焦点

D. 以上全部都是

2. 新能源汽车主要包括________、__________和____________。

3. 判断题。

（1）新能源汽车比同类燃油汽车噪声高。（　　）

（2）新能源汽车就是指纯电动汽车。（　　）

4. 简述新能源汽车的定义。

5. 简述新能源汽车的类型及特点。

6. 为什么要发展新能源汽车？

7. 简述新能源汽车的发展趋势。

学习思考

1. 学习自评

请同学们结合个人学习情况，按照完全掌握、部分掌握和没掌握三个等级进行自我学习评价。

	完全掌握	部分掌握	没掌握
（1）发展新能源汽车的意义	□	□	□
（2）新能源汽车的定义及分类	□	□	□
（3）新能源汽车与传统燃油汽车之间的差异	□	□	□
（4）识别不同类型的新能源汽车	□	□	□
（5）了解国家相关法规政策	□	□	□
（6）新能源汽车发展历程	□	□	□
（7）国内外新能源汽车品牌	□	□	□

2. 个人收获及思考

同学们通过对本单元的学习，在知识、技能与素质方面都有什么收获呢？是否还存在什么问题？思考一下，记录下来吧！

（1）知识：

____

____

____

（2）技能：

____

____

____

（3）素质：

____

____

____

（4）存在问题：

____

____

____

单元二

混合动力汽车

混合动力汽车通过电机与发动机高效的动力分配，使发动机运行在经济油耗区，节油率在35%以上，能较好地满足国家法规要求。因此，节能环保的混合动力汽车必将成为未来新能源汽车发展的动力之一。接下来，让我们一起来探究混合动力汽车。

学习指引

本单元主要学习混合动力汽车，本单元学习思维导图如图2-1所示。

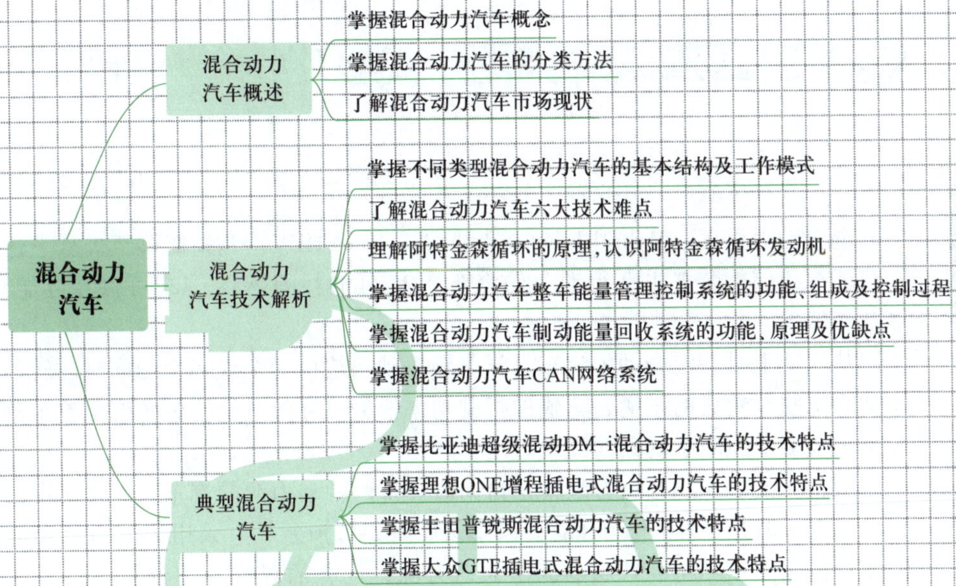

- **混合动力汽车**
  - 混合动力汽车概述
    - 掌握混合动力汽车概念
    - 掌握混合动力汽车的分类方法
    - 了解混合动力汽车市场现状
  - 混合动力汽车技术解析
    - 掌握不同类型混合动力汽车的基本结构及工作模式
    - 了解混合动力汽车六大技术难点
    - 理解阿特金森循环的原理，认识阿特金森循环发动机
    - 掌握混合动力汽车整车能量管理控制系统的功能、组成及控制过程
    - 掌握混合动力汽车制动能量回收系统的功能、原理及优缺点
    - 掌握混合动力汽车CAN网络系统
  - 典型混合动力汽车
    - 掌握比亚迪超级混动DM-i混合动力汽车的技术特点
    - 掌握理想ONE增程插电式混合动力汽车的技术特点
    - 掌握丰田普锐斯混合动力汽车的技术特点
    - 掌握大众GTE插电式混合动力汽车的技术特点

图2-1　混合动力汽车学习思维导图

主题1　混合动力汽车概述

课堂导入

2030 年实现碳达峰目标，混合动力汽车能成汽车市场主力军吗

根据乘联会公布的数据，2021 年国内市场一共销售了 2 988 936 辆新能源汽车，其中混合动力汽车为 544 900 辆，同比增长了 171.2%。混合动力汽车市场份额从 2021 年初的 1% 左右，增长到 2021 年末的 3.9%。2021 年第一季度，这个数字来到了 5.4%，混合动力汽车市场升温显著，那到 2030 年实现碳达峰目标，混合动力汽车能成汽车市场主力军吗？

2021 年 10 月 27 日在上海发布的《节能与新能源汽车技术路线图 2.0》中指出，从市场需求角度预测，到 2025 年、2030 年、2035 年时，我国汽车产销量年规模分别为 3 200 万辆、3 800 万辆、4 000 万辆。乘用车方面，到 2025 年，我国混合动力汽车在传统能源汽车中的占比达到 50% 以上，新能源汽车占总销量的 20% 左右；2030 年，混合动力汽车在传统能源汽车中占比达 70%，新能源汽车占总销量 40%；到 2035 年，混合动力汽车在传统能源汽车占比达到 100%，实现传统能源汽车全面混动化，与新能源汽车共同成为国内汽车市场主流，各占总销量的 50%。

学习内容

一、混合动力汽车概念

微课　混合动力汽车的定义

混合动力汽车（Hybrid Electric Vehicle，简称 HEV）是指能够至少从下述两类车载能源或储能装置中获得动力的汽车：① 可消耗的燃料。② 可再充电能/能量储存装置。

从广义上讲，混合动力汽车是指车辆驱动系统由两个或多个能同时运转的单个驱动系统联合组成的车辆，车辆的行驶功率依据实际的车辆行驶状态由单个驱动系统单独或多个驱动系统共同提供。

微课　混合动力汽车的具体车型

从狭义上讲，混合动力汽车是指同时装备两种动力源的汽车。通常所说的混合动力汽车一般是指油+电混合动力汽车，如图 2-2 所示，它采用传统的发动机（柴油发动机或汽油发动机）和电机作为动力源，也有的混合动力汽车发动机经过改造使用其他替代燃料，例如压缩天然气、丙烷和乙醇燃料等。

混合动力汽车的一种动力源是发动机提供的、与传统汽车类似的驱动系统。从理论上讲，所有可以用于传统汽车的发动机（包括各种内燃机和外燃机）都可用

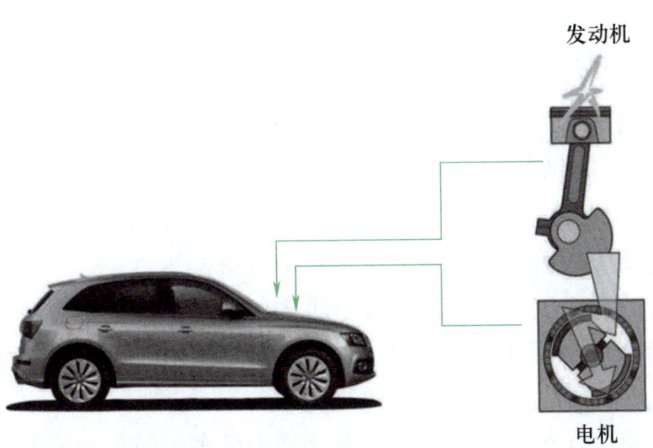

图 2-2 混合动力汽车的两种动力源

于混合动力汽车；另一种动力源是传统汽车上所没有的电驱动系统。电驱动系统通常由电能储存器（蓄电池、超级电容器和飞轮电池）、电源变换器（逆变器和变压器）和电机（直流电机、三相异步感应电机、永磁电机和开关磁阻电机）等组成，为了能够利用发动机发电或回收汽车的制动能量等，有的电驱动系统的电机可作为发电机使用，也有的电驱动系统的电机和发电机分别设置。混合动力汽车可以说是上述两种驱动系统的组合，根据组合方式和选用的装置种类的不同，就形成了各具特色的混合动力汽车。

混合动力汽车将发动机、电机的动力有效组合在一起，这样，在大多数行驶工况下，可以使发动机尽量工作在燃油经济性和排放性都比较好的区域。在车辆动力需求较高的时候，转矩的不足可以通过电机进行补偿。总之，在电机的作用下，发动机有更多的机会工作在效率较高的区域，这样既提高了发动机的燃油经济性和降低排放，又保证了动力性能。混合动力汽车的特点如下。

（1）与传统汽车相比，混合动力电动汽车的优点。

① 可使发动机在最佳的工作区域稳定运行，避免或减少了发动机变工况下的运行不良，使发动机的尾气排放和油耗大大降低。② 在人口密集的商圈和居民区等区域可用纯电模式驱动车辆，实现零排放。③ 可配备功率较小的发动机，因为车辆可通过电机/发电机提供动力，并且可通过电机/发电机回收汽车减速和制动时的能量，进一步降低了车辆的能耗和尾气排放。

微课
混合动力汽车的优缺点

（2）与纯电动汽车相比，混合动力汽车的优点。

① 因为混合动力汽车配备了两种驱动系统，动力电池的数量和质量可减小，因此汽车整车质量可以减小。② 车辆的续驶里程和动力性可达到传统燃油汽车的水平。③ 借助发动机的动力，可驱动附属设备（如空调、真空助力、转向助力等），不用消耗动力电池有限的电能，从而保证了驾驶和乘坐的舒适性。

当然，混合动力汽车也存在一些问题，例如，与传统燃油汽车相比，混合动力汽车驱动系统复杂，成本较高，并且驱动系统的质量较大，占用空间较大，故障率高于传统燃油汽车等。

二、混合动力汽车类型

1. 根据混合动力系统的结构形式不同分类

根据混合动力系统的结构形式不同，混合动力汽车可分成以下三类。

（1）串联式混合动力汽车（Series Hybrid Electric Vehicle）。串联式混合动力汽车是指车辆行驶系统的驱动力只来源于电机的混合动力汽车。

串联式混合动力系统由发动机、发电机和电机三部分动力总成组成，它们之间用串联方式组成串联式混合动力系统，发动机驱动发电机发电，电能通过控制器输送到动力电池或电机，由电机通过变速机构驱动汽车。

微课
增程式混合动力汽车的基本原理

增程式混合动力汽车也属于串联式混合动力汽车范畴，用发动机发电，电机驱动车辆，当动力电池电量充足时采用纯电驱动模式行驶，当电量不足时，起动发动机，带动发电机为动力电池充电，提供电能给电机。串联式混合动力汽车特点是低速时爬坡能力差，并且发动机不能在高效区间直接驱动车辆，经过发电再到电机驱动的过程会降低15%的能效，增加了高速油耗。串联式混合动力汽车目前大众比较熟知的代表车型有日产轩逸 e-POWER 和理想 ONE。

微课
典型增程式混合动力汽车的技术特点

（2）并联式混合动力汽车（Parallel Hybrid Electric Vehicle）。并联式混合动力汽车是指车辆行驶系统的驱动力由电机及发动机同时或单独供给的混合动力汽车。

并联式混合动力系统有两套驱动系统，即传统的发动机驱动系统和电机驱动系统。两个系统既可以同时协调工作，也可以各自单独工作驱动汽车。这种系统适用于多种不同的行驶工况，尤其适用于复杂的路况。并联式混合动力汽车典型车型有大众 GTE 系列、宝马 3 系、宝马 5 系、奔驰 C 级、奔驰 E 级等。

（3）混联式混合动力汽车（Combined Hybrid Electric Vehicle）。混联式混合动力汽车是指具备串联式和并联式两种混合动力系统结构的混合动力汽车。

混联式混合动力系统的特点在于其传统发动机驱动系统和电机驱动系统各有一套机械变速机构，两套机构或通过齿轮系，或通过行星轮式结构结合在一起，从而综合调节发动机与电机之间的转速关系。与并联式混合动力系统相比较，混联式混合动力系统可以更灵活地根据工况来调节发动机的功率输出和电机的运转。目前，市面有许多车型都采用了混联式混合动力结构，包括丰田普锐斯 1～4 代、凯美瑞双擎、雷克萨斯 CT200、本田雅阁锐·混动、比亚迪秦 PLUS DM-i 等车型。

2. 根据混合动力系统混合度不同分类

根据混合动力系统混合度的不同，混合动力汽车可分为以下三类。

微课
微混合型混合动力汽车的定义与结构原理

（1）微混合型混合动力汽车（Micro Hybrid Electric Vehicle）。微混合型混合动力汽车是指以发动机为主要动力源，电机作为辅助动力，具备制动能量回收功能的混合动力汽车。其电机的峰值功率和总功率的比值小于10%。而仅具有停车怠速停机功能的汽车也可称为微混合型混合动力汽车。宝骏 730 轻混版、吉利博瑞 GE MHEV、全新一代奥迪 A6L 55TFSI、奔驰 S 320 L 等都属于微混合型混合动力汽车。

（2）轻度混合型混合动力汽车（Mild Hybrid Electric Vehicle）。轻度混合型混合动力汽车是指以发动机为主要动力源，电机作为辅助动力，在车辆加速和爬坡时电机可向车辆行驶系统提供辅助驱动力矩的混合动力汽车。一般情况下，其电机的峰值功率和总功率的比值大于0.1。与微混合型混合动力系统相比，轻度混合型混合动力系统除了能够实现用电机控制发动机的起动和停止，还能够实现：① 在减速和制动工况下，对部分能量进行回收；② 在行驶过程中，发动机等速运转，发动机产生的能量可以在车轮的驱动需求和电机的充电需求之间进行调节。奔驰S500L和CLS450车型都搭载48 V轻度混合型混合动力系统。

（3）重度混合（强混合）型混合动力汽车（Full Hybrid Electric Vehicle）。重度混合（强混合）型混合动力汽车是指以发动机和（或）电机为动力源，一般情况下电机的峰值功率和总功率的比值大于0.3，且电机可以独立驱动车辆正常行驶的混合动力汽车。

微课 强混合型混合动力汽车的定义与特点

沃尔沃XC60 T8混合版，保时捷卡宴S混动版，雷克萨斯旗下的混合动力、插电式混合动力汽车都属于强混合型混合动力汽车。

3. 根据外接充电能力不同分类

根据外接充电能力不同分类，混合动力汽车可分为以下两类。

（1）外接充电型混合动力汽车（Off-vehicle Chargeable Hybrid Electric Vehicle）。外接充电型混合动力汽车是指在正常使用情况下可从非车载装置中获取电能的混合动力汽车。

微课 插电式混合动力汽车的定义与特点

仅当制造厂在其提供的使用说明书中或者以其他明确的方式推荐或要求进行车外充电时，混合动力汽车方可被认为是“外接充电型”。仅用作不定期的储能装置，起到电量调节或维护目的而非用作常规的车外能量补充，即使有车外充电能力，也不认为是“外接充电型”的混合动力汽车。

插电式混合动力汽车（Plug-in Hybrid Electric Vehicle）即属于此类型。插电式混合动力汽车的动力电池的容量较大，其纯电续驶里程较长（一般达到50 km以上），例如，比亚迪秦在纯电模式下，理论续驶里程能够达到70 km，基本满足上下班通勤需要。

微课 油电混合动力汽车的定义与特点

（2）非外接充电型混合动力汽车（Non Off-vehicle Chargeable Hybrid Electric Vehicle）。非外接充电型混合动力汽车是指一种被设计成在正常使用情况下从车载燃料中获取全部能量的混合动力汽车。非插电式混合动力汽车属于此类型，一般也称之为油电混合动力汽车，油电混合动力汽车的动力电池容量小，如雷克萨斯CT200的动力电池容量为6.5 A·h，它在纯电模式下最远行驶距离仅为3 km，因此，油电混合动力汽车一般通过制动时回收能量为动力电池充电，或者利用车辆在行驶时发动机的多余功率驱动发电机充电。油电混合动力汽车的最大优点是省油。

微课 插电式和油电混合动力汽车的区别

4. 根据行驶模式的选择方式不同分类

根据行驶模式的选择方式不同，混合动力汽车可分为以下两类。

（1）有手动选择功能的混合动力汽车（Hybrid Electric Vehicle With Selective

Switch）。有手动选择功能的混合动力汽车是指具备行驶模式手动选择功能的混合动力汽车。车辆可选择的行驶模式包括发动机模式、纯电模式和混合动力模式三种。

（2）无手动选择功能的混合动力汽车（Hybrid Electric Vehicle Without Selective Switch）。无手动选择功能的混合动力汽车是指不具备行驶模式手动选择功能的混合动力汽车。车辆的行驶模式根据不同工况自动切换。

5. 其他划分形式

（1）根据可再充电能量储存系统不同，混合动力汽车可分为四类。

① 动力蓄电池混合动力汽车（Traction Battery Hybrid Electric Vehicle）。

② 超级电容器混合动力汽车（Super Capacitor Hybrid Electric Vehicle）。

③ 机电飞轮混合动力汽车（Electromechanical Flywheel Hybrid Electric Vehicle）。

④ 动力蓄电池与超级电容器组合式混合动力汽车（Traction Battery and Super Capacitor Hybrid Electric Vehicle）。

（2）混合动力汽车按照其技术特征、燃料类型、功能结构和车辆用途等因素还可有其他划分形式。

例如，根据车辆用途进行分类，混合动力汽车可以分为混合动力乘用车、混合动力客车和混合动力货车三种。

三、混合动力汽车发展应用

据统计，2021 年我国混合动力汽车产量约为 68.89 万辆，同比增长 35.3%，销量为 66.87 万辆，同比增长 34%。国产品牌车企自 2021 年以来相继发布了新一代混合动力技术及产品，例如，比亚迪汽车的超级混动 DM-i、长城汽车的柠檬混动 DHT、奇瑞汽车的鲲鹏 DHT 混动、吉利汽车的雷神混动 Hi · X 和长安汽车的蓝鲸混动 iDD 等。

比亚迪汽车的超级混动 DM-i 采用发动机+双电机的系统架构，该技术目前主要应用在秦 PLUS DM-i、宋 PLUS DM-i、唐 DM-i、汉 DM-i 和驱逐舰 05 DM-i 等多款插电式混合动力汽车上。

长城汽车的柠檬混动 DHT 采用了发动机+双电机的系统架构，该技术目前主要应用在玛奇朵 DHT、拿铁 DHT、赤兔 DHT、哈弗 H6S DHT 和哈弗神兽 DHT 等多款混合动力汽车上。

奇瑞汽车的鲲鹏 DHT 混动采用了发动机+双电机的系统架构，该技术目前主要应用在瑞虎 8 PLUS 鲲鹏 e+插电式混合动力汽车上。

吉利汽车的雷神混动 Hi · X 采用了发动机+双电机的系统架构，该技术目前主要应用在星越 L Hi · X 油电混动及帝豪 L Hi · X 超级电混两款非插电式混合动力汽车上。

长安汽车的蓝鲸混动 iDD 采用了发动机+单电机的系统架构，该技术目前主要应用在长安 UNI-K iDD 插电式混合动力汽车上。

拓展迁移

奇瑞汽车鲲鹏 DHT 混动技术

奇瑞汽车鲲鹏 DHT 混动技术（以下简称“鲲鹏 DHT”）属于国家级新能源研发项目，不仅实现了奇瑞汽车在混动技术方面的突破，更助推了中国汽车在关键技术领域的突破。首次搭载鲲鹏 DHT 的瑞虎 8 PLUS 鲲鹏 e+拥有 3 项动力源智能组合、3 个物理挡位超高效率、9 种工作模式全场景覆盖、11 种驾驶路况智能切换，即“3 擎 3 挡 9 模 11 速”的核心技术。“3 擎 3 挡 9 模 11 速”具体的核心技术是什么呢？

（1）3 擎。如图 2-3 所示，鲲鹏 DHT 的混合动力系统由发动机、电机 P2 和电机 P2.5 三种动力来源组合而成。

（2）3 挡。如图 2-3 所示，鲲鹏 DHT 变速箱带有 C0、C1、C2 三个离合器，在电机 P2 和电机 P2.5 的辅助下，同时实现类似于 3 挡双离合变速箱速比调节。

（3）9 模。鲲鹏 DHT 变速箱能够实现单电机纯电驱动、双电机纯电驱动、发动机直驱、串联增程、并联驱动驻车充电、行车充电、单电机制动能量回收和双电机制动回收 9 种工作模式。根据工况不同，DHT 变速箱的动力控制单元会自动调节混动工作模式。

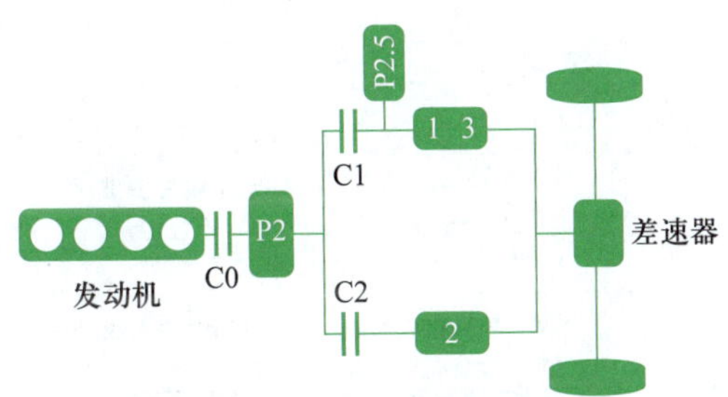

图 2-3　鲲鹏 DHT 变速箱

（4）11 速。面对复杂的实际交通环境，鲲鹏 DHT 变速箱能适应起步、中低速、高架、超车、红灯、拥堵、高速、长途、山道、高速转向以及冰雪/泥泞/沙石路面共 11 种驾驶工况。

主题 2 混合动力汽车技术解析

课堂导入

混合动力汽车省油的秘诀是什么

混合动力汽车公认的油耗较低，例如，从官方数据来看，2022 款丰田卡罗拉 1.2 T 和 1.5 L 燃油先锋版的百公里油耗分别为 5.5 L 和 5.6 L，而双擎 1.8 L 混合动力先锋版的百公里油耗仅为 4 L，混合动力先锋版比燃油先锋版百公里油耗少了 1.5 L，如图 2-4 所示。那混合动力汽车省油的秘诀是什么？

☑ 高亮显示差异参数 ☐ 隐藏相同参数 ☐ 隐藏暂无内容参数	厂商指导价：10.98万 卡罗拉 2022款 TNGA 1.5L 手动先锋版	厂商指导价：11.98万 卡罗拉 2022款 TNGA 1.5L CVT先锋版	厂商指导价：12.28万 卡罗拉 2022款 1.2T S-CVT 先锋PLUS版	厂商指导价：13.58万 卡罗拉 2022款 双擎 1.8L E-CVT先锋版
能源类型	汽油	汽油	汽油	油电混合
环保标准	国VI	国VI	国VI	国VI
上市时间	2021.10	2021.10	2021.10	2021.10
最大功率(kW)	89	89	85	90
发动机最大扭矩(N·m)	148	148	185	142
电动机总扭矩(N·m)	-	-	-	163
发动机	1.5L 121马力 L3	1.5L 121马力 L3	1.2T 116马力 L4	1.8L 98马力 L4
电动机(Ps)	-	-	-	72
变速箱	6挡手动	CVT无级变速(模拟10挡)	CVT无级变速(模拟10挡)	E-CVT无级变速
长*宽*高(mm)	4635*1780*1455	4635*1780*1435	4635*1780*1455	4635*1780*1455
车身结构	4门5座三厢车	4门5座三厢车	4门5座三厢车	4门5座三厢车
最高车速(km/h)	180	180	180	160
官方0-100km/h加速(s)	-	-	-	-
NEDC综合油耗(L/100km)	5.6	5.1	5.5	4
整车质保	三年或10万公里	三年或10万公里	三年或10万公里	三年或10万公里

图 2-4 2022 款丰田卡罗拉燃油先锋版和双擎混合动力先锋版的百公里油耗对比图

混合动力汽车之所以省油，归纳起来有以下两个主要原因：一是通过电机削峰填谷，避开发动机怠速、低速和急加速的低效区间，充分利用阿特金森循环发动机的高效工况区间；二是通过动力电池充分利用电机在制动、下坡的能量回收能力。

学习内容

一、混合动力汽车结构特点

混合动力汽车与传统燃油汽车相比，主要的变化是在车辆的驱动系统，即传统燃油汽车发动机的驱动线路上，增加了一套由高压动力电池、电机组成的电驱动线路，图 2-5 所示为典型混合动力汽车的驱动线路图。

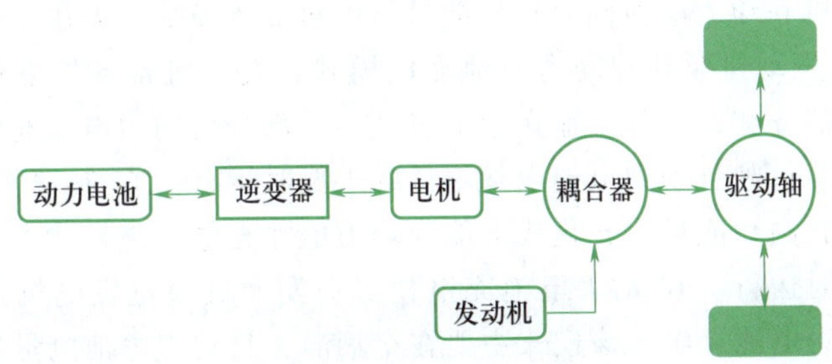

图 2-5　典型混合动力汽车的驱动线路图

1. 串联式混合动力汽车结构特点

(1) 基本结构。串联式混合动力汽车主要由发动机、发电机、动力电池、电机、机械传动装置（减速齿轮）等组成。串联式混合动力汽车驱动系统的连接方式示意图如图 2-6 所示，其典型结构特点为：① 发动机和发电机组成的辅助动力单元，一起工作产生所需的电能。发动机和发电机之间的机械连接装置不需要离合器。② 发动机输出的机械能首先通过发电机转化为电能，转化后的电能一部分用来给动力电池充电，另一部分经由电机和减速齿轮驱动驱动轮。③ 只有一条驱动路线，一个发电机和一个电机，电机驱动车辆行驶，而发动机仅用来带动发电机发

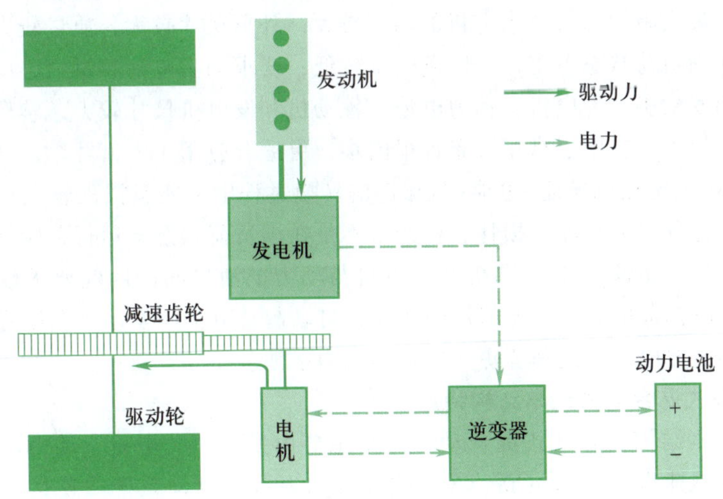

图 2-6　串联式混合动力汽车驱动系统的连接方式示意图

电，与驱动轮无机械连接，不直接驱动车辆。电机用于驱动车辆和能量回收，发电机专门用于发电。④ 属于发动机辅助型的电动汽车，发动机用于增加电动汽车的续驶里程。

（2）工作模式。根据串联式混合动力系统的结构特点，该系统可以实现六种工作模式：① 纯电驱动模式：发动机不运行，由动力电池提供能量让电机驱动车辆。纯电驱动模式一般在动力电池电量充足，且车辆低负荷行驶时运行。② 纯发动机驱动模式：发动机带动发电机直接为电机供能。纯发动机驱动模式一般在动力电池电量充足且车辆处于中高速工况时运行。③ 混合驱动模式：发动机带动发电机和动力电池同时提供能量给电机。该模式主要用于车辆加速和爬坡等工况。④ 发动机驱动和动力电池充电模式：发动机带动发电机发电，产生的电能由控制器分配，一部分输送给电机，另一部分为动力电池充电。该模式主要在车辆低负荷行驶且动力电池电量较低的工况时运行。⑤ 制动能量回收模式：电机反转，回收制动能量，转化成电能为动力电池充电。该模式主要在车辆制动和下坡等工况时运行。⑥ 动力电池充电模式：发动机通过发电机发电，通过控制器全部为动力电池充电。该模式主要在车辆静止且动力电池电量较低的工况时运行。

（3）串联式混合动力汽车的优点为：① 串联式混合动力汽车更接近纯电动汽车，以电驱动为主，大大减少了尾气排放，发动机和发电机可用于为动力电池充电。② 发动机和驱动轮之间没有机械连接，可以更好地发挥电机运转时稳定、高效、低污染的特点。此外，还可采用燃气轮机、转子发动机等其他类型的发动机，进一步降低燃油消耗和有害气体的排放。③ 只有电机驱动车辆，因为电机具有较为理想的转矩-转速特性，所以不需要多挡传动装置，从而使结构大为简化。④ 使发动机与驱动轮之间在机械上完全解耦，总体结构简单，易于控制；发动机和发电机与电机之间没有机械连接，在车上布置时有较大的自由度。

（4）串联式混合动力电动汽车的缺点为：① 电机驱动力必须能够克服车辆行驶过程中的最大阻力，故要求电机的功率较大，外形尺寸较大，质量较大。由于电机经常不在满负荷状态下工作，因此效率较低；要求动力电池容量大，同时还需要较大功率的发动机和发电机，动力电池、发动机和发电机尺寸较大，整车外形尺寸较大，质量较大，在中小型车上布置很困难，更适合应用于大型客车。② 发动机-发电机-电机系统在机械能-电能-机械能的转换过程中，能量损失较大；在动力电池的充放电过程中存在能量损耗，也经常不是在满负荷状态下运行，能量转换的综合效率比燃油汽车低。③ 发动机和发电机与动力电池之间的匹配要求较严格，应能根据动力电池荷电状态（SOC）的变化，自动起动或关闭发动机，以避免动力电池过放电和过充电，因此需要更大容量的动力电池。

2. 并联式混合动力汽车结构特点

（1）基本结构。并联式混合动力汽车主要由发动机、电机、动力电池、机械传动装置（减速齿轮）等组成。并联式混合动力汽车驱动系统的连接方式示意图如图 2-7 所示，其典型结构特点为：① 发动机和电机可以单独驱动车辆行驶，无须进行能源的二次转换。② 并联式混合动力汽车工作模式较多，可以适应多种工况。③ 有电机的辅助，可以降低排放和综合油耗。④ 当发动机提供的动力大于驱动车辆所需的动力，多余能量会通过电机发电给动力电池充电。

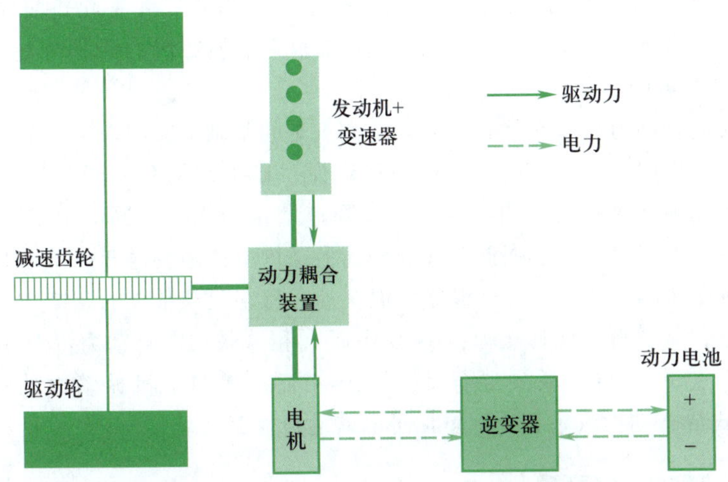

图 2-7　并联式混合动力汽车驱动系统的连接方式示意图

(2) 工作模式。根据并联式混合动力系统的结构特点，该系统可以实现五种工作模式：① 纯电驱动模式：在低速行驶的情况下，如果动力电池电量充足，则通过电机来单独驱动车辆，发动机不工作。② 纯发动机驱动模式：当行驶所需要的功率达到发动机的高效工作区间对应的功率时，则由发动机单独驱动车辆，电机不工作。③ 混合驱动模式：当需要较大输出功率时，发动机和电机一起进行驱动。首先使发动机保持在最高效率工作区间，然后再逐渐加大电机的输出功率。如果此时依然不足以支撑动力输出，变速器就会介入进行降挡来提高转速以及增加输出功率。④ 发动机充电模式：当车辆行驶在较复杂路况，发动机效率在不停变化时。如果发动机输出的功率有盈余，此时就会带动电机发电为动力电池充电。该模式也可用于车辆静止状态。⑤ 制动能量回收模式：在下坡或减速时，发动机不工作，电机作为发电机来回收车辆动能然后为动力电池充电。

(3) 并联式混合动力电动汽车的优点为：① 动力电池容量较小，可减轻整车质量，降低油耗。② 电机可以辅助发动机输出动力，使发动机工作在高效率状态下，还可以为动力电池充电，延长续驶里程。③ 与串联式混合动力汽车相比，由于只有发动机和一个电机，结构更简单，质量和体积也更小。④ 发动机和电机可以直接驱动车辆，减少能量在传递过程中的损失，因此能量的综合利用效率比串联式混合动力汽车高。

(4) 并联式混合动力汽车的缺点为：① 并联式混合动力汽车结构布置形式和传统燃油汽车类似，动力性也非常接近，因此相对于串联式混合动力汽车而言，有害气体排放较多。② 驱动系统结构复杂，控制系统相对复杂。③ 并联式混合动力汽车的发动机可以独立驱动车辆行驶，但是由于只有一个电机，没有独立的发电机，无法实现在混合驱动模式下给动力电池充电，即如果动力电池没电了，汽车就只能靠发动机驱动。

3. 混联式混合动力汽车结构特点

（1）基本结构。混联式混合动力汽车是指具备串联式和并联式两种混合动力系统结构的混合动力汽车。目前市场上国产品牌和合资品牌的混合动力汽车大多数采用这种设计类型。

混联式混合动力汽车在并联式混合动力汽车的基础上又加入了一个发电机，同时它也没有常规的变速器，而是采用一种称为“E-CVT”的行星齿轮结构的动力分配装置，起到连接、切换两种动力以及降速增矩的作用，同时也实现了无级变速。也有一些汽车生产企业在混联式混合动力结构中使用普通变速器，如双离合变速器、无级变速器（CVT）等。混联式混合动力汽车驱动系统的连接方式示意图如图 2-8 所示，其典型结构特点为：① 将串联式和并联式混合动力汽车相结合，具有两者的优点。② 与串联式混合动力汽车相比，增加了机械动力的传递路线。③ 与并联式混合动力汽车相比，增加了电能的传输路线。

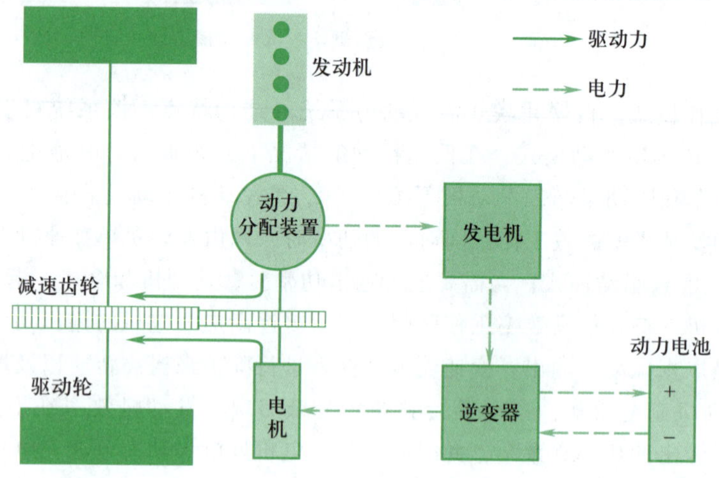

图 2-8　混联式混合动力汽车驱动系统的连接方式示意图

（2）工作模式。根据混联式混合动力系统的结构特点，该系统可以实现五种工作模式：① 纯电驱动模式：当汽车起动及低速行驶时，如车速低于 30 km/h，如果动力电池电量充足，则车辆由电机单独驱动，发动机不工作。这种模式动力电池、电机为驱动主体，动力电池提供电能给电机，电机驱动车辆行驶。② 纯发动机驱动模式：发电机、电机关闭，车辆驱动力仅由发动机提供，动力电池也处于不工作状态，既不充电也不放电。③ 混合驱动模式：在汽车加速或者爬坡时，此时发动机的工作情况和车辆正常行驶时一样，此时电机不仅从发电机获取电能，还要从动力电池获取电能，来增大输出辅助驱动力，增加动力，保证充足的功率输出。④ 发动机驱动和动力电池充电模式：发动机保持工作状态，除了提供车辆行驶的动力以外，还通过发电机向动力电池充电。该模式也可用于车辆静止状态。⑤ 制动充电模式：在减速或制动时，利用电机的再生制动作用，电机作为发电机发电，给动力电池充电，同时产生制动力辅助汽车减速。

（3）混联式混合动力汽车的优点为：① 与串联式混合动力汽车相比，结构更加紧凑，拥有更大总功率的同时，缩减了整车质量和体积。② 拥有多种工作模式，可以灵活利用发动机和电机的特性，使车辆达到最经济、节能、环保的状态。③ 没有繁复的能量转换过程，发动机可以直接驱动车辆，也可以直接为动力电池充电，能量转换的综合效率比传统燃油汽车更高。④ 电机可以独立驱动车辆行驶，利用电机低速大转矩的特性，带动车辆起步，更加清洁环保。

（4）混联式混合动力汽车的缺点为：① 需要配备两套驱动系统；发动机需要配套一个完整的传动系统，电机也需要配备减速器，两者之间需要一套高效可靠的动力合成装置，因此，总体结构复杂，布置比较困难。② 对整车控制系统要求高。需要更复杂的系统和逻辑去完成多工作模式的控制。系统越是复杂，编写和控制就越困难。③ 混联式混合动力汽车更偏向于以发动机作为主要动力源，造成的污染相比于串联式和混联式混合动力汽车更高。

二、混合动力汽车的技术难点

混合动力汽车是介于传统燃油汽车与纯电动汽车的一种过渡性车型，其技术涵盖车辆工程、汽车电子、机电与电机工程、电力电子、电化学、控制工程等多个技术领域，如图 2-9 所示。混合动力汽车的技术难点主要包括先进车辆控制技术、动力电池及其管理系统、电机及其控制技术、动力传动系统匹配、整车能量管理控制系统、制动能量回收系统等。

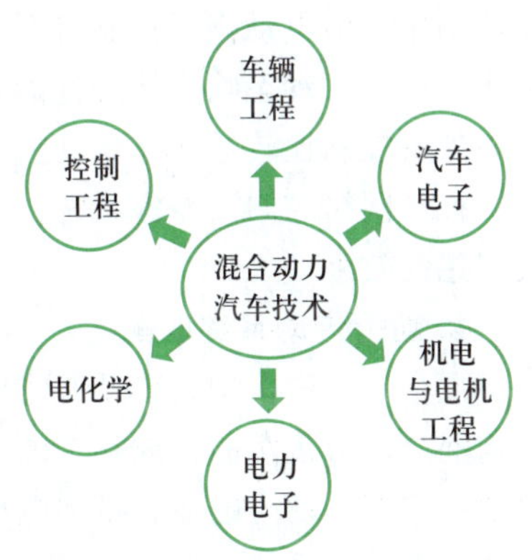

图 2-9　混合动力汽车技术涉及的技术领域

1. 先进车辆控制技术

传统燃油汽车的动力控制系统与混合动力系统控制及制动能量回收控制的结合，已成为混合动力汽车控制技术研究热点之一。混合动力汽车再生制动系统与传统燃油汽车的 ABS（制动防抱死系统）的结合方面的技术已经逐步成熟。另外，随着混合动力汽车研究的深入，传统燃油汽车的驱动控制系统、车辆稳定控制系统等如何与混合动力汽车的能量管理及驱动系统控制相结合，将越来越凸显其必要性与重要性。传统燃油汽车的控制技术与现代电动汽车控制技术的结合，将使未来的混合动力汽车更加节能、环保、舒适和安全。

2. 动力电池及其管理系统

动力电池是混合动力汽车的电能供应和存储装置，其性能的优劣直接影响到电机的性能，从而影响车辆的燃油经济性和排放。混合动力汽车使用的动力电池工作负荷大，对功率密度要求较高，但体积和容量小，而且动力电池的 SOC 工作区间较窄，对充放电循环寿命要求高。混合动力汽车的专用动力电池性能好坏是直接决定混合动力汽车能否大范围推广使用的重要因素之一。而如何全面、准确地对动力电池进行管理，是决定动力电池能否发挥最佳效能的重要因素。

3. 电机及其控制技术

电机是电动汽车的核心部件之一，对于混合动力汽车而言，电机与发动机同等重要。混合动力汽车对电机的要求是能量密度高、体积小、质量轻、效率高。从发展趋势来看，电机的研发主要集中在交流感应电机和永磁同步电机，对于高速、匀速行驶工况，采用交流感应电机驱动较为合适；而对于经常起动、停车、低速运行的城市工况，永磁同步电机驱动效率较高。

电机的控制技术包括大功率电子器件、转换器、微处理器及电机控制算法等。高性能的电力电子器件仍在研发阶段，并且向微电子技术与电力电子技术集成的第4代功率集成电路方向发展。转换器技术随着功率器件的发展而发展，可分为DC/DC直流斩波器和DC/AC逆变器，分别用于直流电机和交流电机。电机控制微处理器主要有单片机和DSP（Digital Signal Processing，数字信号处理技术）芯片，目前电机控制专用DSP芯片已被广泛采用，将微处理器与功率器件集成到一块芯片上（即PTC芯片）是当前的研究热点之一。

在常规电机驱动领域常见的控制方法有矢量控制、变压变频控制、模型参考自适应控制、直接转矩控制、自调整控制等。这些控制方法也已被用到电动汽车的驱动控制中，但电动汽车控制有自身特点，要求在恒转矩、恒功率区都保持效率高、调速范围大、动态响应快等性能。在各种类型的电机之中，感应电机和永磁同步电机的矢量控制比较适合在电动汽车上应用。最近几年，兴起的变结构控制、模糊控制、神经网络控制及专家系统控制等新兴控制方法也不断应用于电动汽车，达到了较理想的效果。

4. 动力传动系统匹配

混合动力汽车动力传动系统匹配是混合动力汽车设计的一个重要方面，其直接影响混合动力汽车的排放和燃油经济性。动力传动系统匹配包括合理地选择和匹配发动机功率、动力电池容量和电机功率等，以确定车辆的混合度，组成性能最佳的混合动力驱动系统。

5. 整车能量管理控制系统

混合动力汽车的整车能量管理控制系统主要是为了实现整车功率控制和工作模式切换的控制。整车能量管理控制系统控制各个子系统的协调工作，以达到效率、排放和动力性的最佳搭配，同时兼顾车辆行驶的平顺性。

整车能量管理控制系统的控制策略需要结合汽车相关的行驶状况、发动机与电机工作性能、动力电池荷电状态、汽车起步、模式切换、汽车换挡等动态过程的数据编制程序，最终实现对驱动系统的有效控制，以确保发动机能在较短时间内平稳起动；能确保有效控制驱动前的转速与离合器结合过程；能协调控制发动机与电机转矩；能确保在汽车总需求转矩有较大波动时，能有效协调控制电机与发动机的转矩。

6. 制动能量回收系统

制动能量回收是混合动力汽车提高燃油经济性的又一重要途径。因为制动关系到行车安全，如何在最大限度回收制动时的车辆动能与保证安全的制动距离和行驶稳定性之间取得平衡，是制动能量回收系统需要解决的难题之一，所以制动能量回收系统与车辆防抱死制动系统（ABS）的结合可以完美地解决这一难题。

三、阿特金森循环发动机

1. 混合动力汽车发动机的特点

混合动力汽车发动机既要提供保证车辆正常行驶时所需要的基本动力，又要达到节能减排的效果，一般有以下特点：① 采用全新理论和全新结构的发动机。② 由电机/发电机起动发动机，缩短起动时间，减少排放。③ 减少泵气阻力和运动副的摩擦阻力。④ 采用“开—关”控制方式，避免发动机的低功率运转，使发动机在绝大多数时间运行于最高效率区间，提高汽车的燃油经济性。

微课 混合动力汽车发动机的特点

为了到达上述要求，国内外越来越多混合动力汽车采用阿特金森循环发动机。

2. 阿特金森循环发动机

阿特金森循环是由英国工程师詹姆士·阿特金森（James Atkinson）于 1882 年发明的内燃机形式。与传统的奥托循环发动机相比，阿特金森循环发动机具有以下优点和缺点：① 部分负荷工况下，具有更高的热效率和更好的燃油经济性。例如，秦 PLUS DM-i 搭载的骁云插混专用 1.5 L 阿特金森循环发动机，拥有全球领先的 43.04% 热效率。② 在中高负荷工况下，具有更好的抗爆燃性能。③ 改善排放性能，降低 NO_x、CO 和 CO_2 排放。④ 在车辆低速状态下，进气被上行的活塞顶出，进气量不够，动力不足。⑤ 在发动机高转速状态下，相对较长的膨胀行程会影响转速的攀升，车辆高速加速动力不足。

微课 阿特金森循环的定义与特点

正因为阿特金森循环发动机存在低速和高速动力不足的缺点，其很少在量产车发动机上被单独采用。但阿特金森循环发动机在部分负荷时具有较高的热效率，燃油经济性高，这使阿特金森循环发动机用在混合动力汽车上具有得天独厚的优势，它与电机协同工作，采用优化动力切换策略，使阿特金森循环发动机工作在阿特金森循环优势区域并保持其高效运行，通过电机低速转矩大的特点来弥补阿特金森循环发动机动力性不足的弱点。现在，越来越多的混合动力汽车采用阿特金森循环发动机，例如丰田的普锐斯、卡罗拉、雷凌等的混动版，雷克萨斯的 CT200、RX450h 混动版，本田的雅阁混动版等。

阿特金森循环是在奥托循环四个循环行程的基础上增加了一个进气回流行程，即进气行程、进气回流行程、压缩行程、膨胀行程和排气行程，如图 2-10 所示。

通过进气回流行程可以对发动机有效排量（进气量）进行调节来控制气缸内气体质量，从而调节发动机负荷。发动机有效排量（进气量）的调节主要利用可变气门正时技术（VVT），推迟进气门关闭时刻使一部分在进气行程中已经进入气缸的新鲜空气被压缩行程上行的活塞推回进气道，从而减少气缸内气体质量。

微课 丰田普锐斯发动机的阿特金森循环

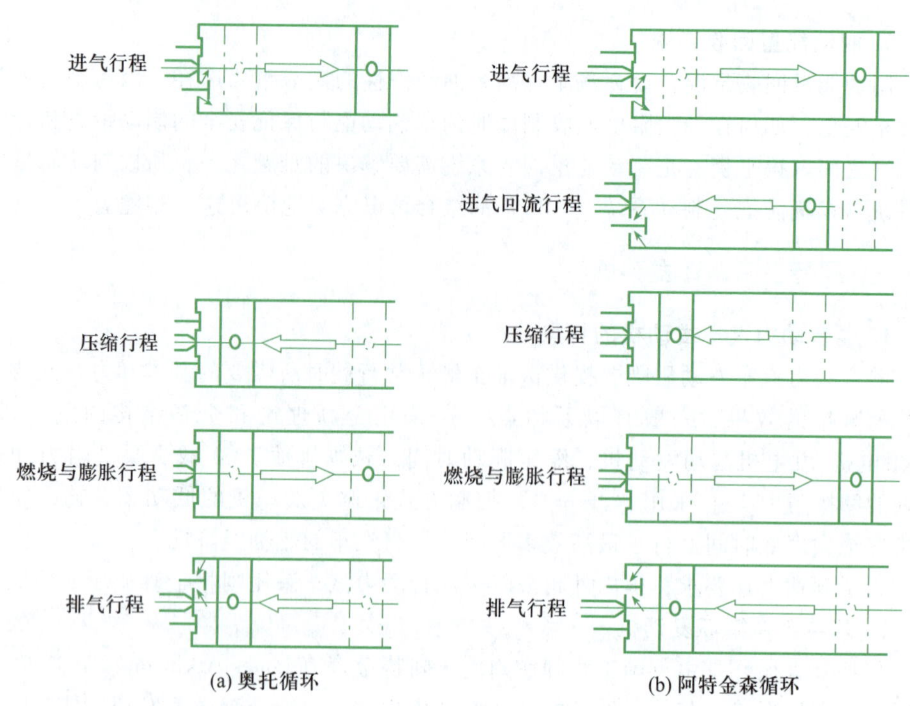

图 2-10 阿特金森循环行程与奥托循环行程对比示意图

在阿特金森循环的压缩行程中，进气门推迟关闭的时刻才是压缩行程的实际开始点，这就使有效压缩行程减小，而膨胀行程与奥托循环相似或稍长，形成膨胀比大于有效压缩比的效果，更大程度地将热能转化为机械能，提高发动机的指示热效率，从而降低燃油消耗。同时有效压缩比减小，使气缸内燃烧温度降低，有利于降低发动机爆燃，可以提高发动机的几何压缩比（丰田第三代普锐斯 2RZ-FXE 阿特金森循环发动机的几何压缩比提高到 13∶1），等于提高了膨胀比，使发动机指示热效率得到提高。

四、整车能量管理控制系统

1. 整车能量管理控制系统的作用

混合动力汽车一般可以实现电机单独运行、发动机单独运行、发动机运行并发电、发动机与电机联合运行和制动能量回收等工作模式。而以上工作模式的切换以及整车功率控制都由能量管理控制系统统一协调支配。整车能量管理控制系统如同混合动力汽车的大脑，指挥各个子系统协调工作，以达到效率、排放和动力性的最佳匹配，同时兼顾车辆行驶的平顺性。

微课
整车能量管理控制系统的目标

整车能量管理控制系统根据驾驶人的操作，对如加速踏板、制动踏板、变速杆的操作等，判断驾驶人的意图，在满足驾驶人需求的前提下，最优地分配电机、发动机、动力电池等动力部件的功率输出，实现能量利用的最优管理，使有限的燃油发挥最大的功效。整车能量管理控制系统还需要考虑其他车载电气附件和机械附件的能量消耗，如空调、动力转向、制动助力等系统的能耗，以综合考虑整车的能量使用。

2. 整车能量管理控制系统的控制特点

混合动力汽车基本包括底层控制和上层控制两层控制任务。底层控制（部件层控制）是对动力系统中每一个部件进行相应的控制，上层控制（监督层控制）是负责优化车辆能量流，维持动力电池荷电状态在一定范围内。上层控制也被称为能量管理系统，它用于接收和处理来自车辆和驾驶人的信息，同时将最优设定值传输至底层的控制器。混合动力汽车整车能量管理控制系统基本控制原理如图 2-11 所示。

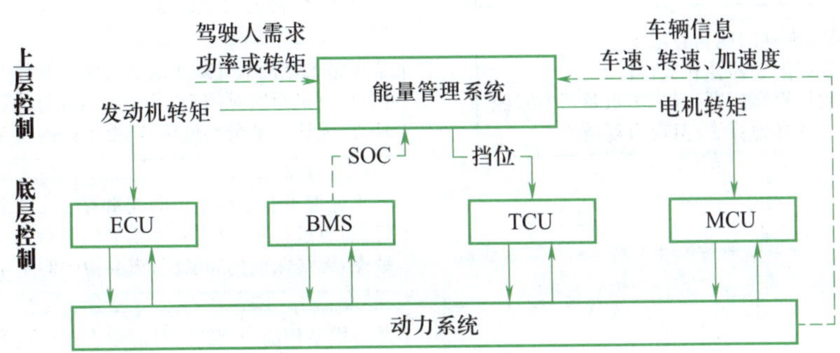

图 2-11　混合动力汽车整车能量管理控制系统基本控制原理图

ECU——发动机电子控制单元；BMS——动力电池管理系统；SOC——动力电池荷电状态；TCU——变速箱控制单元；MCU——电机控制单元。

3. 整车能量管理控制系统的策略

混合动力汽车整车能量管理控制策略的主要目标是开发近似优化且实际可行的动力管理策略，确定转矩分配方案和换挡方案，使油耗降到最低，同时应满足下列约束：① 满足驾驶人的动力要求。② 保持动力电池的荷电状态。③ 满足一定的驾驶性能要求。

微课

整车能量管理控制系统的类型与策略

混合动力汽车整车能量管理控制策略有多种，每一种管理控制策略都各有优缺点，如图 2-12 所示。目前主要应用的还是基于规则的能量管理控制策略，未来的趋势和方向是基于优化算法的局部最优或全局最优能量管理控制策略。

基于规则的能量管理控制策略是根据转矩或功率需求，按照确定规则或模糊逻辑算法对转矩和功率进行分配。基于确定规则的能量管理控制策略示例如图 2-13 所示，基于模糊规则的能量管理控制策略示例如图 2-14 所示。

微课

整车能量管理控制系统的控制原理

下面以目前应用广泛的基于规则的稳态能量管理控制策略为例介绍其控制过程。

基于规则的稳态能量管理控制策略的主要依据是工程经验，根据部件的稳态效率 MAP 图来确定如何进行发动机和电机之间的动力分配。其将混合动力汽车控制分成了三种模式，即正常行驶模式、充电模式及制动能量回收模式，同时将发动机的稳态效率 MAP 图划分为纯电动、发动机驱动和电机功率辅助三个区域，如图 2-15 所示。

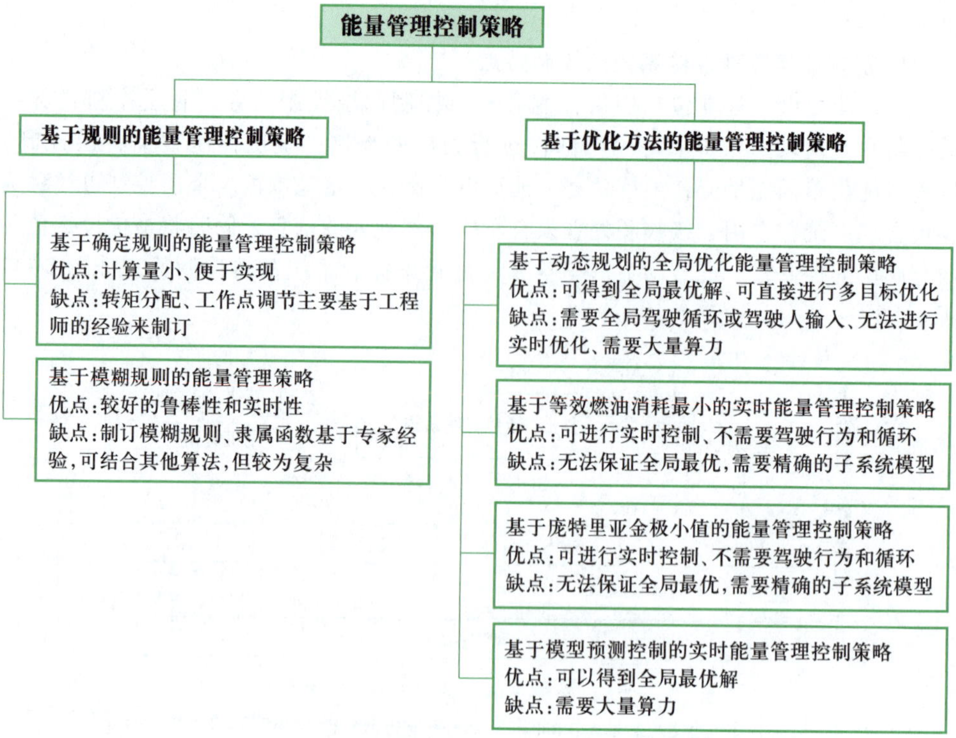

能量管理控制策略
基于规则的能量管理控制策略
基于优化方法的能量管理控制策略
基于确定规则的能量管理控制策略
优点：计算量小、便于实现
缺点：转矩分配、工作点调节主要基于工程师的经验来制订
基于模糊规则的能量管理策略
优点：较好的鲁棒性和实时性
缺点：制订模糊规则、隶属函数基于专家经验，可结合其他算法，但较为复杂
基于动态规划的全局优化能量管理控制策略
优点：可得到全局最优解、可直接进行多目标优化
缺点：需要全局驾驶循环或驾驶人输入、无法进行实时优化、需要大量算力
基于等效燃油消耗最小的实时能量管理控制策略
优点：可进行实时控制、不需要驾驶行为和循环
缺点：无法保证全局最优，需要精确的子系统模型
基于庞特里亚金极小值的能量管理控制策略
优点：可进行实时控制、不需要驾驶行为和循环
缺点：无法保证全局最优，需要精确的子系统模型
基于模型预测控制的实时能量管理控制策略
优点：可以得到全局最优解
缺点：需要大量算力
图 2-12 混合动力汽车整车能量管理控制策略的优缺点

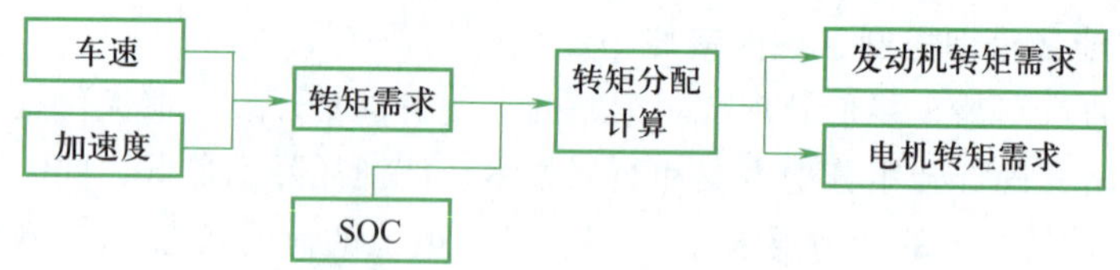

车速
加速度
转矩需求
SOC
转矩分配计算
发动机转矩需求
电机转矩需求
图 2-13 基于确定规则的能量管理控制策略示例

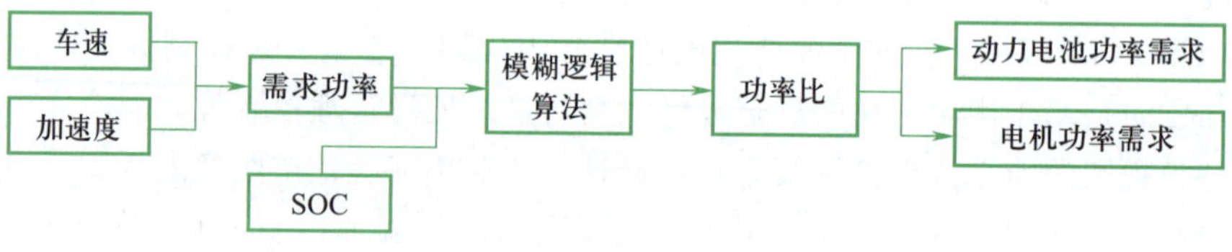

车速
加速度
需求功率
SOC
模糊逻辑算法
功率比
动力电池功率需求
电机功率需求
图 2-14 基于模糊规则的能量管理控制策略示例

在不同模式下，基于规则的稳态能量管理控制策略，根据发动机的稳态效率MAP图决定发动机和电机的动力分配方式。

（1）正常行驶模式。在发动机稳态效率MAP图上分别用“发动机工作最小功率”曲线和“电机助力最小功率”曲线，将发动机稳态效率MAP图划分成纯电动区域、发动机驱动区域和电机功率辅助区域。功率分配规则：如果需求的驱动功率小于发动机工作的最小功率，则由电机提供全部的驱动功率；如果需求的驱动功率超过该最小功率，则由发动机取代电机驱动车辆前进；如果需求的驱动功率大于电

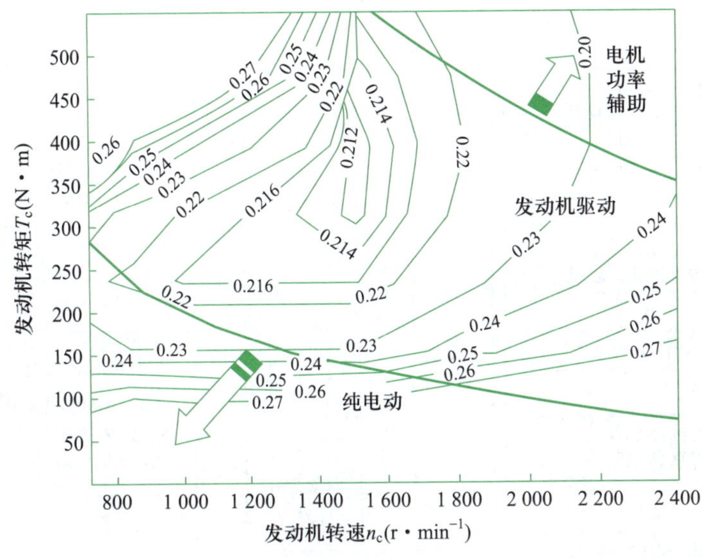

图 2-15　发动机稳态效率 MAP 图

机助力最小功率，则由电机提供额外的驱动功率。在正常行驶模式下，发动机总是工作在“发动机工作最小功率”和“电机助力最小功率”之间效率最高的区域。

（2）充电模式。对动力电池的能量管理采用了充电维持策略，即始终保持动力电池的 SOC 值位于最高效率区的上下限值之间（设定为 55% ~60%）。当 SOC 值小于 55% 时，应切换至充电模式（当且仅当 SOC 值大于 60% 时充电过程完成），并计算动力电池的充电功率，该功率同时也作为电机的目标功率。发动机的目标功率为需求的驱动功率与充电功率之和。充电模式中存在一个特例：当发动机的目标功率小于发动机工作最小功率时，为避免发动机在效率极低的区域内工作，仍然依靠电机提供驱动力。

（3）制动能量回收模式。驾驶人踩下制动踏板，表明了驾驶人对驱动功率的需求，应进入制动能量回收模式，吸收混合动力汽车制动时的能量。同时，当制动能量超过可回收的制动能量时，液压制动系统将提供剩余的制动能量。

基于规则的能量管理策略主要依靠工程经验和试验，限定发动机的工作区域和工作方式，从而达到降低燃油消耗和排放的目的，方法比较简单直观，因此更具有实用价值，在混合动力汽车的能量管理系统中得到了广泛的实际应用。

4. 丰田卡罗拉双擎整车能量管理控制系统

车辆 ECU 根据变速杆位置、加速踏板位置和车速计算目标原动力，通过电机控制器接收来自发电机（MG1）和电动机（MG2）的解析器转速信号，通过这些信号对 MG1、MG2 和发动机进行最佳组合，执行控制，以产生目标原动力。另外车辆 ECU 监视动力电池的 SOC 以及动力电池、MG1 和 MG2 的温度等，以对这些参数进行最佳的控制。图 2-16 所示为整车能量管理控制系统，整车控制项目见表 2-1。

微课
丰田卡罗拉双擎的整车能量管理控制系统

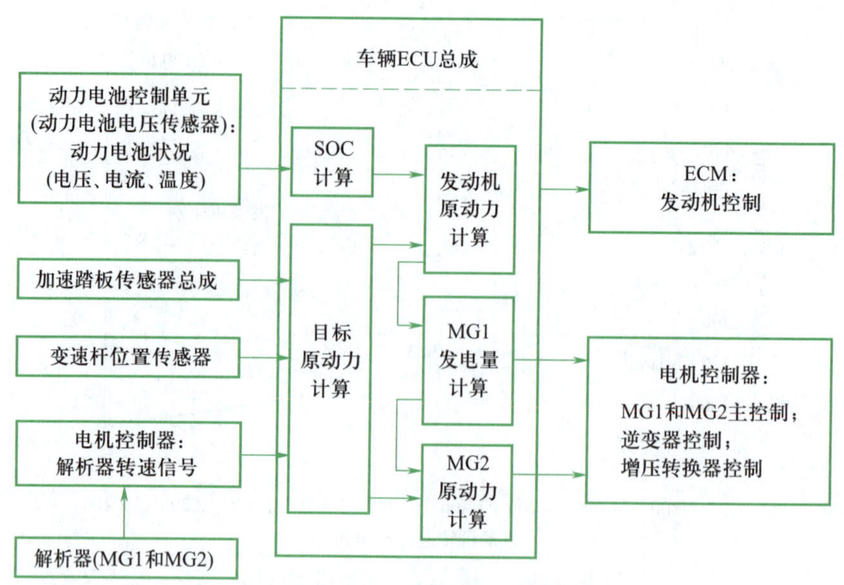

图 2-16 丰田卡罗拉双擎整车能量管理控制系统

表 2-1 丰田卡罗拉双擎整车控制项目

控制	项目	控制描述
混合动力控制	混合动力输出计算	根据驾驶条件计算发动机输出以及 MG1 和 MG2 转矩
	行驶模式控制	混合动力系统操作和输出特性根据行驶模式的不同而变化
	主继电器控制	控制系统主继电器的切换（接通和切断）
	逆变器控制	利用操作指令信号（PWM 信号）控制逆变器的工作输出
	增压转换器控制	控制高压增压
	DC/DC 转换器控制	控制用于给辅助蓄电池充电的电压和电流
	MG1、MG2 控制	防止 MG2 过度旋转
	再生制动控制	在减速时，在防滑控制 ECU 协同作用下进行再生制动控制
动力电池控制	SOC 控制	控制动力电池的 SOC
	动力电池冷却鼓风机控制	操作此项目以使动力电池温度处于适当范围
	绝缘异常监测	监测高压电路的绝缘有无任何异常
发动机控制	发动机输出装置	控制发动机输出以响应车辆 ECU 总成（混合动力 CPU）的请求
	发动机起、停控制	必要时执行发动机起、停操作
空调压缩机控制		根据目标压缩机转速控制空调逆变器
电源输出限制控制		根据零部件温度限制电源输出
诊断控制		车辆 ECU 检测到混合动力系统故障时，将执行诊断并存储与故障相关的信息

五、制动能量回收系统

1. 制动能量回收系统定义

制动能量回收是现代纯电动汽车与混合动力汽车重要技术之一，也是它们的重要特点。在传统燃油汽车上，当车辆减速、制动时，车辆的动能通过制动系统转变为热能，并向大气中释放。而在纯电动汽车与混合动力汽车上，这种被浪费的动能可通过制动能量回收技术转变为电能并储存于动力电池中，并进一步转化为驱动能量。例如，当车辆起步或加速时，需要增大驱动力时，电机成为发动机的辅助动力源，使电能获得有效应用。

微课 制动能量回收系统的定义

制动能量回收系统又叫再生制动系统，是指汽车在减速、制动或下坡时将储存于车身上的势能和动能，通过电机转化为电能，并储存于储能装置中的系统，如图 2-17 所示。

图 2-17 制动能量回收系统

2. 制动能量回收原理

汽车在减速或制动时，电机可作为发电机工作，通过电机发电可以将汽车的动能转化为电能，并通过控制器储存到动力电池中。这与汽车在用电能驱动前进时能量的流向刚好相反。在变频调速系统中，电机的减速和停止都是通过逐渐减小运行频率来实现的。在变频器频率减小的瞬间，电机的同步转速随之下降，而由于机械惯性的原因，电机的转子转速未变，这时会出现实际转速大于给定转速，从而产生电机反电动势高于变频器直流端电压的情况，这时电机就变成发电机，非但不消耗动力电池电能，反而可以通过控制器向动力电池充电，这样既有良好的制动效果，又将车辆动能转变为电能，向动力电池充电从而达到能量回收的目的。

3. 制动能量回收系统的优点

制动能量回收系统具有以下优点：① 能够提高车辆的能量利用率，有效增加续驶里程。有研究表明：在车辆非紧急制动的普通制动场合，约 20% 的能量可以回收。② 可以使制动平稳，提高制动效率，缩短制动距离。③ 可以减少车辆制动蹄片磨损，延长制动蹄片使用寿命，起到降低成本的作用，同时降低车辆制动器的热衰退，提高车辆的安全性和可靠性。

微课 制动能量回收系统的优点与回收方式

从制动能量回收系统的优点可以看出，它不仅能满足对车辆动力性、平稳性、安全性和可靠性等基本性能的要求，还可以根据不同的运行工况，实现发动机、电机、动力电池、功率变换模块等之间的能量相互转换，使整个车辆的能量利用率达到最佳。

六、混合动力汽车车载网络系统

微课

制动能量回收系统性能的影响因素

1. 概述

（1）CAN 总线。CAN 总线，即控制器局域网总线技术（Controller Area Network），采用双绞线结构，如图 2-18 所示。CAN 总线的双绞线结构既可防止外界对总线的电磁干扰，也可以防止本身对外界的干扰，具有良好的电磁兼容性，如图 2-19 所示。

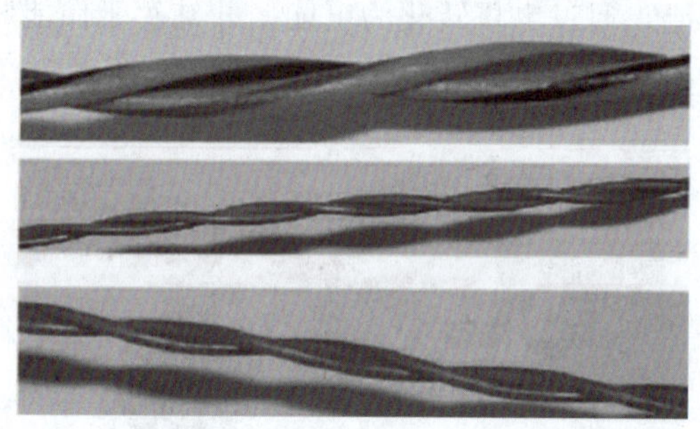

图 2-18 CAN 总线的双绞线结构

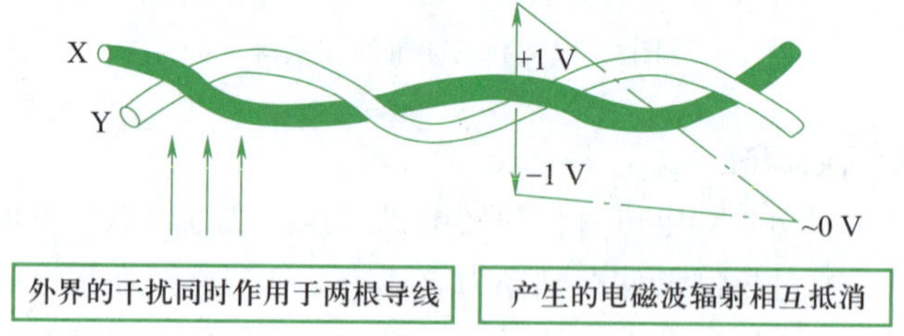

图 2-19 CAN 总线具有良好的电磁兼容性

目前汽车 CAN 总线连接方式主要有两种，一是用于驱动系统的高速 CAN 总线，速率可达到 500 kb/s，其信号电压变化如图 2-20 所示；二是用于车身系统的低速 CAN 总线，速率为 100 kb/s，其信号电压变化如图 2-21 所示。

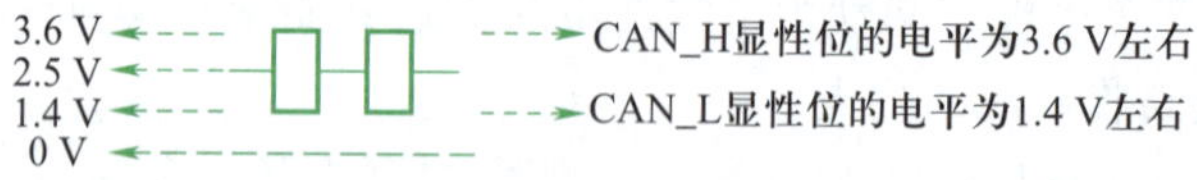

图 2-20 高速 CAN 总线上的信号电压变化

5 V
4 V
1 V
0 V
CAN_H显性位的电平为4 V左右
CAN_L显性位的电平为1 V左右

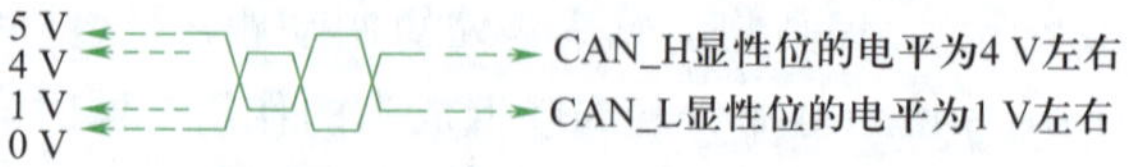

图 2-21 低速 CAN 总线上的信号电压变化

（2）LIN 总线。LIN 是 Local Interconnect Network 的缩写。Local Interconnect（局域互联）表示所有的控制单元都装在一个有限的空间内（如车顶），所以它也被称为“局域子系统”。LIN 总线的特点有成本低、串行通信、主从结构、单线 12 V 等，主要用于智能传感器和执行器的串行通信。LIN 总线信号电压波形如图 2-22 所示。

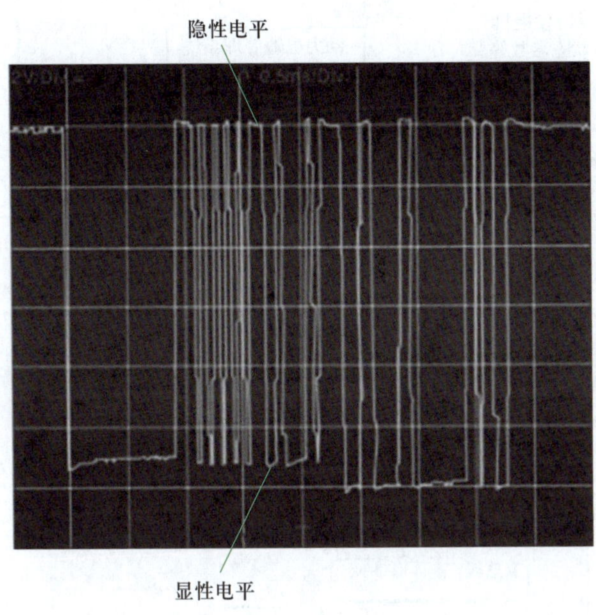

图 2-22　LIN 总线信号电压波形

2. 混合动力汽车的车载网络系统

相较于传统燃油汽车的发动机驱动系统和纯电动汽车的电驱动系统，混合动力汽车有两套动力系统：发动机驱动系统和电驱动系统，这种混合动力系统会增加许多控制单元和装置，如整车控制单元（HCU）、电机控制单元（MCU）、动力电池管理系统（BMS）等。混合动力系统的控制更加复杂，各控制单元之间相互交换的信息也更多。因此，为了保持控制系统的各电子控制单元之间的紧密联系，CAN 总线成为混合动力控制系统的理想总线。传统燃油汽车所有主总线系统和子总线系统均可应用于混合动力系统上。混合动力汽车整车拓扑结构如图 2-23 所示，包括辅助动力单元（APU）控制器、电池管理系统（BMS）、电机控制器（MCU）、整车控制器（HCU）、智能车载仪表（ICU）和制动防抱死（ABS）控制器等。在规定的时间内各电子控制单元中经过信号处理系统采集处理后的控制单元状态信息以及控制单元之间的控制指令等通过 CAN 总线进行实时数据交换和更新。

丰田卡罗拉混合动力汽车 CAN 总线如图 2-24 所示。该 CAN 总线系统由 V 总线、总线 1、总线 2、总线 3 组成，不同总线之间通过中央网关进行信息交换，通过网关还能够从 V 总线上读取其余总线上的故障信息。

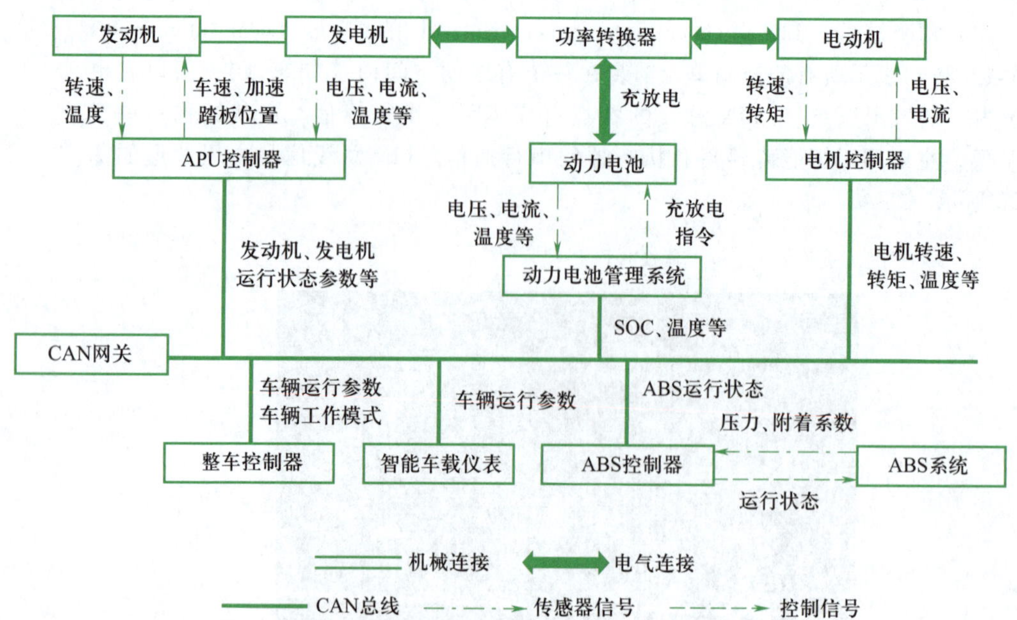

图 2-23 混合动力汽车整车拓扑结构

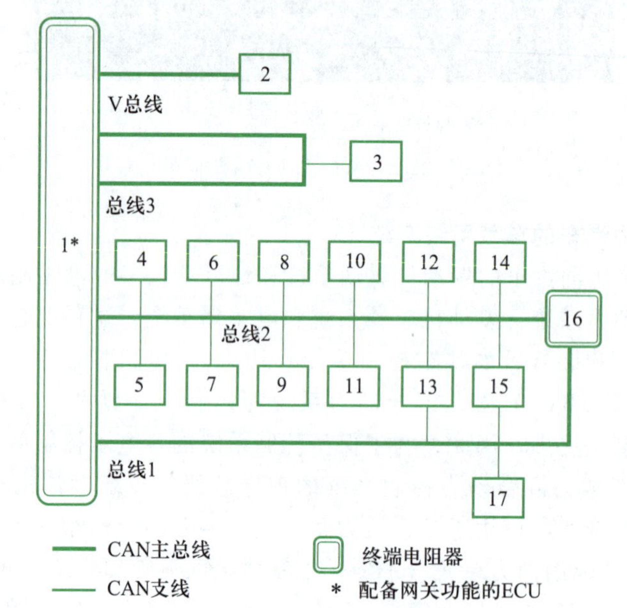

图 2-24 丰田卡罗拉混合动力汽车 CAN 总线

1—中央网关 ECU；2—DLC3 数据链路连接器（V 总线）；3—导航（总线 3）；4—后视镜总成（总线）；5—智能钥匙 ECU（总线 2）；6—动力转向 ECU（总线 2）；7—间隙警告 ECU（总线 2）；8—车身 ECU（总线 2）；9—安全气囊 ECU（总线 2）；10—空调总成（总线 2）；11—转向传感器（总线 2）；12—组合仪表（总线 2）；13—防滑控制 ECU（总线 1）；14—胎压警告 ECU（总线 2）；15—混合动力车辆控制 ECU（总线 1 和总线 2）；16—发动机控制 ECU（总线 1 和总线 2）；17—逆变器总成（总线 1）

拓展迁移

增程式混合动力汽车的燃气轮机

增程式混合动力汽车的发动机负责发电不参与驱动，车载储能装置给电机供电，电机则负责驱动车辆行驶。一些增程式混合动力汽车没有使用传统的发动机来发电，而是使用燃气轮机+发电机构成微型涡轮发电机。

相比传统发动机，微型涡轮发电机具有体积小、质量轻、输出功率稳定、转速高、设计寿命长、热效率高等优点。微型涡轮发电机为可选燃料系统，包括汽油、柴油、乙醇、天然气等多种燃料，都能带动增程器高效运转。

微型涡轮发电机工作原理如图 2-25 所示，新鲜的冷空气从进气口进入，被压缩器压缩成高压冷却气体，接着在换热器被高温排气加热，较高温度的进气在燃烧室与燃油混合燃烧，产生的高温高压气体推动涡轮机运转，排出的高温气体再回到换热器给进气加热，排出的高温气体也可以给车辆供热，或者直接排出。另外，涡轮机工作的同时，压缩器与发电机同步工作，发电机输出的是高频交流电，所以通常根据不同负载设备接入不同的转换器。

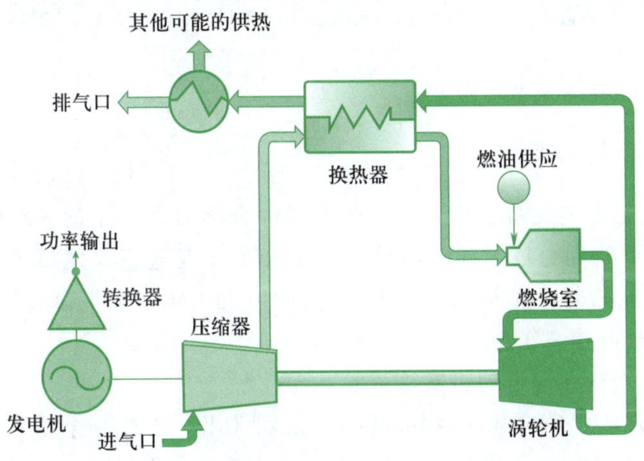

图 2-25　微型涡轮发电机工作原理

主题3 典型混合动力汽车

课堂导入

什么是比亚迪 DM-i 混动系统

2003 年，比亚迪开始进行混合动力汽车技术的研发；2008 年，推出了第一代插电式混合动力汽车；到 2021 年，历经更迭，形成第四代 DM-i 超级混动系统。

DM-i 超级混动系统以大容量电池和大功率电机为基础，车辆在行驶过程当中依靠大功率电机进行驱动，而汽油发动机的主要功能是为电池充电，只有在需要更多动力的时候才会直接驱动，并且也只是和电机协同工作以减小负荷。DM-i 超级混动系统核心组件为比亚迪研制的骁云插混专用发动机，还有两个重要部件：EHS 双电机、DM-i 超级混动专用刀片电池，加上整车控制系统、发动机控制系统、电机控制系统、电池管理系统等，共同构成超级混动系统。

学习内容

典型混合动力汽车车型如下。

一、比亚迪 DM-i

微课 比亚迪 DM 的定义与特点

2008 年，比亚迪发布了其第一款插电式混合动力汽车车型—F3DM；2013 年，第二代插电式混合动力技术成功面世；2018 年，比亚迪正式发布了全面升级后的第三代插电式混合动力技术；2020 年推出 DM-i 和 DM-p 双平台战略。

比亚迪 DM-i 代表车型如图 2-26 所示。

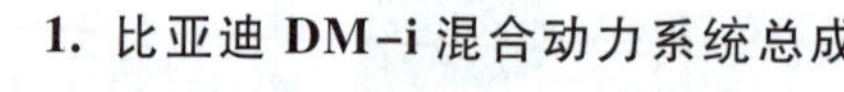

1. 比亚迪 DM-i 混合动力系统总成

DM-i 全称是“Dual Mode-Intelligent”，即双模-智能，是指 EV（纯电）和 HEV（混合动力）切换。比亚迪 DM-i 混合动力系统总成包括：骁云插混专用 1.5 L 高效发动机、EHS 电混系统、功率型刀片电池、交直流车载充电器等核心零部件，如图 2-27 所示。

微课 比亚迪 DM 3.0 的优点

（1）发动机。比亚迪 DM-i 混合动力系统总成的发动机采用骁云插混专用 1.5 L 高效发动机，如图 2-28 所示，该发动机运用六大技术：阿特金森循环、15.5 超高压缩比技术、超低摩擦技术、EGR 废气再循环技术、分体冷却技术以及无轮系设计，实现热效率 43.04%，峰值功率 81 kW，峰值扭矩 135 N · m。

（2）EHS 电混系统。EHS 电混系统高度集成化，由双电机、双电控、直驱离合器、电机油冷系统、单挡减速器组成。

(a) 比亚迪秦PLUS DM-i

(b) 比亚迪汉DM-i

(c) 比亚迪唐DM-i

(d) 比亚迪宋PLUS DM-i

图 2-26　比亚迪 DM-i 车型

图 2-27　比亚迪 DM-i 混合动力系统总成

图 2-28　骁云插混专用 1.5 L 高效发动机

EHS 电混系统电机采用扁线成型绕组技术与直喷式转子油冷技术，大幅提升散热性能，电机最高效率达 97.5%，电机功率密度提升至 44.3 kW/L，转速最高达 16 000 r/min。

EHS 电混系统按功率划分为三款：EHS132（峰值功率 132 kW，峰值扭矩 316 N · m）、EHS 145（峰值功率 145 kW，峰值扭矩 325 N · m）和 EHS 160（峰值功率 160 kW，峰值扭矩 325 N · m），结构如图 2-29 所示。

图 2-29 EHS 电混系统

（3）动力电池。比亚迪 DM-i 动力电池采用功率型的刀片电池，单体电池数量少、结构简化，零部件减少 35%，结合磷酸铁锂电池更好的稳定性与刀片电池的结构设计，使功率型刀片电池具有“超长里程、超级安全、超长寿命”的特点，如图 2-30 所示。根据车型不同，比亚迪 DM-i 搭载的动力电池的电量范围为 8.3 ~ 21.5 kW · h，纯电续驶里程范围为 50 ~ 120 km。

2. 比亚迪 DM-i 工作模式

微课
比亚迪 DM 的驾驶模式

（1）纯电模式。在起步与低速行驶时，电机 P3 由动力电池供能驱动车辆，如图 2-31 所示。

图 2-30 功率型的刀片电池

（2）串联模式。发动机通过齿轮传动带动电机 P1 工作，电机 P1 作为发电机发电，电能通过电控系统输送给电机 P3，直接用于驱动车轮，如图 2-32 所示。

（3）并联模式。当整车功率需求比较高时，发动机会脱离经济功率，此时控制系统会让动力电池在合适的时间介入，提供电能给电机 P3，另一方面，离合器接合，发动机动力经齿轮机构提供驱动力，与电机 P3 形成并联模式，如图 2-33 所示。

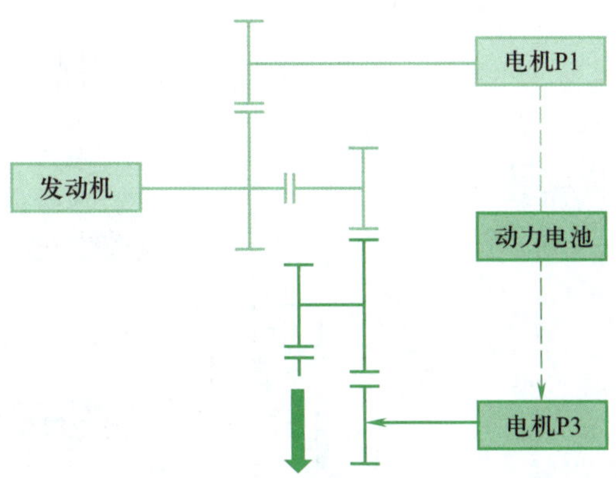

图 2-31　比亚迪 DM-i 纯电工作模式

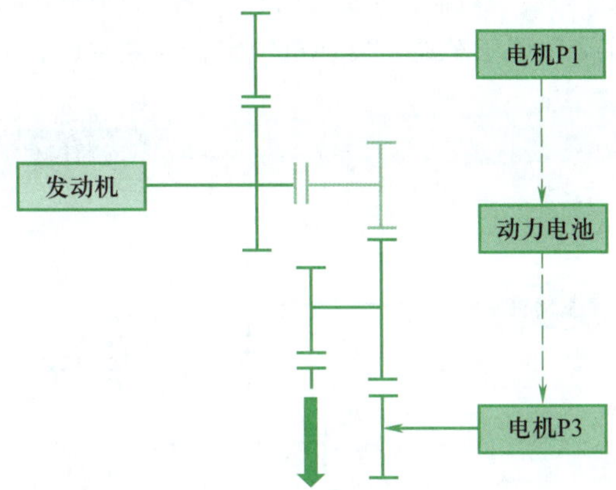

图 2-32　比亚迪 DM-i 串联工作模式

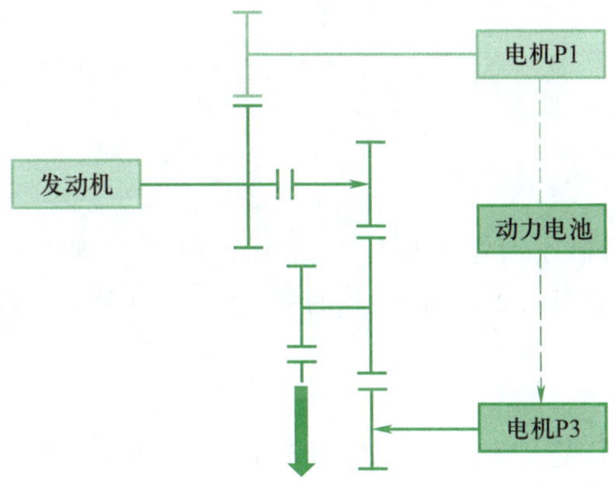

图 2-33　比亚迪 DM-i 并联工作模式

（4）能量回收模式。减速或制动时，车轮带动电机 P3 工作，P3 电机作为发电机将动能转换为电能，为动力电池充电，如图 2-34 所示。

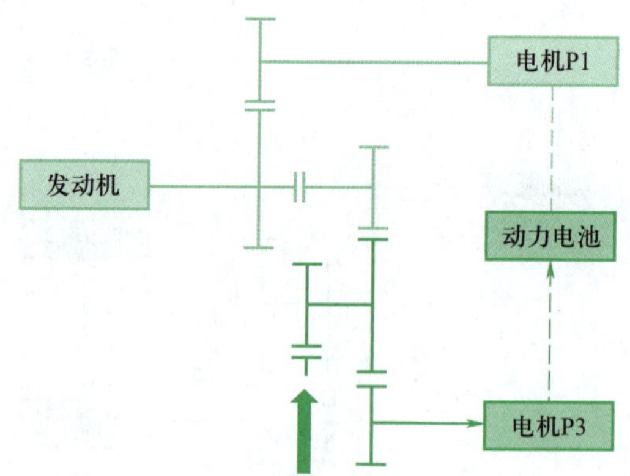

图 2-34 比亚迪 DM-i 能量回收工作模式

(5) 发动机直驱模式。在高速巡航的时候，通过 EHS 电混系统内部的离合器模块将发动机动力直接作用于车轮，发动机锁定在高效率区，如图 2-35 所示。

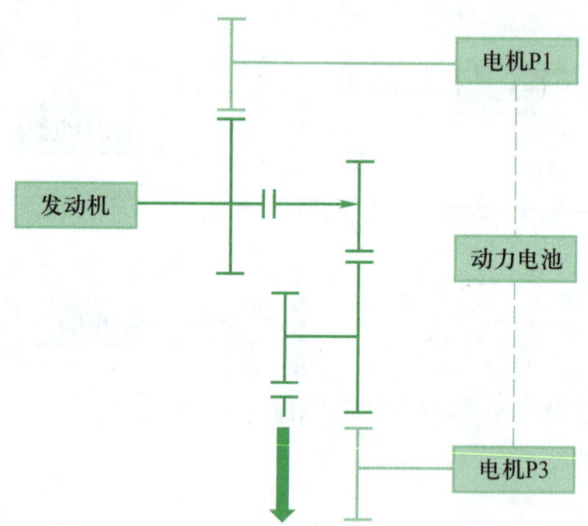

图 2-35 比亚迪 DM-i 发动机直驱工作模式

二、理想 ONE

理想汽车是我国造车新势力品牌，2018 年 10 月，理想汽车第一款产品理想 ONE 正式发布，定位于 30 万元以上的智能电动（增程式）中大型 SUV，如图 2-36 所示。

微课

日产 e-Power 增程混动汽车的特点与结构

1. 动力系统

2021 款理想 ONE 整车车身尺寸为 5 030mm×1 960mm×1 76 0mm，车身轴距为 2 935 mm。搭载了一台 1.2 T 涡轮增压发动机（理想 L9 车型升级为 1.5 T 涡轮增压发动机），发电机最大输出功率 60 kW，前置电机最大输出功率 100 kW，后置电机最大输出功率提升至 145 kW。动力电池为 40.5 kW · h 三元锂电池，支持纯电续驶里程 188 km，综合工况总续驶里程 1 080 km。理想 ONE 动力系统结构如图 2-37 所示。

图 2-36 理想 ONE

图 2-37 理想 ONE 动力系统结构

理想 ONE 采用增程式插电油电混合系统，发动机不参与驱动车辆，带动发电机（增程器）工作产生电能为动力电池充电，车辆由前后 2 个电机驱动，动力传递路线如图 2-38 所示。

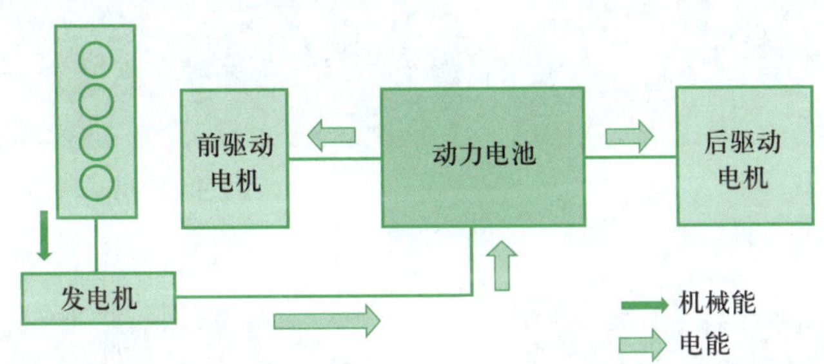

图 2-38 理想 ONE 动力传递路线

2. 驾驶模式

（1）纯电优先模式。在该模式下，优先使用动力电池为电机供电，当动力电池电量下降到 20% 时，发动机就会起动，此时发动机优先为电机供电，并将一小部分发电量给动力电池充电，让动力电池的电量一直维持在 20%，避免动力电池长期处于低电量状态。纯电优先模式适合家里或者工作地安装有充电桩，充电方便的用户。

微课

日产 e-Power 增程混动汽车的工作原理

（2）油电混合模式。切换到该模式下，低速行驶用电，中高速行驶用油。同时动力电池电量低于 80% 时，发动机也会开始工作，为电机供电，在日常使用中动力电池电量会缓慢下降。油电混合模式适用于日常用油，一周到半个月充一次电的用户。

（3）燃油优先模式。在该模式下，理想 ONE 的增程系统会尽量维持动力电池电量在高位，一般在电量低于 70% 时发动机开始工作进行发电，并优先维持动力电池的电量，继而再保证电机的输出，该模式适合几乎不充电的用户使用。

（4）弹射起步模式。发动机工作产生的电能以及动力电池的电能都供电机使用，保证车辆动力系统以最大功率输出。

三、丰田普锐斯混合动力汽车

1997 年 12 月，代号 NHW10 的丰田第一代普锐斯在丰田工厂下线，第一代普锐斯搭载一台 1.5 L 直列四缸自然吸气发动机和一台 288 V 永磁交流电动机，其中汽油发动机最大功率 43 kW，最大扭矩 102 N · m，电动机最大功率 29 kW，最大扭矩 305 N · m，配备 ECVT（电控无级变速）变速箱，动力电池采用镍氢电池组，丰田将这套混合动力系统称之为“THS”（Toyota Hybrid System）。第一代至第四代普锐斯如图 2-39 所示。

(a) 第一代普锐斯

(b) 第二代普锐斯

(c) 第三代普锐斯

(d) 第四代普锐斯

图 2-39　第一代至第四代普锐斯

微课

丰田 THS 的基本结构

1. 丰田普锐斯动力总成

从第三代普锐斯开始，车辆的动力总成采用 THS-Ⅱ，即第二代混合动力系统。如图 2-40 所示，丰田 THS-Ⅱ包括发动机、变频器总成、混合动力驱动系统、动力管理控制 ECU、高压线束、HV 蓄电池（201.6 V）和辅助蓄电池（12 V）。

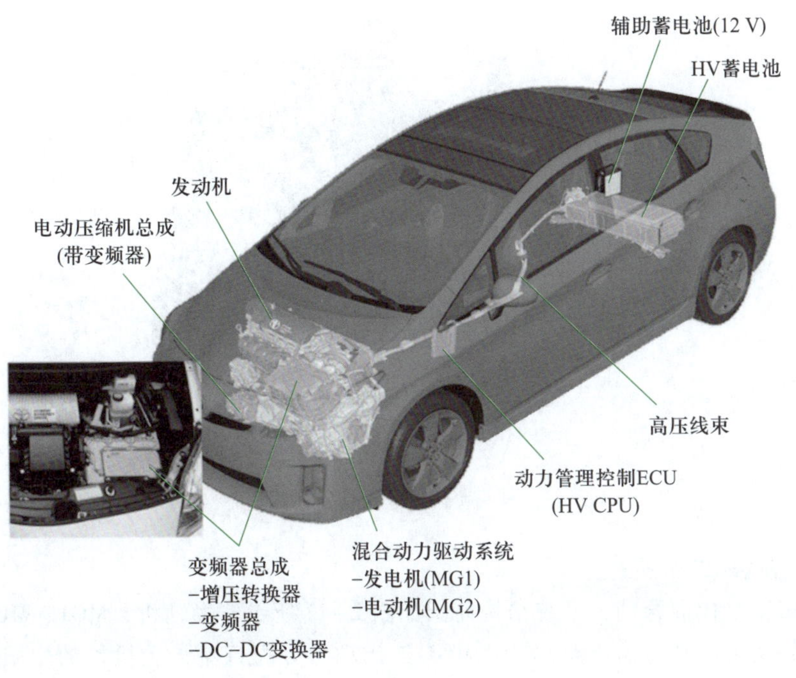

图 2-40 丰田第二代混合动力系统

（1）发动机。普锐斯采用 1.8 L 自然吸气发动机，发动机编号 2ZR-FXE 中的“X”表示使用阿特金森循环，该发动机是丰田针对混合动力车型开发，采用宽域 VVT-i 机构实现阿特金森循环，热效率达到 41%。同时，该发动机采用电子水泵、带电动机的压缩机总成，取消了发动机附件传动带。

（2）变频器总成。普锐斯变频器总成包含电机控制单元（MG ECU）、增压转换器、DC/DC 转换器、逆变器。第三代普锐斯增加了增压转换器，可以将 HV 蓄电池电压升高至 650 V，在相同功率设计下，减小了逆变器、电机的尺寸和质量，整车更加节能。

（3）混合动力驱动系统。普锐斯混合动力驱动系统包含驱动车辆的电机（MG2）、产生电能的发电机（MG1）、复合齿轮装置（含动力分配行星齿轮机构、电机减速行星齿轮机构、减速器及差速器），如图 2-41 所示。发动机、MG1、MG2 动力通过带 2 组行星齿轮机构的复合齿轮装置连接至驱动轴。该混合动力驱动系统能根据汽车行驶工况实现串联、并联、混联的驱动模式，使能耗更低、动力更强。

（4）HV 蓄电池。普锐斯 HV 蓄电池采用镍氢电池或锂离子电池，以第三代普锐斯 ZVW30 车型为例，HV 蓄电池采用镍氢电池，由 28 个电池模组串联组成，每个模组由 6 个电芯串联，每个电芯 1.2 V，168 个电芯产生 201.6 V 电压，总电量为 1.3 kW·h。第三代普锐斯也推出如 PRIUS+、普锐斯 PHEV 车型，到第四代车型，车辆电动化程度逐步升高，HV 蓄电池也相继采用总电量为 4.4 kW·h、8.8 kW·h 的锂离子电池。

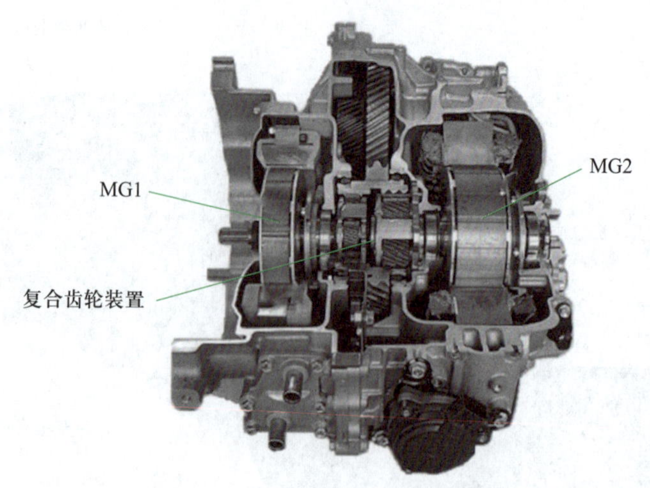

图 2-41 普锐斯混合动力驱动系统

丰田 THS 的工作原理

2. 普锐斯工作模式

丰田第二代混合动力系统结构简图如图 2-42 所示，发动机、MG1、MG2 通过复合齿轮装置将动力输出至车轮。MG1 连接动力分配行星齿轮机构的太阳轮，主要功用是在发动机驱动下，作为发电机为 HV 蓄电池、MG2 提供电能，在发动机起动时，MG1 作为起动机，起动发动机。发动机连接动力分配行星齿轮机构的行星架，动力用于驱动 MG1 及外齿圈。MG2 连接至电机减速行星齿轮机构的太阳轮，行星架固定，MG2 产生动力经减速行星齿轮机构放大扭矩，驱动外齿圈，经减速器、差速器驱动车轮。丰田第二代混合动力系统主要工作模式如下。

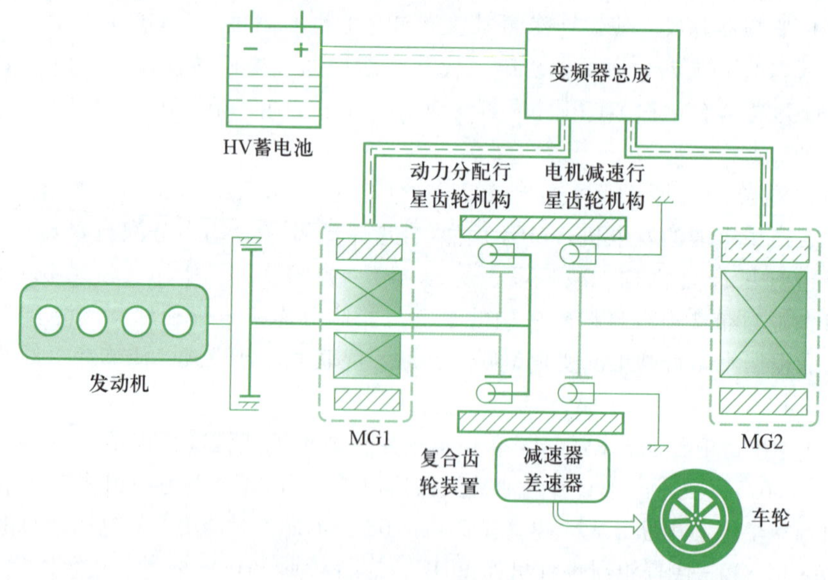

图 2-42 丰田第二代混合动力系统结构简图

（1）起步。车辆低速起步时，发动机保持停机状态，车辆仅由 MG2 驱动。HV

蓄电池提供电能，通过变频器总成带动 MG2 工作，驱动车辆起步。

（2）缓慢加速。HV 蓄电池的电能不足以支撑 MG2 持续加速时，起动发动机。HV 蓄电池经变频器总成向 MG1 供电，MG1 通过动力分配行星齿轮机构带动发动机起动。发动机起动后，一部分动力带动 MG1 发电，为 HV 蓄电池充电或为 MG2 提供电能。另一部分动力通过外齿圈驱动车辆。

（3）巡航。车辆处于匀速巡航状态时，发动机处于最佳的工作状态，车辆动力主要由发动机提供，发动机与 MG2 共同驱动车辆匀速行驶。发动机一部分动力带动 MG1 发电，产生的电能供 MG2 工作使用，另一部分动力通过外齿圈驱动车辆。

（4）大负荷加速或全负荷。车辆处于大负荷加速或全负荷行驶时，发动机和 HV 蓄电池同时提供能量，发动机功率增加，动力经外齿圈输送至车辆，MG1 依然作为发电机工作。同时，HV 蓄电池为 MG2 提供电能，以满足车辆大负荷或全负荷下功率需求。

（5）减速。车轮通过复合齿轮装置带动 MG2 工作，MG2 作为发电机，输出电能为 HV 蓄电池充电，实现制动能量回收。

四、大众 GTE 混合动力汽车

大众从 2007 年就开始着手发展 GTE 插电混动技术，在我国投放的插电式混动系统，是基于我国法规政策，结合目前欧洲普及的 P2 架构混动产生的混动技术。

大众车系中高性能版本会被冠以 GT 之名。GTI 表示汽油高性能车型，GTD 表示柴油高性能车型，GTE 表示新能源高性能车型，目前的 GTE 车型都采用插电式混合动力设计。

大众以插电式混合动力技术陆续推出了不同款的车型，如高尔夫、帕萨特、迈腾、途观、探岳等（上汽大众称 PHEV，一汽大众称 GTE），如图 2-43 所示。迈腾 GTE、探岳 GTE、帕萨特 PHEV、途观 PHEV 动力表现基本相当，综合最大功率

(a) 迈腾GTE　(b) 探岳GTE　(c) 帕萨特PHEV　(d) 途观PHEV

图 2-43 大众插电式混合动力车型

155 kW，综合最大扭矩 400 N·m，0～100 km/h 加速用时 7.7 s，纯电动续驶里程为 56 km，90 km/h 等速油耗 4.8 L/100 km。

1. 大众 GTE 混合动力系统

大众 GTE 混合动力系统采用了编号为 EA211 的 1.4TSI 发动机、电动机以及动力电池组成的动力系统，如图 2-44 所示。传动系统匹配变速箱代号为 DQ400e，是在 6 速 DSG 双离合变速箱上安装了电机，即 HEM80 电机和 DSG 变速箱的组合。

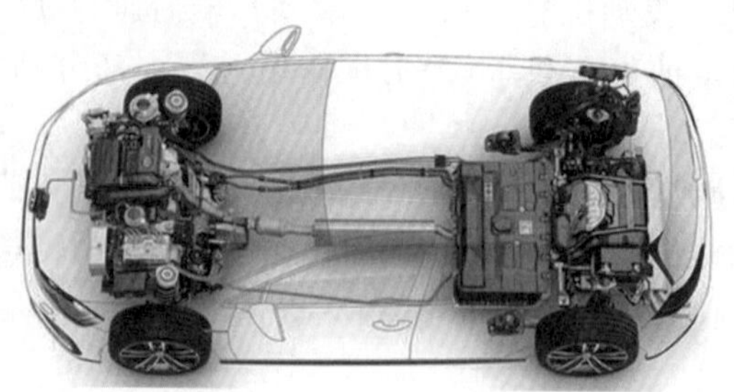

图 2-44 大众 GTE 混合动力系统

（1）发动机。大众 GTE 混合动力系统配备了 EA211 1.4TSI 发动机，如图 2-45 所示。其采用了 35 MPa 高压直喷系统，极大提高了燃油雾化效果，从而满足排放和油耗要求，最大输出扭矩 250 N·m。

图 2-45 EA211 1.4TSI 发动机

（2）变速箱。大众 GTE 混合动力系统配备了 DQ400E 变速箱，由 6 挡湿式双离合变速箱和 HEM80 电机组成，如图 2-46 所示，变速箱最大扭矩 400 N·m，电机峰值扭矩 330 N·m。

（3）动力电池。大众 GTE 混合动力系统采用三元锂电池，容量约为 13 kW·h，纯电续驶里程略高于 50 km。动力电池布置在车辆后部中间，一方面让动力电池处于碰撞最难以损坏的位置，一方面也平衡了整车负荷，提高了操控性。

图 2-46 DQ400E 变速箱

2. 大众 GTE 工作模式

（1）纯电模式。在起步与低速行驶时，动力电池的电量充足时，动力电池供电给电机 P2，同时 DSG K1/K2 离合器断开，电机 K3 离合器闭合，由电机驱动车辆，如图 2-47 所示。该模式设计纯电续驶里程 54 km，能满足大多数人的通勤距离，适合公司、家庭停车位有充电桩的用户。

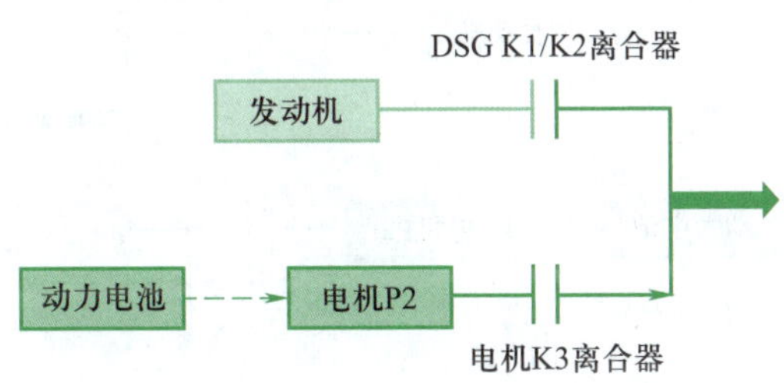

图 2-47 GTE 纯电模式

（2）动力电池充电模式。发动机运行，DSG 离合器闭合，发动机参与驱动车辆，同时它还会带动电机 P2 发电，给动力电池充电，如图 2-48 所示。该模式下发动机一方面给电池充电，一方面提供车辆动力，目的是在行驶的状态下，为动力电池储备充足的电能。

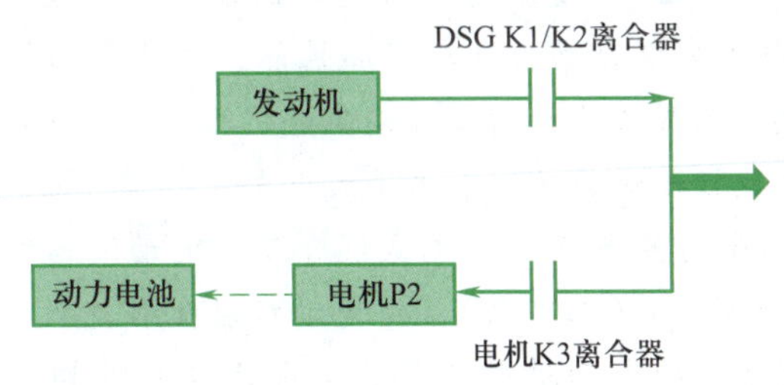

图 2-48 GTE 充电工作模式

（3）动力电池维持模式。该模式下，混合动力控制系统将动力电池 SOC 维持在一定范围，发动机实时给动力电池充电，电机进行输出。此工况电机的输出被限制，保持在一个动态的平衡，功率传递路线与动力电池充电模式相同。

（4）GTE 模式。相当于传统汽车的运动模式，该模式下，发动机和电机的相应更快，动力输出更加激进。动力电池电量在 50% 以上，选择该模式，发动机和电机会共同工作，如图 2-49 所示。

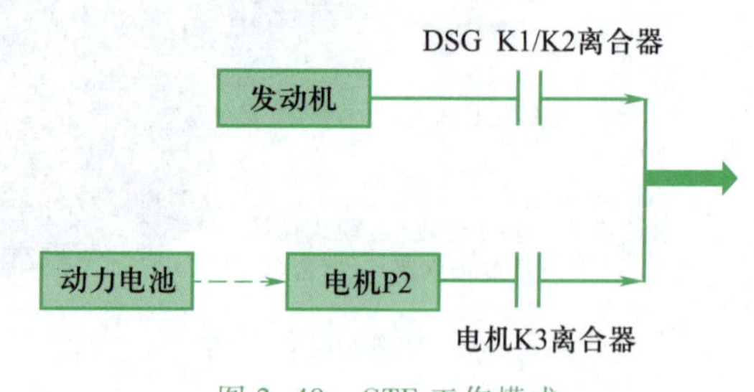

图 2-49 GTE 工作模式

（5）能量回收模式。当车辆滑行、制动时，根据制动力的大小，混合动力系统将对能量进行回收。此时发动机通常会关闭，制动能量通过电机 P2 转换为电能，并储存在动力电池中，如图 2-50 所示。

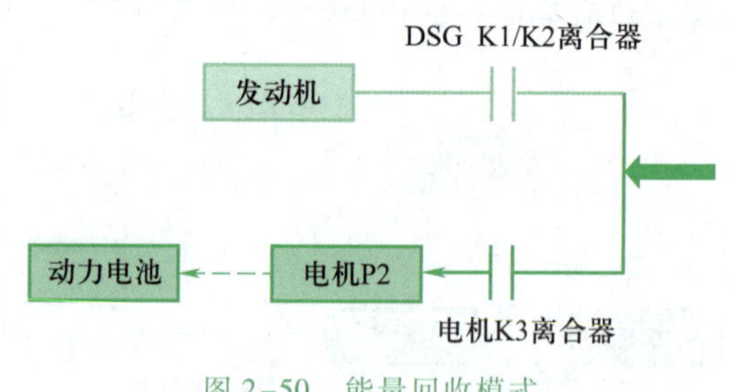

图 2-50 能量回收模式

拓展迁移

你知道插电式混合动力汽车技术未来将达到什么水平吗

中国汽车工程学会 2020 年发布的《节能与新能源汽车技术路线图 2.0》书中提到，到 2025 年，插电式混合动力汽车产品性能，尤其是油耗和电耗水平达到国际先进水平。机电耦合装置性能持续提升，集成化程度和整车控制技术的自主化比率得到明显提升，加速性超过传统汽车水平。电量维持模式油耗比同级别传统车型节油 30%。以技术领先的典型 A 级插电式混合动力电动汽车型为例，电量维持模式油耗不超过 4.3 L/100 km（工况法），纯电动续驶里程建议不超过 80 km。插电式混合动力汽车车型搭载的发动机点工况最高热效率达到 44%，实现以能量管理为核心的整车控制技术。

到2030年，插电式混合动力汽车产品性能处于国际先进水平，开发出节油效果更优、全工况适用、平台通用性好的混合动力总成。电量维持模式油耗比同级别传统车型减少38%。以技术领先的典型A级插电式混合动力电动汽车车型为例，电量维持模式油耗不超过4.0 L/100 km（工况法），纯电动续驶里程建议不超80 km。混合动力专用发动机的点工况最高热效率突破47%。整车搭载与信息化深度融合的智能控制技术。

到2035年，插电式混合动力汽车产品持续保持国际领先水平。在A级以上私人乘用车、公务用车以及其他日均行程较长的领域实现大量应用。电量维持模式油耗比同级别传统车型减少42%。以技术领先的典型A级插电式混合动力电动汽车车型为例，电量维持模式油耗不超过3.8 L/100 km（工况法），纯电动续驶里程建议不超过80 km。混合动力专用发动机点工况最高热效率突破50%。整车安全、NVH（振动噪声）、寿命等性能控制技术达到国际领先水平，并且搭载与自动驾驶相融合的整车控制技术。

复习巩固

1. 选择题。

（1）混合动力汽车的电机常采用（　　）电机。

A. 直流　　B. 交流异步

C. 交流永磁同步　　D. 开关磁阻

（2）混联式混合动力系统中有（　　）电机。

A. 1个　　B. 2个　　C. 3个　　D. 4个

（3）下列不属于串联式混合动力汽车优点的是（　　）。

A. 结构耦合简单

B. 更趋近于纯电动汽车

C. 发动机可以直接驱动车辆

D. 大大减少了有害气体排放

（4）在并联式混合动力汽车的工作模式中，发动机关闭，电机以发电机状态运行，通过消耗车辆的动能产生电能向动力电池充电，这种属于什么工作模式？（　　）

A. 纯电驱动模式　　B. 发动机驱动和动力电池充电模式

C. 混合驱动模式　　D. 制动能量回收模式

（5）对于并联式混合动力汽车的结构特点，下列说法不正确的是（　　）。

A. 发动机和电机可以单独驱动车辆行驶，不需要能量的二次转换

B. 并联式混合动力汽车的工作模式较多，可以适应多种工况

C. 当发动机提供的动力大于驱动车辆所需的动力时，多余能量会通过电机发电给动力电池充电。

D. 相对于串联式混合动力汽车，并联式混合动力汽车更趋近于纯电动汽车

（6）混联式混合动力汽车结构复杂，工作模式繁多，可以提供最大输出动力的是以下哪种工作模式？（ ）

A. 纯电驱动模式 B. 纯发动机驱动模式

C. 混合驱动模式 D. 制动能量回收模式

（7）丰田 THS-Ⅱ属于哪一类型的混合动力系统？（ ）

A. 串联式混合动力系统 B. 并联式混合动力系统

C. 混联式混合动力系统 D. 增程式混合动力系统

（8）关于丰田普锐斯的混合动力系统，下列说法错误的是哪一个？（ ）

A. 发动机型号 2ZR-FXE 中的“X”表示使用阿特金森循环。

B. 普锐斯 HV 蓄电池的类型是镍氢蓄电池。

C. MG1 主要功用是由发动机驱动，作为发电机为 HV 蓄电池充电。

D. 减速过程中，MG2 被带动，作为发电机为 HV 蓄电池充电。

2. 按驱动系统的结构形式分类，混合动力汽车可以分为________________、____________和__________三类。

3. 串联式混合动力汽车主要由________、________和_________、机械传动装置（减速齿轮）等组成。

4. 并联式混合动力汽车主要由发动机、________、动力电池、________等组成。

5. 判断题。

（1）增程式混合动力汽车驱动轮的动力来源只有电机。（ ）

（2）混合动力汽车通常就是油电混合动力汽车，即发动机与动力电池、电机的混合驱动。（ ）

（3）插电式混合动力汽车是可以通过外部连接的电源进行充电的。（ ）

（4）目前市场上国内自主品牌的混合动力汽车大多数采用混联式混合动力系统。（ ）

（5）插电式混合动力汽车的动力电池容量一般都大于非插电式混合动力汽车。（ ）

（6）非插电式混合动力汽车的最大优点是省油。（ ）

（7）非插电式混合动力汽车属于节能汽车，不属于新能源汽车。（ ）

（8）混合动力汽车发动机的热效率普遍低于传统燃油汽车发动机。（ ）

（9）现在大多数混合动力汽车都是通过进气门提前关闭的方式实现阿特金森循环的。（ ）

（10）串联式混合动力汽车的发动机只能用来发电，从而间接驱动车辆行驶。（ ）

（11）丰田普锐斯系列车型都采用 PHEV（插电式混合动力）形式。（ ）

（12）大众 GTE 代表的是大众车系新能源的高性能车型。（ ）

（13）大众 GTE 混合动力系统属于并联式混合动力系统。（ ）

（14）理想 ONE 在车辆高速巡航时，发动机直接驱动车辆。（ ）

6. 图 2-51 为比亚迪 DM-i 混合动力系统结构简图，试在图片方框中 a.、b.、c.、d. 后填入零部件的名称。将系统采用串联模式工作时，对应的动力传递部件描粗，并用箭头标注功率传递路线。

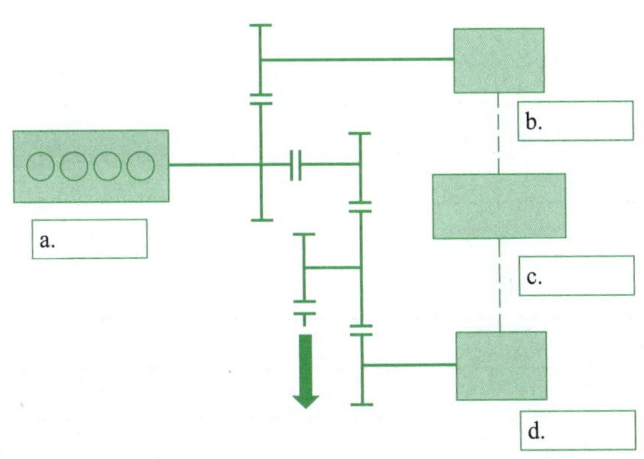

图 2-51　比亚迪 DM-i 混合动力系统结构简图

7. 简述混合动力汽车的不同分类方法。
8. 简述混联式混合动力汽车的基本结构与工作模式。
9. 什么是阿特金森循环，它具有哪些优缺点？
10. 混合动力汽车的技术难点体现在哪些方面？
11. 查阅资料，分析混合动力汽车的发展现状与趋势。

学习思考

1. 学习自评

请同学们结合个人学习情况，按照完全掌握、部分掌握和没掌握三个等级进行自我学习评价。

	完全掌握	部分掌握	没掌握
（1）混合动力汽车概念及类型	□	□	□
（2）国内主流的混合动力汽车车型	□	□	□
（3）混合动力汽车的结构特点	□	□	□
（4）混合动力汽车的技术难点	□	□	□
（5）比亚迪 DM-i 混合动力汽车的技术特点	□	□	□
（6）理想 ONE 混合动力汽车的技术特点	□	□	□
（7）丰田普锐斯混合动力汽车的技术特点	□	□	□
（8）大众 GTE 混合动力汽车的技术特点	□	□	□

2. 个人收获及思考

同学们通过本单元的学习，在知识、技能与素质方面都有什么收获呢？是否还存在什么问题？思考一下，记录下来吧！

（1）知识：

（2）技能：

（3）素质：

（4）存在问题：

单元三

纯电动汽车

纯电动汽车是指驱动能量完全由电能提供的，由电机驱动的汽车。驱动电机的电能来源于车载储能系统或其他能量储存装置。纯电动汽车由于其行驶时“零排放”的特性，受到了高度重视，被称为21世纪城市交通工具的首选。据中国汽车工业协会统计，2021年中国新能源汽车产销分别完成354.5万辆和352.1万辆，同比均增长1.6倍。其中，2021年12月，纯电动汽车的销量达到44.8万辆，远超插电式混合动力汽车和燃料电池汽车。接下来，让我们一起来探究纯电动汽车。

学习指引

本单元主要学习纯电动汽车，学习思维导图如图3-1所示。

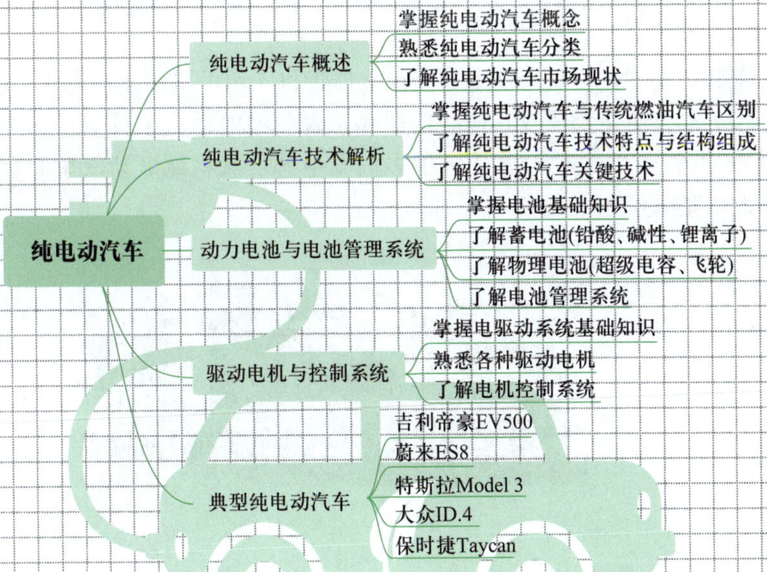

纯电动汽车
- 纯电动汽车概述
  - 掌握纯电动汽车概念
  - 熟悉纯电动汽车分类
  - 了解纯电动汽车市场现状
- 纯电动汽车技术解析
  - 掌握纯电动汽车与传统燃油汽车区别
  - 了解纯电动汽车技术特点与结构组成
  - 了解纯电动汽车关键技术
- 动力电池与电池管理系统
  - 掌握电池基础知识
  - 了解蓄电池(铅酸、碱性、锂离子)
  - 了解物理电池(超级电容、飞轮)
  - 了解电池管理系统
- 驱动电机与控制系统
  - 掌握电驱动系统基础知识
  - 熟悉各种驱动电机
  - 了解电机控制系统
- 典型纯电动汽车
  - 吉利帝豪EV500
  - 蔚来ES8
  - 特斯拉Model 3
  - 大众ID.4
  - 保时捷Taycan

图3-1 纯电动汽车学习思维导图

主题 1 纯电动汽车概述

课堂导入

纯电动汽车与碳中和

2020 年，我国向世界郑重承诺，力争在 2030 年前实现碳达峰，在 2060 年前实现碳中和。所谓碳中和，是指二氧化碳排放量与消除量相平衡。《中共中央 国务院关于完整准确全面贯彻新发展理念做好碳达峰碳中和工作的意见》明确了“十四五”时期、2030 年和 2060 年时间节点的重要目标，其中，到 2025 年，非化石能源消费比重达到 20% 左右；到 2030 年，非化石能源消费比重达到 25% 左右；到 2060 年，非化石能源消费比重达到 80% 以上。可再生能源、智能电网、新能源汽车等低碳的新产业新技术，是实现碳中和的重要途径。

我国深入实施新能源汽车发展战略，强化顶层设计和创新驱动，新能源汽车产业实现快速发展。从产销规模看，新能源汽车（主要是纯电动汽车）累计销量从 2012 年底的 2 万辆，大幅攀升到 2022 年 5 月底的 1 108 万辆，自 2015 年起，连续 8 年产销量位居世界第一。纯电动汽车的快速发展为我国实现碳中和的目标贡献着重要力量。

学习内容

一、纯电动汽车概念

纯电动汽车是指驱动能量完全由电能提供，由电机驱动的汽车。驱动电机的电能来源于车载储能系统或其他能量储存装置。纯电动汽车英文全称为 Battery Electric Vehicle，英文缩写为 BEV，很多汽车生产厂家将纯电动汽车简称 EV，图 3-2 所示为比亚迪生产的汉 EV。

图 3-2 比亚迪汉 EV

与燃油汽车和其他类型的电动汽车相比，纯电动汽车具有以下优缺点。

1. 优点

(1) 无污染、噪声低。纯电动汽车在使用过程中由于没有燃油汽车工作时产生的废气，所以不会产生排放污染，是真正意义上的零污染汽车。随着汽车数量的逐年增多，现在大城市中汽车噪声污染已经成为一种比较严重的污染，因此噪声控制水平将成为今后衡量汽车工业水平的指标之一。由于纯电动汽车行驶时没有发动机产生的噪声，电机的噪声又比发动机的噪声小，因此，纯电动汽车行驶时的噪声比传统的燃油汽车要小，大大提高了汽车乘坐的舒适性。两类汽车具体的数据对照见表3-1。

表3-1 纯电动汽车与燃油汽车的废气排放比较 单位：g/km

废气组成	燃油汽车	纯电动汽车
CO	17.0	0
HC	2.7	0
NO_x	0.74	0（0.023）
CO_2	320	0（130）

注：括号中数据考虑了电厂为产生电能排放的废气。

(2) 能源效率高，且多样化。有关纯电动汽车的研究表明，其总的能源效率已经超过燃油汽车。特别是在城市路况行驶时，行驶工况变化很频繁，而纯电动汽车由于在停驶时不消耗电能，在制动过程中又能够实现对制动能量的回收再利用，所以能量的利用效率高，优势更加明显。

由于纯电动汽车以蓄电池作为车载电源，而能够提供给蓄电池的电能可以由煤炭、天然气、水力、核能、太阳能、风力、潮汐等多种能源转化得到。因此，纯电动汽车的应用可以有效地减少对石油资源的依赖，使得能源的来源更加广泛，可以将宝贵的石油资源用于其他更需要的地方。除此之外，还可以在夜间电网用电低谷时给蓄电池充电，这样既有利于均衡电网的负荷，提高电力资源的利用率，又能够降低纯电动汽车的使用成本。

(3) 结构简单，使用维修方便。同燃油汽车、混合动力汽车和燃料电池汽车相比，纯电动汽车的结构更加简单，动力传动部件更少，维护保养工作量更小，特别是当电机采用无刷永磁直流电机、交流异步电机或开关磁阻电机时，电机本身具有较高的可靠性，基本不需要特别维护保养。此外，纯电动汽车的动力驱动系统和电子控制系统的故障检修要比传统的发动机及其电子控制系统的检修简单得多。

(4) 使用范围广，不受所处环境影响。对于传统的燃油汽车，一大缺点就是燃油的燃烧影响其在某些特殊条件环境下的工作能力，有的车在冬天低温环境中会出现不易点火的现象，在高海拔等缺氧、低压的环境中，传统的燃油汽车会出现熄火或者发动机的效率低下等问题。但是在这些方面，纯电动汽车却具有属性上的优势，在特殊条件环境，如不通风、冬天低温环境，或者高海拔缺氧的地方，纯电动汽车基本不受影响，仍能正常工作。

2. 缺点

虽然纯电动汽车有许多燃油汽车所不具备的优势，但是到目前为止，作为纯电动汽车唯一动力电源的蓄电池，其多项技术性能指标还远未达到人们设想的目标，且成本高昂、使用寿命短，这不仅提高了纯电动汽车本身的价格，而且使用成本也高，限制了纯电动汽车的市场化步伐。并且，蓄电池的能量密度低，则其能够储存的能量有限，一次充电后的续驶里程不理想，并且充电的时间过长。

二、纯电动汽车分类

纯电动汽车发展至今，种类较多，通常按车辆用途、车载电源数目、驱动系统布置形式、电压平台进行分类。

微课
纯电动汽车分类

1. 按照用途分类

按照用途不同，纯电动汽车可分为电动轿车、电动越野车、电动货车、电动客车、电动物流车等，如图 3-3 ~ 图 3-7 所示。

图 3-3 电动轿车

图 3-4 电动越野车

2. 按车载电源数目不同分类

按车载电源数目不同，纯电动汽车可以分为单电源纯电动汽车和多电源纯电动汽车两种。

（1）单电源纯电动汽车。在单电源纯电动汽车上，其主要电源一般是蓄电池，如铅酸电池、镍氢电池、锂离子电池等。单电源纯电动汽车的结构较为简单，控制也比较简单，其主要缺点是主电源的瞬时输出功率容易受蓄电池性能的影响，车辆制动能量的回收效率也会受制于蓄电池的最大可接受电流及蓄电池的荷电状态。

图 3-5　电动货车

图 3-6　电动客车

图 3-7　电动物流车

（2）多电源纯电动汽车。多电源纯电动汽车一般由蓄电池加蓄能装置构成。采用蓄电池加超级电容或蓄电池加飞轮电池的电源组合，可以降低对蓄电池的容量、比能量、比功率等的要求。当汽车起步、加速、爬坡时，辅助蓄能装置（超级电容、飞轮电池）可短时间内输出大功率，协助蓄电池供电，使电动汽车的动力性能提高；当汽车制动时，利用辅助蓄能装置可接受大电流充电，提高制动能量回收的效率。

3. 按驱动系统布置形式分类

纯电动汽车驱动系统布置形式是指驱动轮数量、位置以及驱动电机系统布置的形式。驱动系统是纯电动汽车的核心部分，其性能决定着纯电动汽车行驶性能的好坏。纯电动汽车的驱动系统布置取决于驱动电机驱动方式，可以有多种类型。现阶段纯电动汽车按照驱动系统布置形式分为集中式和分布式驱动布置两种形式。集中式驱动布置形式按照驱动电机数量可分为单电机和双电机两种；而分布式驱动布置形式按照驱动电机安装位置可分为轮边电机和轮毂电机两种。

4. 按电压平台不同分类

按电压平台不同，纯电动汽车可分为使用400 V电压平台车型和使用800 V电压平台车型两种类型。目前绝大多数纯电动车型使用的是400 V电压平台，个别车型使用的是800 V电压平台。

三、纯电动汽车市场现状

从全球主要汽车生产厂家的销量和发展计划来看，纯电动汽车已进入快速增长期，其销量、增幅和占比都远远高于其他车型。2021年全球纯电动汽车新车销量达到约460万辆，增至2020年的2.2倍，首次超过混合动力汽车。2021年我国的纯电动汽车新车销量增至2020年的2.6倍，达到291万辆，连续多年在世界排名第一，在我国全年2 627万辆的新车销售中，纯电动汽车的占比首次超过10%。

1. 国内纯电动市场现状

2001年9月国家发展和改革委员会公布《国家863计划电动汽车重大专项》，这标志着战略层面中国电动汽车专项的正式启动。经过多年发展，中国成为全球最大的新能源汽车生产基地，自2015年起，新能源汽车产销量连续8年位居世界第一。根据全球汽车信息平台MarkLines发布的2021年全球纯电动汽车销量数据，前20名中有12家中国汽车企业。比亚迪、上汽、长城、吉利、奇瑞等均是知名纯电动汽车制造商。

纯电动汽车产销量情况。据统计，2021年我国新能源汽车产销量大幅增长，其中产量为354.5万辆，同比增长159.5%，销量为352.1万辆，同比增长157.6%，2022年第一季度我国新能源汽车产销量分别为129.3万辆与125.7万辆，同比均增长1.4倍。2021年我国纯电动汽车产量为294.2万辆，同比增长166.2%，销量为291.6万辆，同比增长161.5%，2022年第一季度我国纯电动汽车产销量分别为103.6万辆与100.7万辆，均同比增长1.3倍。

市场结构情况。纯电动汽车产销以乘用车为主。截至2021年11月，乘用车车型纯电动汽车产量235.4万辆，占整体市场的94%，同比增长191.5%。商用车车型纯电动汽车产量15万辆，占比为6%，同比增长60.2%。

渗透率情况。受新能源汽车各项利好影响，各大企业纷纷布局新能源汽车产业。随着新能源汽车的不断推广，新能源汽车的保有量不断增加，其中纯电动汽车保有量也随之增加。据统计，我国2021年纯电动汽车保有量为640万辆，纯电动汽车占新能源汽车总量的81.63%。

2. 国外纯电动市场现状

纯电动汽车发展早于燃油汽车。1881年，法国工程师G. Trouve装配了以铅酸电池为动力的纯电动汽车，成为世界上第一辆以可充电电池为动力的纯电动汽车，如图 3-8 所示。受电池、驱动控制系统、成本的限制，纯电动汽车的发展落后于燃油汽车。为应对能源紧缺及环保对车用能源及动力系统的挑战，同时在交通能源战略转型过程中抢占先机，欧洲、美国、日本等都基于本国情况制定了新能源汽车发展技术路线，目前除我国以外，德国、法国、美国、日本等是主要的纯电动汽车生产国家，德国大众、美国特斯拉、日本日产等是主要的纯电动汽车生产商。

图 3-8　早期纯电动汽车

目前，日本在纯电动汽车方面更偏重基础建设及技术合作，如 2021 年日产-雷诺-三菱联盟纯电动汽车销量 24.8 万辆，居世界第五位。当前日本纯电动汽车主要是小车型，如日产 leaf、丰田 bZ4X 等。

美国的通用、福特、特斯拉等汽车公司都生产出不少纯电动车型，如雪佛兰 Bolt、福特 Focus Electric、特斯拉 Model 3、特斯拉 Model S、特斯拉 Model X、特斯拉 Model Y 等。目前美国特斯拉公司是纯电动汽车全球主要生产商之一。

欧洲各国成立了欧洲电动汽车协会以支持纯电动汽车发展，并得到了欧盟的支持。2009 年 10 月 30 日，欧盟正式公布《欧盟交通道路电动化路线图》。欧洲新能源汽车除享受补贴优惠，还享受一系列税收优惠政策，如登记税优惠政策、所有权税优惠政策、公司用车税优惠政策等。

拓展迁移

你知道纯电动汽车的发展趋势吗

集成化。纯电动汽车的集成化是通过让电机、控制器和减速器共用一部分壳体，来减少传动部件所占空间。集成化有利于减轻系统质量、缩减系统尺寸、有效提升电驱系统功率密度，减少能量消耗，同时提高续驶里程。零部件数量减少后，系统整体耐用度大大提高，系统 NVH（Noise、Vibration、Harshness 的英文缩写，指噪声、振动与声振粗糙度）值也能得到有效控制，降低了制造成本，有利于企业进行组装生产，集成化将是今后纯电动汽车发展的重要方向。

互联化。纯电动汽车的互联化即纯电动汽车的互联互通，纯电动汽车的互联互通主要包含三个层面的内容：第一是充电设施与车辆接口的互联互通，包含了连接器的结构、电气能力、工作逻辑的兼容性；第二是充电服务信息的互联互通；第三是运营商与其他运营商之间的充电业务的互相调用，以提供广泛的服务。一方面互联互通能够为用户提供更加方便快捷的充电体验，提供更加完善的服务体系。另一方面，互联互通可以促使企业间的协作，有助于攻克纯电动汽车的技术难题和为企业节省更多的成本。互联互通能够促进电动汽车平稳发展，是今后纯电动汽车发展的方向之一。

智能化。近年来，互联网、物联网、智能电网等领域科技成果众多。这些领域将不断助力纯电动汽车产业向智能化方向发展。纯电动汽车的智能化发展主要有以下方面：行驶路况实时检测，对预知危险进行报警，提高驾驶的安全性；直接用计算机对车辆进行故障检测和实现远程系统升级；逐步实现无人驾驶技术，解放驾驶人的双手，提高驾驶舒适性。

主题 2　纯电动汽车技术解析

课堂导入

我国纯电动汽车蓬勃发展

2022 年 4 月 3 日，比亚迪正式宣布，根据其战略发展需要，自 2022 年 3 月起停止燃油汽车的整车生产。未来，比亚迪在汽车版块将专注于纯电动和插电式混合动力汽车业务。这标志着，比亚迪成为全球首个正式宣布停产燃油汽车的车企。

根据全球汽车信息平台 MarkLines 发布的 2021 年全球纯电动汽车销量数据显示，前 20 名中有 12 家中国汽车企业。根据销量排名分别为上汽集团、比亚迪、长城、广汽埃安、吉利、奇瑞、小鹏、长安汽车集团、蔚来、东风汽车集团、合众新能源、威马。总的来看，我国 2021 年的纯电动汽车销量达到 291 万辆，占世界总销量的 60% 以上，我国纯电动车发展势头强劲。

学习内容

一、纯电动汽车与传统燃油汽车区别

纯电动汽车与传统燃油汽车在动力、底盘、车身、电气系统等部分都有较大的区别。

1. 动力部分

纯电动汽车动力来源于驱动电机，而传统燃油汽车动力来源于发动机。在纯电动汽车中取消了发动机，由驱动电机进行替代。车辆的所有运动状态（前进/倒车）均由驱动电机实现，由主控单元控制驱动电机在不同的工况下进行工作。

微课

纯电动汽车仪表与燃油汽车仪表的区别

为保证驱动电机正常可靠的工作，在驱动电机上安装有温度传感器、冷却管道等，进行驱动电机温度的检测和实时降温。驱动电机如图 3-9 所示。

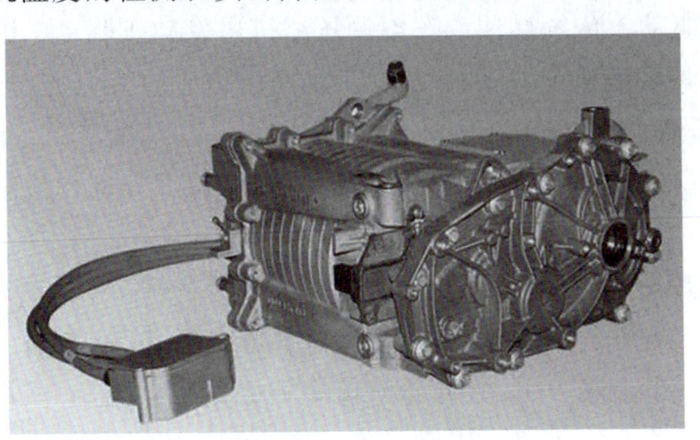

图 3-9　驱动电机

2. 底盘部分

纯电动汽车中的底盘部分与传统燃油汽车略有不同，其中传动系统变化较大，整体结构得以简化。因为车辆是由驱动电机直接进行驱动的，所以“离合器、变速器、万向传动装置”等部件被取消或被替代。纯电动汽车采用固定速比减速器，不能通过换挡改变车速，而是通过驱动电机调速改变车速。纯电动汽车行驶系统基本上沿用传统燃油汽车的结构和技术，不同的厂家之间略有差异。纯电动汽车转向系统最大的特点是统一采用电动助力转向。纯电动汽车制动系统的整体结构依旧沿用传统燃油汽车的结构，不同之处在于产生制动助力的真空由独立的电动真空泵产生。纯电动汽车制动系统如图 3-10 所示。

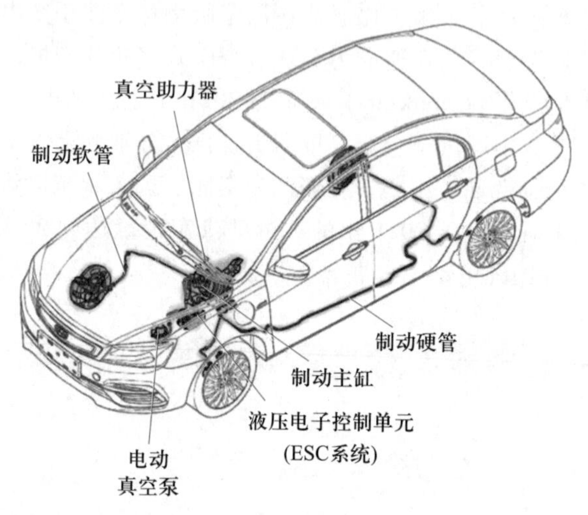

图 3-10　纯电动汽车制动系统

3. 车身部分

在纯电动汽车车身部分中，常见的如信息娱乐系统、中控门锁系统等与传统燃油汽车相比基本上没有发生变化。而车载网络传输系统相较于传统燃油汽车增加了与动力电池模块、电机控制器等控制系统的通信。在安全气囊系统中也增加了与电池管理系统（Battery Management System，简称 BMS）的通信。

除此之外，纯电动汽车车身部分发生最大变化的是空调系统。纯电动汽车空调压缩机由电动机驱动，传统燃油汽车空调压缩机由发动机驱动。因发动机的取消导致传统机械式空调压缩机失去了动力源，故而由电动空调压缩机取而代之，如图 3-11 所示。而车辆的暖风部分也升级成了 PTC（Positive Temperature Coefficient）加热器。需要注意的是，该区域内涉及高压，凡对该部分进行检修，一定要做好防护，规范操作。

4. 电气系统部分

在传统燃油汽车中，电气系统使用的基本上都是 12 V 或者 24 V 低压直流电源。到了纯电动汽车上除了 12 V 低压直流电源系统外，还有一个 400 V 左右的高压系统。纯电动汽车电气系统可以满足车辆行驶、电器供电、直流充电（快充）、交流充电（慢充）等功能，其结构简图如图 3-12 所示。

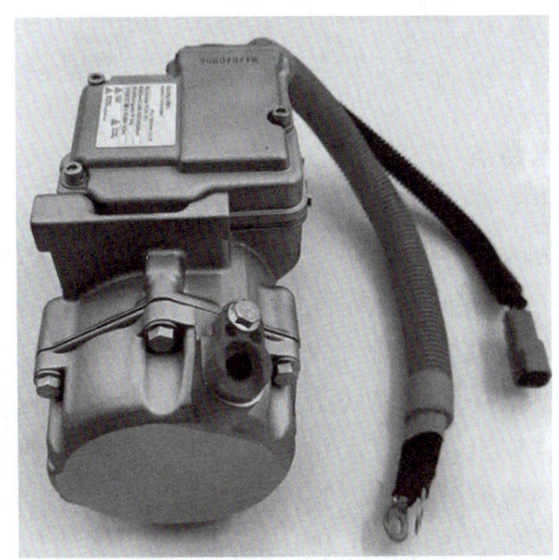

图 3-11　电动空调压缩机

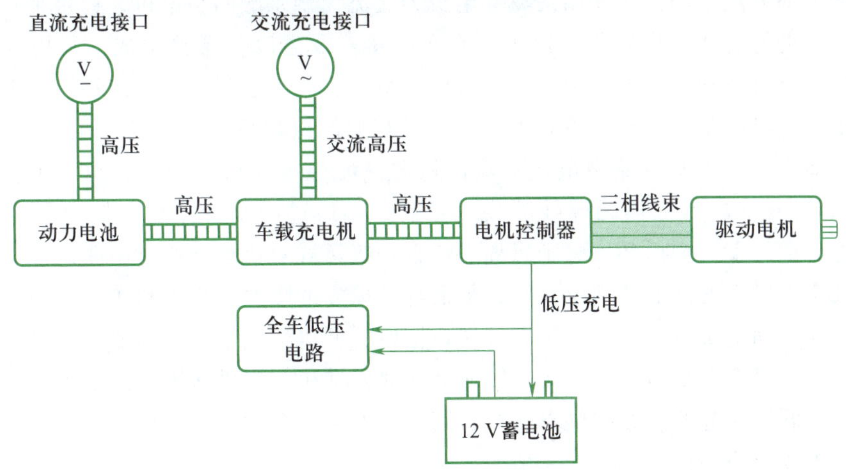

图 3-12　纯电动汽车电气系统结构简图

5. 能源供应系统

传统燃油汽车使用柴油或者汽油作为能源，而纯电动汽车使用的能源是比较绿色环保的电能。

6. 加油口/充电口

纯电动汽车动力来自动力电池，传统燃油汽车的加油口在纯电动汽车上变为慢充口和快充口组合的充电插口（部分纯电动汽车只有快充口）。

7. 排放

纯电动汽车没有排气管，零排放；传统燃油汽车有排气管，排放物主要是 CO_2、CO、HC 和 NO_x 等，会对环境造成污染。

8. 仪表显示

纯电动汽车仪表上显示剩余电量，传统燃油汽车仪表显示剩余燃油量；在仪表警告信号显示上，纯电动汽车和燃油汽车也不相同，具体不同后面章节会介绍，此处不再赘述。

二、纯电动汽车技术特点与结构组成

1. 纯电动汽车技术特点

纯电动汽车与插电式混合动力汽车相比，工作电压更高、行驶噪声很低，充电器可以和转换器集成在同一个壳体中。车辆电气系统的所有用电器（包括加热器和空调系统）都可以在车辆静止情况下由电动机驱动。

（1）动力总成。动力总成由驱动电机和变速器组成。纯电动汽车对驱动电机有较高的要求，为满足在纯电模式下起动及纯电续驶里程、加速和高速行驶的要求，纯电动汽车需要输出功率较大、低速时高转矩和调速范围宽的电机。另外考虑到整车布置和使用寿命等因素，应尽量选取高密度、小型轻量化、高效率、高可靠性、高持久性、强适应性的电机。就现有技术而言，永磁同步电机是个较好的选择。

绝大部分纯电动汽车使用的驱动电机为交流无刷永磁同步电机，通过采集电机旋转信号进行工作，由转子、定子、旋变传感器及温度传感器组成，采用水冷方式。驱动电机驱动汽车前进后退，也可以在滑行、制动过程中将动能转换为电能。

驱动电机冷却形式分风冷和水冷。一般车型的冷却系统由电动水泵提供动力。低温冷却液通过冷却管路由散热器流向待散热元件（电机控制器、DC/DC、驱动电机），冷却液在待散热元件处吸收热量后，再通过冷却管路流经散热器进行散热，之后进行下一个循环。电子风扇总成采用吸风式双风扇，通过串联调速电阻的方式来实现风扇的高低速挡位分级，从而降低风扇的噪声，提高整车舒适性。

动画

纯电动汽车的结构特点

因为驱动电机可提供较大的有效转速范围，所以纯电动汽车的变速器只需要一个挡位，即只有 1 个固定传动比。转速为零时发动机不提供转矩，而电动机则完全不同；从低转速起便开始提供高转矩，因此纯电动汽车的变速器也不需要离合器来进行起步或更换挡位。

（2）集中驱动系统。纯电动汽车的集中驱动系统布置形式目前主要有三种典型结构，即传统驱动方式、电机驱动桥组合式驱动方式、电机驱动桥整体式驱动方式。

传统燃油汽车的驱动方式有驱动电机前置驱动桥前置或驱动电机后置驱动桥后置两种。这种驱动系统布置形式具有良好的通用性和互换性，便于在现有的汽车底盘上安装使用，维修也较方便。电机驱动桥组合式驱动方式的特点是在驱动电机端盖的输出轴处加装减速齿轮和差速器等部件，电机、固定速比减速器、差速器的轴互相平行，一起组合成一个驱动整体，它通过固定速比的减速器来增大驱动电机的输出转矩，没有可选的变速挡位，也就省掉了离合器。这种布置形式的机械传动机构紧凑，传动效率较高，便于安装。但这种布置形式对驱动电机的调速要求较高。电机驱动桥整体式驱动方式，与发动机横向前置、前轮驱动的燃油汽车的布置方式类似，把电机、固定速比减速器和差速器集成为一个整体，通过两根半轴连接驱动车轮。这种驱动方式传动机构紧凑，传动效率较高，安装方便，在小型电动汽车上应用最普遍。

（3）动力电池。对于纯电动汽车来说，动力电池是影响车辆续驶里程的关键，纯电动汽车对动力电池技术要求较高，目前主要的动力电池类型有三元锂电池和磷酸铁锂电池。动力电池由电芯组成，通过电池打包封装技术，将电芯、模块、电气系统、热管理系统、壳体和电池管理系统几个部分组装，形成电池系统整体，并在多重防护配置的调控下，能够长期、高效、稳定运转。无论哪种类型的动力电池，都有以下技术特点：能量密度高、容量大、安全可靠、适应性强、智能度高（电池实时预测和报警、快充快放保护、过充过放安全防护、低温充电预加热等功能）、寿命长、续航持久、充电便捷等。

（4）高压特性。纯电动汽车的主要特点是存在高压系统。由于纯电动汽车的能源供给是动力电池，因此车辆上很多系统的设计也是围绕动力电池和高压系统来实施的。

图 3-13 所示是典型纯电动汽车高压部件连接关系示意图，主要的高压部件有动力电池、电机控制器、高压配电单元（Power Distribution Unit，简称 PDU）、车载充电机、DC/DC 转换器，如果是配有空调的车辆还有电动空调压缩机和 PTC 加热器等，这些部件都是通过橙色的高压电缆连接起来的。

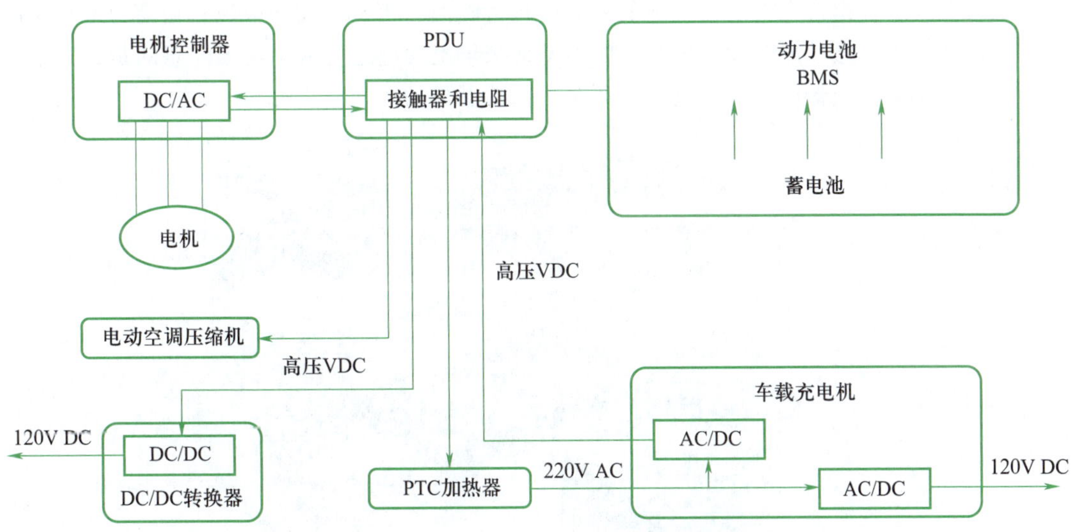

图 3-13　典型纯电动汽车高压部件连接关系示意图

很多车辆在动力电池附近或者靠近电机控制器位置都设计有一个高压配电单元，用于将来自动力电池的电能并联分配到电机控制器、电动空调压缩机、DC/DC 转换器、PTC 加热器以及车载充电机（On Board Charger，简称 OBC）中。PDU 内部主要是接触器和电阻，由车辆动力系统控制模块根据点火开关或充电需求控制对应继电器的接通和断开。

纯电动汽车在运行时，动力电池的电能主要去向有以下几个。

动力电池→PDU→电机控制器：为驱动电机提供电能并接收制动能量回收的电能。

动力电池→PDU→电动空调压缩机：为车载空调提供制冷。

动力电池→PDU→DC/DC 转换器：为车辆低压电器提供电源和给 12 V 蓄电池充电。

动力电池→PDU→PTC 加热器：为车载暖风系统提供加热功能。

220 V 交流电或者交流充电桩→车载充电机→PDU→动力电池：使用外部 220 V 电源或交流充电桩为动力电池慢充。

直流充电桩→PDU→动力电池：使用直流电源为动力电池快充。

（5）冷却特性。纯电动汽车很多部件需要保持稳定的工作温度。大多数纯电动汽车设计有以下两个热交换系统。

动力电池的冷却和加热系统，用于维持电池在最佳的工作温度，尽可能延长电池的使用寿命并获得最大功率。如果是锂电池，它的有效工作温度通常在-40～50 ℃，因此车辆通常设计有风冷或水冷系统来为动力电池维持稳定的工作温度。采用风冷的动力电池一般安装在车辆的底盘位置，当车辆行驶时，通过底盘流动的空气对动力电池进行冷却，没有单独设计其他辅助部件。采用水冷的动力电池，会设计有一套较为复杂的冷却回路，如图 3-14 所示。当动力电池温度过高时，利用空调系统运行先对动力电池的冷却液进行降温，再冷却动力电池；当动力电池温度过低时，通过加热动力电池内的冷却液来给动力电池升温。需要注意的是，整个动力电池的冷却液都是由电动循环泵来保持循环的。

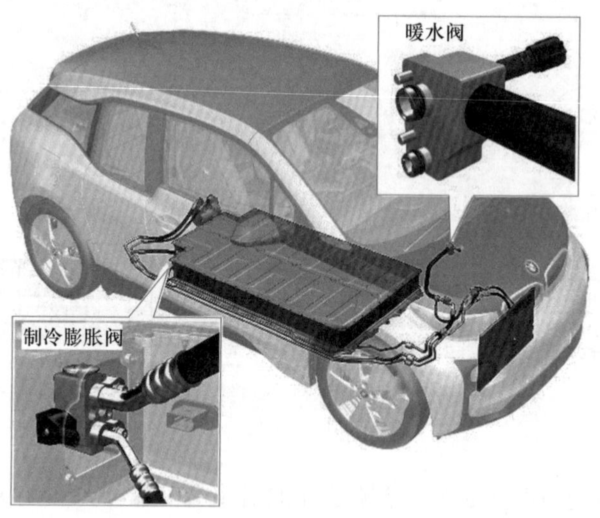

图 3-14 水冷系统

电机和电机控制器在工作时也会产生热量导致温度上升，为防止部件过热产生功能失效，也需要冷却，目前冷却方式有两种，分别是水冷和风冷。

纯电动汽车中其他部件，例如 DC/DC 转换器、车载充电机等部件，由于在工作时产生的热量较少，因此通常采用风冷的结构形式。

2. 纯电动汽车结构组成

纯电动汽车主要分为电池、电机、电控三大系统。电池系统是纯电动汽车的“心脏”，为整车提供持续的、稳定的动力；电机系统是纯电动汽车行驶的“躯干”，将电源的电能转换为机械能，通过传动装置驱动车轮；电控系统是纯电动汽车的“大脑”，用来协调各个零部件，使整车以最佳状态行驶。

微课

纯电动汽车的组成

纯电动汽车的基本组成包含动力驱动部分、车身、底盘等。

（1）动力驱动部分。动力驱动部分主要由动力电池及电池管理系统、车载充电机、DC/DC 转换器、高压配电单元、驱动电机及电机控制器等组成，动力驱动部分整体结构如图 3-15 所示。

图 3-15　动力驱动部分整体结构

动力电池为整车存储能量，内部设置有电池管理系统、温度传感器和电压传感器等，动力电池整体结构如图 3-16 所示。第一代纯电动汽车动力电池都是铅酸电池，由于铅酸电池的比能量和比功率不能满足纯电动汽车动力性能的要求，所以就进一步发展了阀控铅酸电池、铅布电池等。第二代的高能动力电池有镍镉电池、镍氢电池、钠硫电池、锂离子电池等。第二代动力电池的比能量和比功率都要比铅酸电池高很多，大大提高了纯电动汽车的动力性能和续驶里程。

图 3-16　动力电池整体结构

电池管理系统（BMS）对动力电池的管理包括：对动力电池充电与放电时的电流、电压、放电深度，再生制动反馈的电流，电池的自放电率，电池温度等进行控制，因为个别的单体电池性能变化后，会影响到整个动力电池的性能，用电池管理系统对整个动力电池中的每一个单体电池进行控制，保持各个单体电池间的一致性，还要建立动力电池的维护系统来保证纯电动汽车的整车运行。由于充放电性能对纯电动汽车动力电池的性能表现有着重要的影响，所以纯电动汽车对动力电池充电时的电压和电流都有一定的要求。电池管理系统如图 3-17 所示。

图 3-17 电池管理系统

车载充电机为动力电池进行充电，其具有 CAN（Controller Area Network）通信功能，收到允许充电信号后，将输入 220 V 交流电，经过滤波整流后，通过升压电路和降压电路输出合适电压的电流给动力电池充电。车载充电机如图 3-18 所示。

图 3-18 车载充电机

DC/DC 转换器的主要功能是将动力电池的高压直流电转换为能够为整车所使用的低压直流电。整车上电所用的是蓄电池提供的 12V 低压电，整车起动以后动力电池代替蓄电池通过 DC/DC 转换器为整车提供低压电。DC/DC 转换器如图 3-19 所示。

图 3-19 DC/DC 转换器

高压配电单元用来完成动力电池电源的输出及分配，实现支路用电器的保护及切断。

驱动电机是纯电动汽车三大核心部件之一，是车辆行驶的主要执行机构，其特性决定了车辆的主要性能指标，直接影响车辆动力性、经济性和舒适性。驱动电机是驱动车辆行驶的唯一动力装置，其结构如图 3-20 所示。常见的驱动电机类型有：串励直流电机、并励直流电机、无刷直流电机、交流感应电机、交流同步电机、永磁同步电机、电励同步电机、开关磁阻电机等。

电机控制器根据整车控制器通过 CAN 总线传送的传感器信号，如制动信号、挡位信号、加速踏板信号等，来控制驱动电机运转，并通过驱动电机上的旋变传感器、温度传感器等控制驱动电机的转速以及运行温度的采集。整车控制器如图 3-21 所示。

微课

纯电动汽车工作原理

图 3-20　驱动电机

图 3-21　整车控制器

（2）车身。纯电动汽车的车身部件跟传统燃油汽车没有太大的区别，不同车辆为使车辆能正常平稳的行驶，设计不同的车身。

（3）底盘。纯电动汽车的底盘部件跟传统燃油汽车也没有太大的区别，用的还是传统燃油汽车那几种底盘形式，最主要的是变速箱的结构跟传统燃油汽车不同，传统燃油汽车的变速箱根据车型不同设计出不同的挡位，变速箱根据不同的挡位输出不同的动力，而纯电动汽车只有三个主要挡位：前进挡（D）、空挡（N）、倒挡（R）。纯电汽车的变速箱被称为等速比变速器，车辆的速度改变是由驱动电机来控制的。纯电动汽车底盘如图 3-22 所示。

三、纯电动汽车关键技术

1. 驱动电机及其控制技术

驱动电机是纯电动汽车的核心部件，其工作效率对纯电动汽车续驶里程影响很大。直流电机因效率低、体积和质量大以及散热困难等缺陷，在现代纯电动汽车中的应用越来越少，目前纯电动汽车中采用的多是永磁同步电机和交流异步电机等交流电驱动系统。

图 3-22 纯电动汽车底盘

随着驱动电机以及驱动系统技术的不断更新和发展，控制系统不断地趋于数字化和智能化。模糊控制、变结构控制、自适应控制、神经网络控制、遗传算法等非线性智能控制技术都在逐步应用在纯电动汽车的电机控制系统上面。它们的应用将会使整个系统结构简单、响应迅速、抗干扰能力强，大大地提高整个控制系统的综合性能。

纯电动汽车的再生制动控制系统可以节约能源、提高续驶里程，具有较为显著的社会效益和经济价值。与此同时，再生制动还能够减少汽车制动片的磨损，降低车辆的故障率以及使用成本。

2. 动力电池及其管理技术

作为纯电动汽车的驱动能源，动力电池也是纯电动汽车动力系统的关键部件。目前纯电动汽车应用较多的动力电池主要包括镍氢电池和锂离子电池等。

2021 年，受益于磷酸铁锂产业链布局的完整，较深的技术储备，各大电池企业都加大了对磷酸铁锂电池生产的产能规划，使得市场对磷酸铁锂电池需求量高速增长。2021 年 1 ~ 12 月，我国动力电池产量累计 219.7 GW · h，同比增长 163.4%。其中，三元锂电池产量累计 93.9 GW · h，占总产量 42.7%，同比增长 93.6%；磷酸铁锂电池产量累计 125.4 GW · h，占总产量 57.1%，同比增长 262.9%。我国磷酸铁锂电池装机量已经超过三元锂电池装机量。

动力电池化学反应复杂，电池内阻，端电压及充、放电效率受众多因素影响，电池内阻与容量之间也并无确定关系，开发出高效电池管理系统对于准确预估动力电池状态具有重要作用。目前行业内尚未开发出满足动力电池安全管理需要的精确的估算方法。对于特定型号的动力电池，只能通过对大量的试验数据进行统计，建立具有一定精度的数学模型，为动力电池充、放电效率预测、估算等提供依据。

3. 整车控制技术

随着纯电动汽车整车以及关键零部件技术不断提高，纯电动汽车正在朝着整车优化控制的方向发展。近几年所推出的纯电动汽车主流车型当中都带有整车控制器，使得整车的控制技术日渐完善，实现了对车辆各系统的综合控制。

整车控制器是纯电动汽车整车控制系统的核心部件，它对汽车的正常行驶性能、安全性能、再生能量回馈性能、网络管理性能、故障诊断与处理能力、车辆状态的监视等方面起着决定性的作用。它根据钥匙的开关状态、挡位、加速踏板行程信号、制动踏板行程信号以及车速信号识别车辆行驶模式，基于设定的控制策略对整车动力系统进行控制，以满足对车辆动力性、经济性及驾驶舒适性的要求。目前在制动能量回馈方面，各个公司都在围绕能量回馈控制策略的开发、回馈模式的实现以及制动有效性的评价等开展大量研究，对于整车的续驶里程和效率的提升将会有很大的帮助。

4. 动力总成匹配技术

动力总成的匹配是纯电动汽车开发过程中的一个重要环节。动力电池、驱动电机等部件应进行合理选型，确保这些部件高效区域与纯电动汽车频繁运行区域之间的合理匹配。动力总成的匹配包括试验模拟仿真、台架性能试验、室内试验和实际道路试验，而在匹配过程中所关注的整车频繁运行区域，可通过对特定城市车辆行驶道路工况的统计分析得到。

拓展迁移

自主品牌车企进入整车架构造车时代

比亚迪自2003年进入汽车行业开始，一直把电动汽车作为未来发展的方向，同时自主研发电动汽车的核心技术，有较为深厚的积累。从e平台1.0到2.0到3.0，比亚迪实现了从三电零部件—整车关键系统—整车架构的三个层次的平台化，集成度越来越高。e平台3.0是比亚迪在新能源汽车变革中，从上半场电动化转向下半场智能化的最关键布局，被定位为“全球开放共享的下一代智能电动车基础解决方案”。

e平台1.0时代实现了电动汽车三电零部件平台化，突破了电动汽车核心技术，比如双向逆变充放电式电机控制器、高电压架构高安全高能量动力电池、大功率高转速电机。代表车型为纯电动汽车e6。

e平台2.0时代实现了整车关键系统平台化，满足多样化电动需求：电驱动三合一模块、充配电三合一模块、高安全高比能电池、DiLink智能网联系统、深度集成控制模块。代表车型为汉、唐、宋、元等王朝系列新能源汽车。

e平台3.0时代实现了整车架构平台化：八合一电动力总成、宽温域集成式热管理、刀片电池、电池车身一体化设计、域控制电子电气架构、软硬件解耦BYDOS。提升电动汽车的性能与智能化体验。新平台延展性高，广泛支持从A到D级车，及前驱、后驱、四驱等多种动力形式，具有智能、高效（八合一电动力总成、800V高压快充、宽温域高效热泵系统）、安全（刀片电池、纯电专属传力路径、电池车身一体化）、美学四大特点。

如图3-23和图3-24所示，基于e平台3.0的首款车型海豚已经上市，ocean-X概念车同时亮相。

图 3-23 e 平台 3.0 的首款车型海豚

图 3-24 比亚迪 ocean-X 概念车

主题3 动力电池与电池管理系统

课堂导入

新能源材料科学家其鲁的故事

北京申办2008年奥运会时，承诺在奥运会期间要通过大规模运行纯电动汽车来保证空气的质量。众所周知，纯电动公交车动力能源全部来自动力电池系统，这就对动力电池系统的性能与安全性提出了极其苛刻的要求。这一郑重承诺事关国家形象，谁能担起研发动力电池系统的重担呢？

经过慎重考虑，北京奥组委的目光最终落在其鲁博士身上。其鲁是北京大学教授、博士生导师，钴酸锂、锰酸锂电池正极材料主要奠基人。他经过艰苦探索，带领团队自主开发出新颖独特的钴酸锂合成方法和工艺技术，取得了世界领先的水平，并率先在国内实现产业化，打破了国外产品的市场垄断，改变了我国电池材料产品长期依赖进口的局面。

学习内容

一、蓄电池

1. 铅酸蓄电池

常用的铅酸蓄电池主要分为三种，分别为普通铅酸蓄电池、干荷蓄电池和免维护蓄电池。

普通铅酸蓄电池的极板是由铅和铅的氧化物构成，电解液是硫酸溶液。它的主要优点是电压稳定、价格便宜；缺点是比能量低、使用寿命短和日常维护频繁。

干荷蓄电池的全称是干式荷电铅酸蓄电池，它的主要特点是负极板有较高的储电能力，在完全干燥的状态下，能在两年内保存所获得的电量。使用时，只需要加入电解液，等过20～30 min就可使用。

免维护蓄电池由于自身结构上的优势，电解液的消耗量非常小，在使用寿命内基本不需要补充蒸馏水。它还具有耐震、耐高温、体积小、自放电小的特点，使用寿命一般为普通铅酸蓄电池的两倍。市场上的免维护蓄电池也有两种：第一种在购买时一次性加电解液后续使用中不需要维护（添加补充液）；另一种是电池本身出厂时就已经加好电解液并封死，用户根本就不能添加补充液。

（1）铅酸蓄电池的结构。铅酸蓄电池主要由极板、电解液、隔板、极柱、壳体等部分组成，如图3-25所示。新能源汽车使用的辅助蓄电池电压一般为12 V，由6个单格电池串联而成，向全车低压用电设备供电。

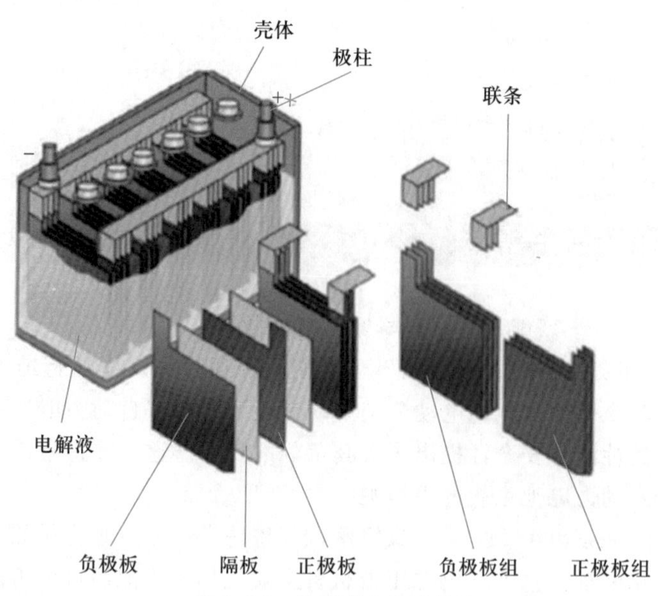

图 3-25 铅酸蓄电池的结构

① 极板。铅酸蓄电池的充放电过程是依靠极板上的活性物质和电解液中硫酸的化学反应来实现的。

极板分为正极板和负极板两种，正极板上的活性物质是深棕色的二氧化铅（PbO_2），负极板上的活性物质是青灰色的纯铅（Pb）。为了提高铅酸蓄电池的容量，将多片正、负极板并联，组成正、负极板组。在每节单格电池中，负极板的数量总比正极板多一片，正极板都处于负极板之间，使其两侧放电均匀，否则因正极板机械强度差，只有单面工作会使两侧活性物质体积变化不一致，造成极板弯曲。

② 隔板。隔板具有多孔性，以方便电解液渗透。它夹在相邻正、负极板之间，可以使正、负极板尽量靠近但彼此又不会因接触而短路。

隔板材料有木质、微孔橡胶、微孔塑料以及浸树脂纸质等。近年来，还有的铅酸蓄电池将微孔塑料隔板做成袋状，紧包在正极板的外部，防止活性物质脱落。

③ 壳体。铅酸蓄电池的壳体是用来盛放电解液和极板组的，壳体应耐酸、耐热、耐震，现多采用聚丙烯塑料壳体。这种壳体不但耐酸、耐热、耐震，而且强度高，壳体壁较薄（一般为 3.5 mm）。

壳体底部的凸筋是用来支持极板组的，并可使脱落的活性物质掉入凹槽中，以免正、负极板短路，若采用袋式隔板，则可取消凸筋以降低壳体高度。

④ 电解液。电解液是由纯净的硫酸与蒸馏水按一定的比例配制而成。电解液的相对密度一般为 1.24～1.30 g/cm^3。

⑤ 联条。车用 12 V 铅酸蓄电池的 6 个单格电池之间的连接方法有两种，一种是用装在盖子上面的铅质联条串联起来，联条露在蓄电池盖表面，这是一种传统的连接方式，不仅浪费铅材料，而且内阻较大，因此这种连接方式正在逐渐被淘汰。另一种是采用穿壁式连接方式。铅酸蓄电池各单格电池串联后，两端单格电池的正

负极桩分别穿出蓄电池盖，形成蓄电池极桩。正极桩标“+”号或涂红色，负极桩标“-”号或涂蓝色、绿色等。

（2）铅酸蓄电池的工作原理。铅酸蓄电池是化学电源，其充、放电过程是将电能与化学能进行相互转换的过程。

① 放电过程原理。当铅酸蓄电池与外部负载连接时，蓄电池通过浸在电解液中的两块正、负极板之间发生的化学反应产生电流，此电流驱动外部用电器，将化学能转换成电能，如图 3-26 所示。

正极放电反应方程式为：$PbO_2+SO_4^{2-}+2e^-+4H^+ = PbSO_4+2H_2O$

负极放电反应方程式为：$Pb-2e^-+SO_4^{2-} = PbSO_4$

放电时化学反应总方程式为：$PbO_2+2H_2SO_4+Pb \longrightarrow PbSO_4+2H_2O+PbSO_4$

②充电过程原理。使用充电装置将直流电压加在铅酸蓄电池上，当这个电压高于铅酸蓄电池电压时，电流从铅酸蓄电池的正极流入、负极流出。此时，在铅酸蓄电池内部会发生电化学反应，从而将电能转换成化学能，如图 3-27 所示。

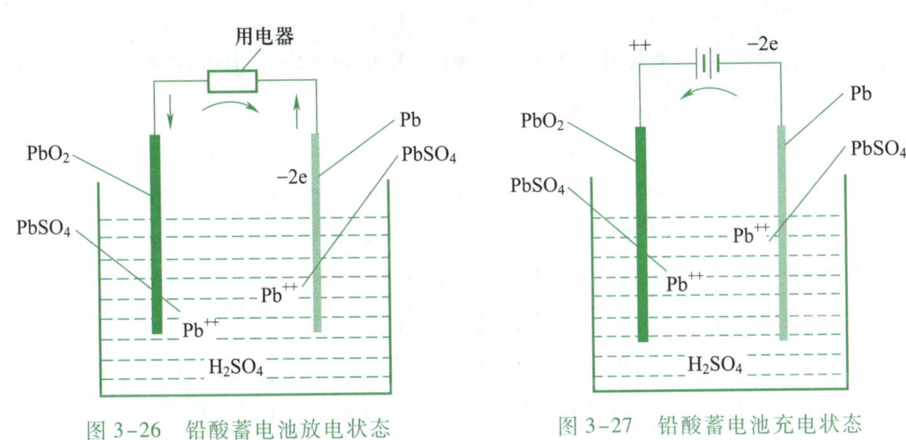

图 3-26　铅酸蓄电池放电状态

图 3-27　铅酸蓄电池充电状态

正极充电反应方程式为：$PbSO_4+2H_2O = PbO_2+2e^-+4H^++SO_4^{2-}$

负极充电反应方程式为：$PbSO_4+2e^- = Pb+SO_4^{2-}$

充电时化学反应总方程式为：$PbSO_4+2H_2O+PbSO_4 \longrightarrow PbO_2+2H_2SO_4+Pb$

2. 碱性电池

碱性电池是以氢氧化钾（KOH）等碱性水溶液为电解液的二次电池总称。碱性电池包含的电池类型广泛，其主要类型如图 3-28 所示。现阶段在电动汽车上应用最多的是镍氢电池，该种电池技术成熟、比功率大、无记忆效应，是混合动力汽车所使用动力电池的主体。

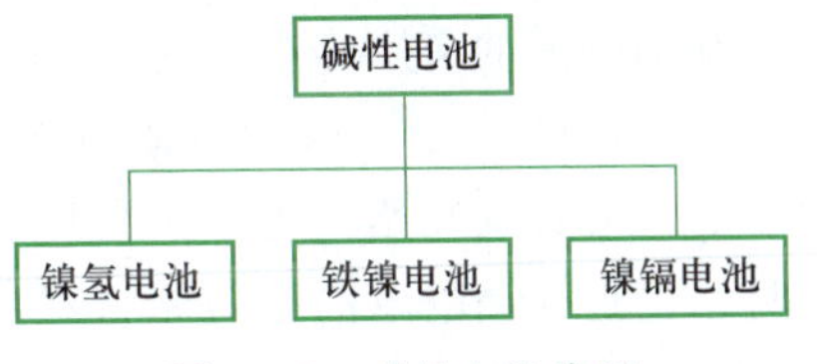

图 3-28　碱性电池类型

（1）镍镉电池结构。镍镉电池的正极材料为球形氢氧化镍，充电时为 NiOOH，放电时为 $Ni(OH)_2$。负极材料为海绵状金属镉或氧化镉粉以及氧化铁粉，氧化铁粉的作用是使氧化镉粉有较高的扩散性，增加极板的容量。镍镉电池电解液通常为氢氧化钠或氢氧化钾溶液，其结构如图3-29所示。

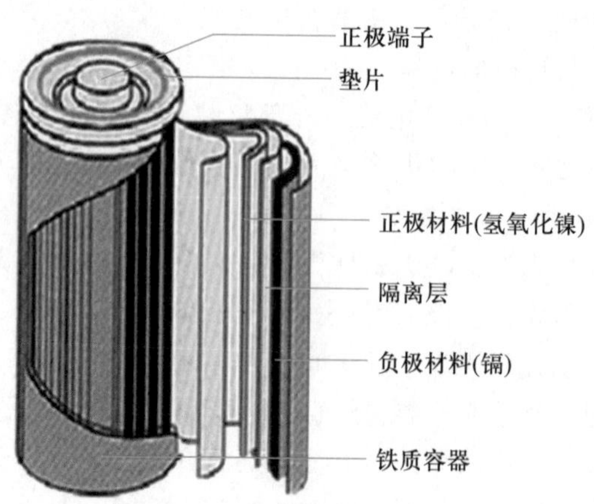

图 3-29 镍镉电池结构

镍镉电池充电时，电极中 $Ni(OH)_2$ 颗粒表面的 Ni^{2+} 失去电子成为 Ni^{3+}，电子通过正极中的导电网络和集流体向外电路转移；同时 $Ni(OH)_2$ 颗粒表面晶格 OH^- 中的 H^+ 通过界面双电层进入溶液，与溶液中的 OH^- 结合生成 H_2O。在充电过程中，镍电极上会有 O_2 析出，但这并不表示充电过程已全部完成。通常情况下，在充电不久时镍电极就会开始析氧，这是镍电极的一个特点。

镍镉电池的负极活性物质是海绵状金属镉，放电产物是难溶于 KOH 溶液的 $Cd(OH)_2$。镉电极的放电反应机理是溶解—沉积机理，放电时 Cd 被氧化，生成 $Cd(OH)^{3-}$ 进入溶液，然后再生成 $Cd(OH)_2$ 沉积在电极上。$Cd(OH)^{3-}$ 在碱液中的溶解度为 9×10^{-5} mol/L，该浓度可以使镉电极具有较高的反应速率，这也是镍镉电池能够高倍率放电的主要原因。

正极充放电反应方程式为：$NiOOH+H_2O+e^- \underset{充电}{\overset{放电}{\rightleftharpoons}} Ni(OH)_2+OH^-$

负极充放电反应方程式为：$Cd+2OH^- -2e^- \underset{充电}{\overset{放电}{\rightleftharpoons}} Cd(OH)_2$

电池总反应方程式为：$Cd+2NiOOH+2H_2O \underset{充电}{\overset{放电}{\rightleftharpoons}} Cd(OH)_2+2Ni(OH)_2$

镍镉电池的应用存在的主要问题是长期未充分充电、放电，易在电池内留下痕迹，降低电池容量，这种现象称为电池记忆效应。比如，镍镉电池长期只放出80%的电量后就开始充电，一段时间后，电池充满电后也只能放出80%的电量。同时，镉是镍镉电池的必需原材料，大量研究表明，在人体内，镉的半衰期长达730年，可蓄积50年之久，摄入或吸入过量的镉可引起肾、肺、肝、骨、生殖效应及癌症。基于环境保护的原因，许多发达国家已建议禁止使用镍镉电池。

（2）镍氢电池。镍氢电池是在镍镉电池的基础上发展起来的，它的正极材料是氢氧化镍，负极则是金属氢化物，即“储氢合金”（MH）。这里所谓的“储氢合金”是指具有很强“吸收”氢气能力的金属镍，其单位体积的最大储氢量相当于同样体积1 000个大气压的高压氢气。镍氢电池于1988年进入实用化阶段，1990年开始规模生产。

镍氢电池有无污染、比能量高、功率大、快速充放电、耐用性好等许多优异特性。与铅酸蓄电池相比，镍氢电池有比能量高、质量轻、体积小、循环寿命长等特点；与镍镉电池相比，其比能量是其两倍。镍氢电池另一大优点就是不含镉、铅这类有毒金属。

镍氢电池的构成包括以镍的“储氢合金”为主要材料的负极、具有保液能力和良好透气性的隔膜、材料为氢氧化镍的正极、碱性电解液、金属壳体、具有自动密封功能的安全阀及其他部件，如图3-30所示。具有实用价值的储氢合金应该具有储氢量大、容易活化、吸氢/放氢的化学反应速率快、使用寿命长及成本低廉等特性。

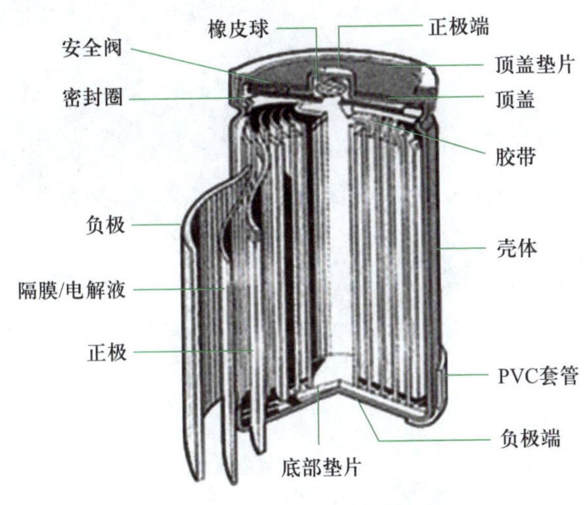

图3-30 镍氢电池结构

镍氢电池正极的活性物质为NiOOH（放电时）和$Ni(OH)_2$（充电时），负极板的活性物质为H_2（放电时）和H_2O（充电时），电解液采用30%的氢氧化钾溶液。电化学反应方程式如下。

正极反应方程式：$Ni(OH)_2+OH^- \underset{放电}{\overset{充电}{\rightleftharpoons}} NiOOH+H_2O+e^-$

负极反应方程式：$xH_2O+M+xe^- \underset{放电}{\overset{充电}{\rightleftharpoons}} xOH^-+MH_x$

电池总反应方程式：$xNi(OH)_2+M \underset{放电}{\overset{充电}{\rightleftharpoons}} xNiOOH+MH_x$

式中，MH代表“储氢合金”。镍氢电池工作原理如图3-31所示。

由于镍氢电池能满足混合动力汽车高功率密度的要求，所以该类电池目前在混合动力汽车尤其是在日系车型中广泛应用，如丰田普锐斯和凯美瑞混合动力汽车、雷克萨斯CT200、本田Insight等。丰田普锐斯的动力电池采用的就是201.6 V、6.5 A·h的镍氢动力电池，如图3-32所示。

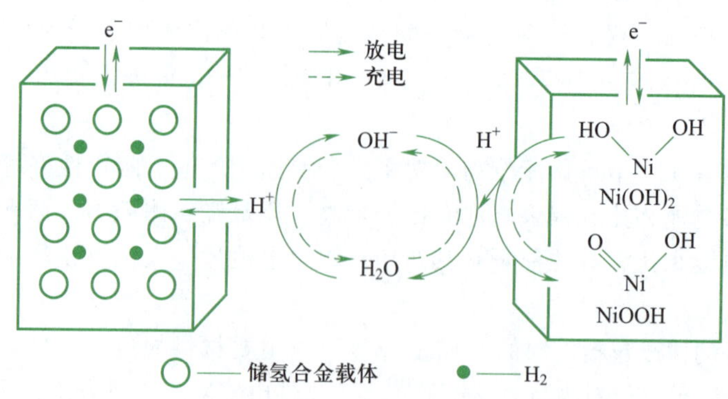

图 3-31 镍氢电池工作原理

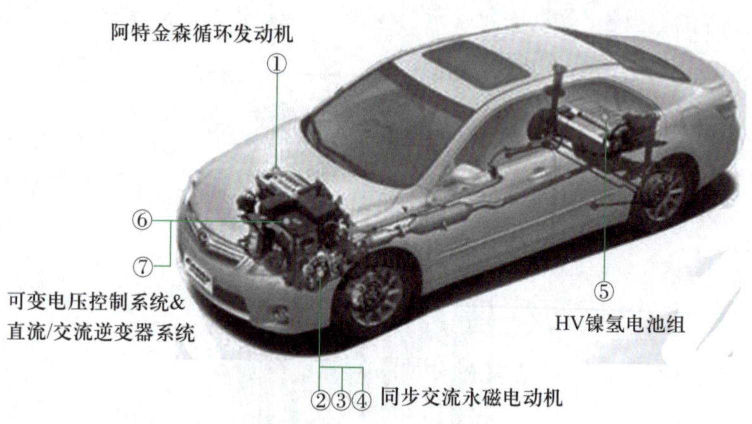

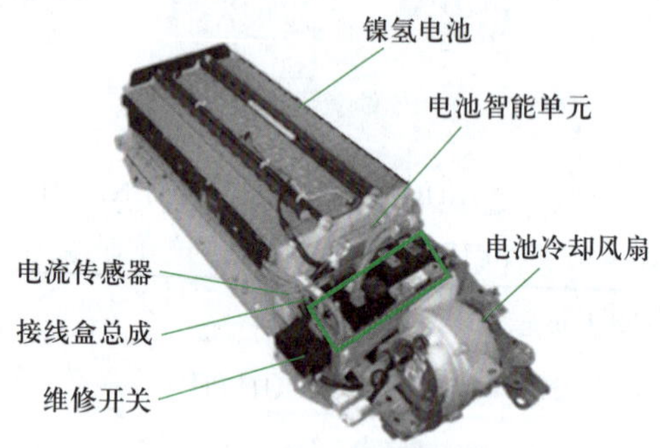

图 3-32 丰田普锐斯动力电池

3. 锂离子电池

锂离子电池由于有质量轻、续驶里程长、适用范围广、能量密度高、输出功率高等优点，是当今新能源车动力电池的主要类型。

（1）锂离子电池类型。按照正极材料的不同，锂离子电池可分为钴酸锂电池、锰酸锂电池、磷酸铁锂电池、三元锂电池等类型。按照电解质的状态，可分为液态锂离子电池、聚合物锂离子电池、全固态锂离子电池等类型。按照电池外形分，可分为圆柱形锂离子电池、方形锂离子电池和扣式锂离子电池等类型，如图 3-33

所示。

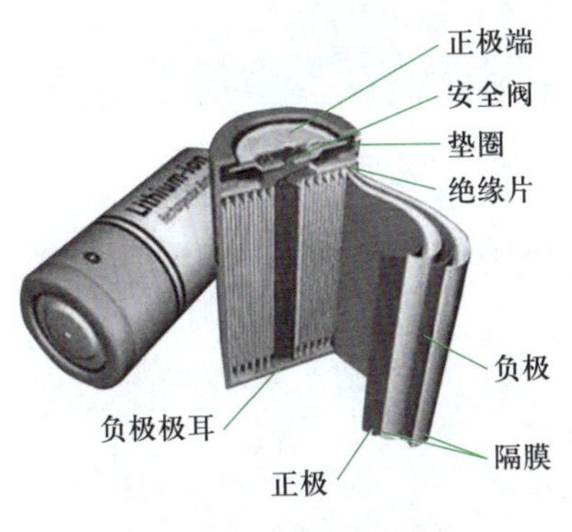

(a) 圆柱形锂离子电池

(b) 方形锂离子电池

(c) 扣式锂离子电池

图 3-33 不同类型锂离子电池

（2）锂离子电池结构。锂离子电池主要由正极、负极、电解液和隔膜等构成。正极材料为嵌锂过渡金属氧化物，如 $LiCoO_2$、$LiNiO_2$、$LiMn_2O_4$；负极材料则选择电位尽可能接近锂电位的可嵌入锂化合物，如各种碳材料，包括天然石墨、合成石墨、碳纤维、中间相小球碳素等，和金属氧化物，包括 SnO、SnO_2、锡复合氧化物 $SnB_xP_yO_z$ 等。

电解液采用 $LiPF_6$ 的乙烯碳酸酯（EC）、丙烯碳酸酯（PC）和低黏度二乙基碳酸酯（DEC）等烷基碳酸酯搭配的混合溶剂体系。

隔膜采用聚烯微多孔膜如 PE、PP 或它们的复合膜，尤其是 PP/PE/PP 三层隔膜不仅熔点较低，而且具有较高的抗穿刺强度，起到了热保险作用。

外壳采用钢或铝材料，盖体组件具有防爆断电的功能。

动力电池中正极材料占整个电池成本的 40% 以上，在当前的技术条件下，整体电池的能量密度提升主要取决于正极材料的优劣，因此，正极材料是锂离子电池研究和开发的重中之重。在设计和选取锂离子电池正极材料时，要综合考虑比能量、循环性能、安全性以及成本等因素。根据不同的材料体系，常见的正极材料可分为镍钴锰酸锂（NCM）、磷酸铁锂（LFP）、钴酸锂（LCO）、镍钴铝酸锂（NCA），以及新型材料如无钴正极、四元正极材料等。各类正极材料的性能有差异，目前磷酸铁锂和三元锂是新能源汽车行业的两大主流电池技术路线，也是装车数量最多的两类动力电池。

表 3-2 为正极材料性能对比表。

表 3-2 正极材料性能对比

性能指标	钴酸锂（LCO）	锰酸锂（LMO）	磷酸铁锂（LPF）	三元材料	
				NCM	NCA
晶体结构	层状氧化物	尖晶石	橄榄石	层状氧化物	

续表

性能指标	钴酸锂（LCO）	锰酸锂（LMO）	磷酸铁锂（LPF）	三元材料	
				NCM	NCA
电芯的质量比能量/（W·h/kg）	180～240	130～180	130～160	180～240	
循环寿命/次	500～1 000	500～2 000	2 000～6 000	800～2 000	500～2 000
电压范围/V	3.0～4.5	3.0～4.3	3.2～3.7	2.5～4.6	
适用温度/℃	-20～55	>50 会快速衰退	-20～75	-20～55	
环保性	钴有反射性	无毒	无毒	镍、钴有毒	
安全性能	差	良好	好	尚好	
原料资源丰度	钴资源贫乏	锰资源丰富	磷/铁资源非常丰富	钴资源贫乏	

微课

三元锂电池和磷酸铁锂电池对比

由于市场追求长续航以及补贴政策向高能量密度倾斜，三元锂电池曾一度超越磷酸铁锂电池，但三元锂电池安全性不如磷酸铁锂电池，在 180～250 ℃时，三元锂电池内部的化学成分就已经处于不稳定的状态。而磷酸铁锂电池的热稳定性是目前已有的车用锂电池中最好的，当电池温度达到 500～600 ℃时，它内部的化学成分才开始分解。

（3）锂离子电池工作原理。锂离子电池通过锂离子在正负电极间的往返嵌入和脱出形成电池的充电和放电过程。正常充放电情况下，锂离子在层状结构的碳材料和层状结构氧化物的层间嵌入和脱出，一般只引起层面间距的变化，不破坏晶体结构；在放电过程中，负极材料的化学结构基本不变。因此，从充放电的可逆性看，锂离子电池反应是一种理想的可逆反应。锂离子电池的工作原理如图 3-34 所示，电化学反应方程式如下。

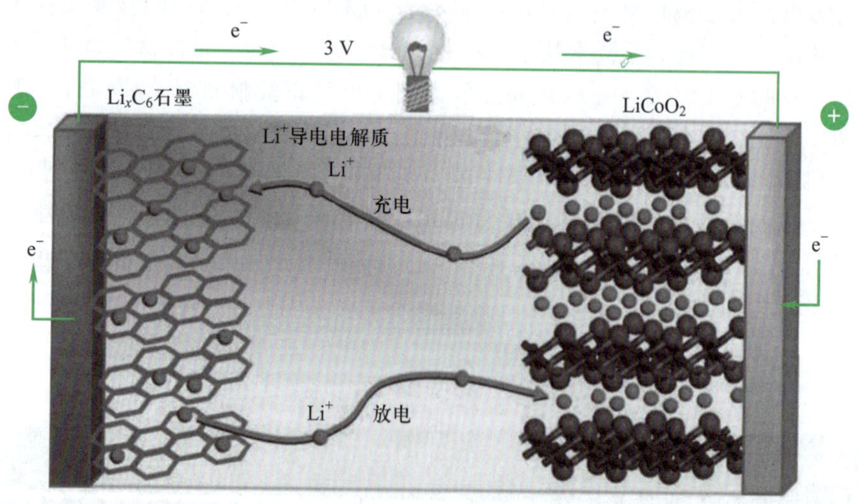

图 3-34 锂离子电池的工作原理

正极反应方程式：$LiMO_2 \longrightarrow Li_{1-x}MO_2 + xLi^+ + xe^-$

负极反应方程式：$nC+xLi^{+}+xe^{-} \longrightarrow Li_xC_n$

电池总反应方程式：$LiMO_2+nC \longrightarrow Li_{1-x}MO_2+Li_xC_n$

式中，M 代表 Co、Ni、W、Mn 等金属元素。

应用在动力驱动系统上的锂离子电池为动力锂电池，相对于普通的消费类的锂离子电池而言，动力锂电池不仅要求高能量密度、高体积能量比、宽温度范围、支持高倍率放电、循环寿命更长，而且要求更安全。比如比亚迪 E6 使用的磷酸铁锂电池以及特斯拉 Model S 使用的三元锂电池等，都是以动力锂电池作为新能源汽车的动力源，如图 3-35 和图 3-36 所示。

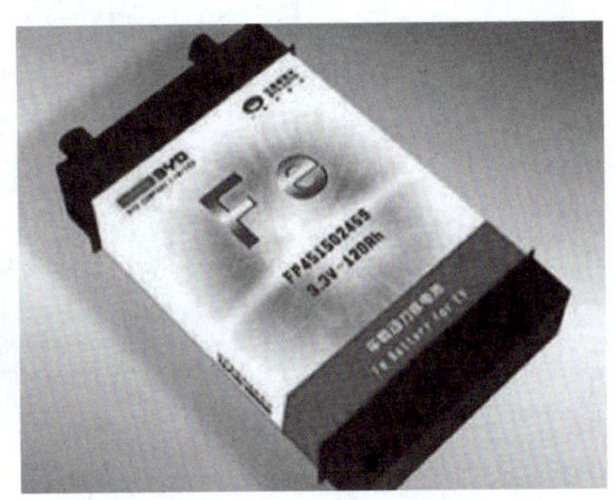

图 3-35　比亚迪 E6 与磷酸铁锂电池

图 3-36　特斯拉 Model S 与三元锂电池

与镍氢电池相比，锂离子电池工作电压高，比能量高，循环寿命也更长，可达 6 年以上。锂离子电池的工作电压为 3.7 V，是镍氢电池的 3 倍。锂离子电池的比能量已达到 150 W · h/kg，是镍氢电池的 1.5 倍左右。目前，锂离子电池的循环寿命已达到 1 000 次以上，在低放电深度情况下充放电可以达到几万次。

锂离子电池的整体性能要比镍氢电池好很多，但锂离子电池的成本较高，并且还必须要有特殊的保护电路来防止电池过放过充。

二、物理电池

1. 超级电容器

近几年来超级电容器是发展比较迅速的一种新型储能装置，广泛应用在新能源汽车制动能量回收系统中。新能源汽车在制动或减速的过程中，通过电机将汽车动能转换成电能，并储存在超级电容器内。汽车重新起步或加速时，超级电容器和动力电池同时对电机供电。

超级电容器是指介于传统电容器和充电电池之间的一种新型储能装置，通过极化电解质来储能，允许大电流快速充放电。超级电容器结构原理如图 3-37 所示，由高比表面积的多孔电极材料（活性炭电极）、集电极、多孔性电池隔板及电解液组成。

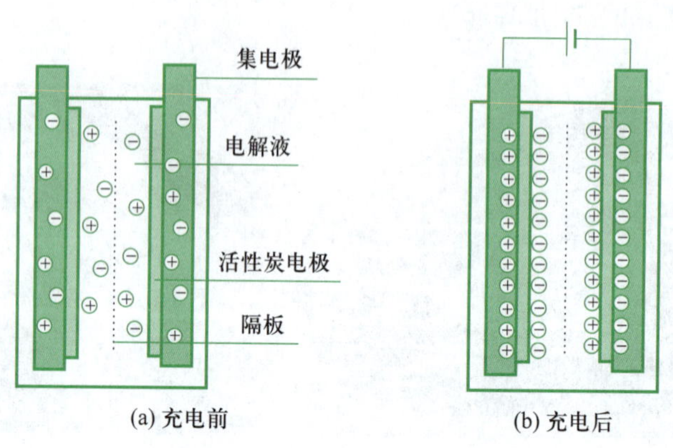

图 3-37 超级电容器结构原理

当超级电容器接通电源后，在电场力的作用下，吸引电解液中的阴离子向正极聚集，同时电解液中的阳离子向负极聚集，各自在正负极板上形成间隔非常小的离子层。放电时，正负离子离开固体电极的表面，返回电解液。

超级电容器的电容大，储存电荷的能力强。其次，超级电容器的充电速度快，充电 10 s ~ 10 min 就可达到其额定容量的95%以上。超级电容器循环寿命长，深度充放电循环使用次数可达数万次，没有“记忆效应”。超级电容器大电流放电能力超强，能量转换效率高，过程损失小，大电流能量循环效率≥90%。由于具有以上特点，超级电容器作为新能源汽车的储能装置，广泛应用于新能源客车领域。在新能源客车领域，超级电容器最为广泛的是用在城市混合动力客车制动能量回收系统中。由超级电容器模块组成的制动能量回收系统能够吸收并存储车辆在制动时产生的全部动能，当客车起动或加速时将这些能量释放出来，从而使车辆节省燃油，减少排放。

超级电容器同样存在一些缺点：一是安全性不易保证，过快的放电速度和过低的内阻，如果设计不好，本身就蕴含着“能量突然大爆发”的风险；二是较低的工作电压，制约了它在汽车上的应用。随着技术的进步，这些问题都可以逐步得到解决。超级电容器在新能源汽车上的应用如图 3-38 所示。

2. 飞轮电池

飞轮电池突破了化学电池的局限，用物理方法实现蓄能，其实质是一种机电能量转换和储存装置。

如图 3-39 所示，飞轮电池主要由飞轮、轴、轴承、电机、真空容器和电力电子变换器等组成。在飞轮的内部镶有永久磁铁，外壳上装有感应线圈，这样飞轮电池就具有电动机和发电机的双重功能。

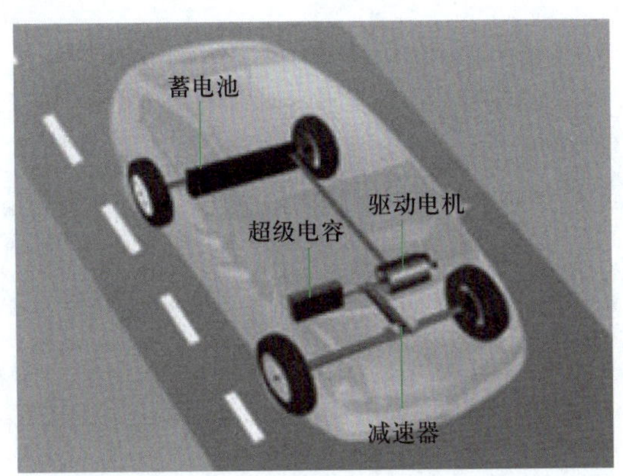

图 3-38　超级电容在新能源汽车上的应用

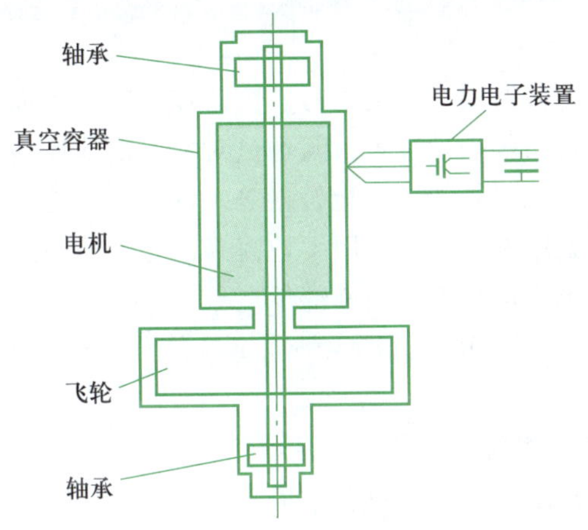

图 3-39　飞轮电池的结构

飞轮电池充电时，通过电力电子设备从外部输入电能而使电机旋转，电机（此时作为电动机）驱动飞轮加速旋转，飞轮储存的动能（机械能）就增大。飞轮电池向外放电时，由高速旋转的飞轮带动电机（此时作为发电机）旋转，将动能转换为电能，再通过电力电子设备将电能转换为负载所需频率和电压的电流来提供能量，如图 3-40 所示。

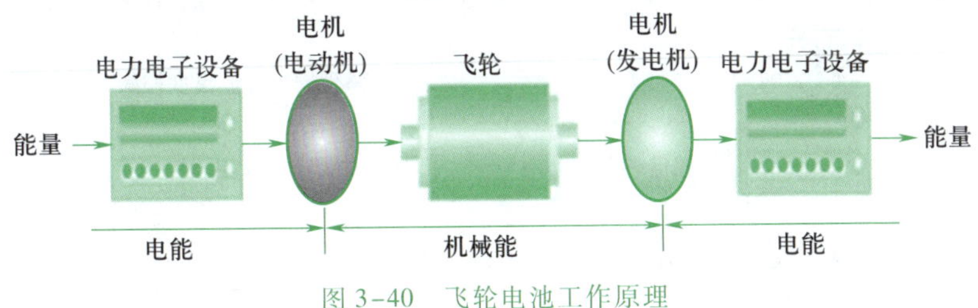

图 3-40　飞轮电池工作原理

图 3-41 所示为采用飞轮电池的保时捷 911 GT3 示意图，该车电源系统包括一台连接有电动机/发电机的电动飞轮，飞轮最高转速达 40 000 r/min。

1—动力控制单元；2—双电机前轴；3—高压电缆；4—飞轮电池；5—动力控制单元

图 3-41　采用飞轮电池的保时捷 911 GT3 示意图

三、电池管理系统

1. 概述

电池管理系统（BMS）

电池管理系统是用来对动力电池进行安全监控和有效管理，保持动力电池正常使用和提高动力电池寿命的一种装置，其通过对动力电池性能状态的监测，实现对动力电池的充放电控制、热管理、安全警报等，以防止动力电池出现过充电和过放电，延长动力电池的使用寿命，最大限度地提高动力电池的能量利用效率，已经成为纯电动汽车电池系统不可缺少的核心部件之一。

电池管理系统（Battery Management System，简称 BMS）俗称电池保姆或电池管家。

2. 电池管理系统的功能

电池管理系统主控制功能包括数据采集、状态计算、能量管理、安全管理、热管理、均衡控制、通信功能和人机接口等。控制方式如图 3-42 所示。

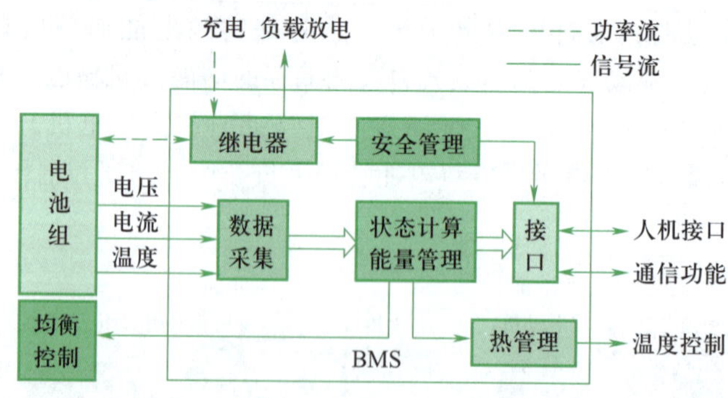

图 3-42　电池管理系统控制方式

（1）数据采集。电池管理系统通过传感器收集动力电池在使用过程中的参数信息，比如：温度，每一节单体电池的电压、电流，动力电池的电压、电流等。电池管理系统的所有算法都是以采集的动力电池数据作为输入，采样速率、精度和前置滤波特性是影响电池系统性能的重要指标。纯电动汽车电池管理系统的采样速率一般要求大于 20 Hz（小于 50 ms）。

（2）电池状态计算。电池状态计算包括动力电池组荷电状态（State of Charge，SOC）和动力电池组健康状态（State of Health，SOH）两方面。SOC 用来提示动力电池组剩余电量，是计算和估计纯电动汽车续驶里程的基础。精确地估算 SOC，可以防止动力电池过充电和过放电，延长动力电池的使用寿命，提高动力电池的利用率。SOH 用来提示动力电池技术状态，预计可用寿命等健康状态的参数。

（3）能量管理。主要包括以电流、电压、温度、SOC 和 SOH 为输入进行充电过程控制，以 SOC、SOH 和温度等参数为条件进行放电功率控制两个部分。

（4）安全管理。监视动力电池电压、电流、温度是否超过正常范围，防止动力电池过充电、过放电。现在，在对动力电池进行整组监控的同时，多数电池管理系统已经发展到对单体电池进行过充电、过放电、过热管理等安全状态管理。

（5）热管理。在动力电池工作温度超出范围时进行冷却，低于适宜工作温度下限时进行加热，使动力电池处于适宜的工作温度范围内，并在动力电池工作过程中保持单体电池间温度均衡。

（6）均衡控制。由于电池的一致性差异导致动力电池的工作状态是由状态最差的单体电池决定的。在动力电池各个单体电池之间设置均衡电路，实施均衡控制可以使各单体电池充放电的工作情况尽量一致，提高动力电池整体的工作性能。

（7）通信功能。通过电池管理系统实现动力电池参数和信息与车载设备或非车载设备的通信，为充放电控制、整车控制提供数据依据，是电池管理系统的重要功能之一，根据应用需要，数据交换可采用不同的通信接口。

（8）人机接口。根据设计的需要设置显示信息以及控制按键、旋钮等。

拓展迁移

你知道刀片电池的秘密吗

传统电池系统是由单体电池（Cell）、电池模组（Battery Module）和电池包（Pack）三部分组成，由电池模组的机械结构对单体电池起到支撑、固定和保护的作用，再由电池包对电池模组起到支撑、固定和保护的作用。

刀片电池采用长单体电池，省去了电池模组环节，直接把单体电池安装到电池包里面，单体电池成为了结构件的一部分，既是供电部件，又是电池包的梁。同时刀片电池结构设计借鉴了蜂窝铝板的原理，通过结构胶把单体电池固定在两层铝板之间，让单体电池本身充当结构件，来增加整个系统的强度。刀片电池如图 3-43 所示。

图 3-43 刀片电池

刀片电池本质上还是磷酸铁锂电池，并没有在单体电池结构上做出突破，而是通过优化电池装配工艺，使电池包的体积能量密度比传统磷酸铁锂电池提升了 50%。

同时，刀片电池提高了电池安全性。根据公开的刀片电池、普通磷酸铁锂电池和三元锂电池的针刺试验记录显示，刀片电池针刺后，无明火、无烟，表面温度仅为 30～60 ℃，安全性能更优。不仅如此，刀片电池的充电循环寿命也超过了普通的磷酸铁锂电池，等效里程寿命也大幅提升。由于优化了电池结构设计，电池二级零部件数量减少 40%，并使用了低成本的磷酸铁锂电池，有效降低了成本。

主题 4　驱动电机与控制系统

课堂导入

电动汽车先行者——中国工程院院士陈清泉

陈清泉院士发明了多种电动汽车专用的特种电机及其控制装置，研制出多辆不同类型的电动汽车，其研究和创新成果多次在国际上获奖，并在中国、日本、美国、德国得到应用。他被媒体誉为“亚洲电动车之父”。

为促进电动汽车的研究，陈清泉院士多次派学生去学习，并邀请电机专家共同研究开发了应用于电动汽车的新型永磁电机及其控制技术。

学习内容

一、纯电动汽车驱动系统

1. 纯电动汽车驱动系统的组成

纯电动汽车的驱动系统可以分成能源供给子系统、电气驱动子系统、机械传动子系统三部分，如图 3-44 所示，其中电气驱动子系统是纯电动汽车的心脏，主要包括电机控制器和驱动电机。机械传动子系统由机械传动装置（变速器和差速器）和车轮等组成。

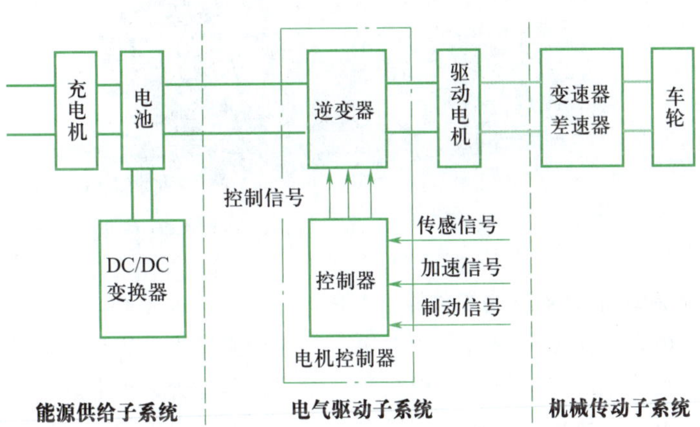

图 3-44　纯电动汽车驱动系统基本结构

（1）驱动电机。驱动电机相当于传统汽车上的发动机。驱动电机的作用是将电源的电能转换为机械能，通过传动装置驱动或直接驱动车轮，驱动电机如图 3-45 所示，前置前驱车辆的驱动电机安装位置如图 3-46 所示。

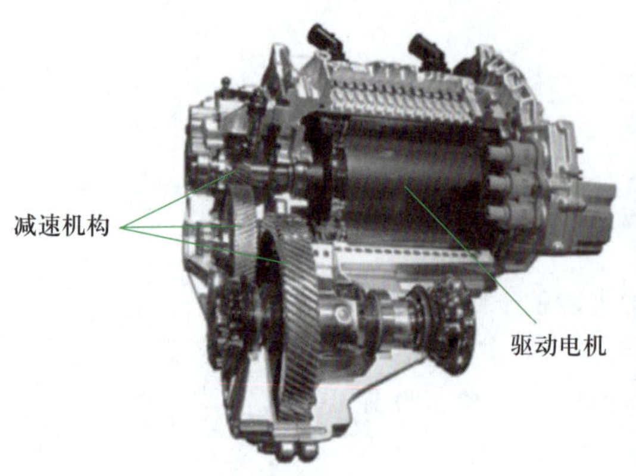

图 3-45 驱动电机

图 3-46 前置前驱车辆的驱动电机安装位置

（2）电机控制器。电机控制器作为纯电动汽车的核心部件之一，是汽车动力性能的决定性因素。它从整车控制器获得整车的需求，从动力电池获得电能，经过自身逆变器的调制，获得控制驱动电机需要电压和电流的电能，并提供给驱动电机，使得驱动电机的转速和转矩满足整车的要求。吉利帝豪 EV300 电机控制器与 DC/DC 转换器如图 3-47 所示。

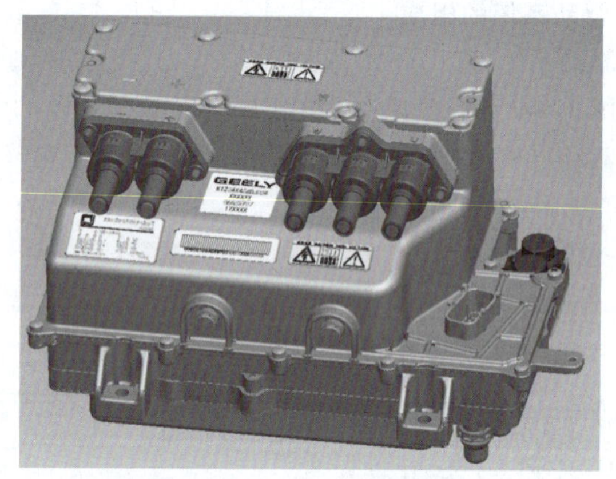

图 3-47 吉利帝豪 EV300 电机控制器与 DC/DC 转换器

2. 纯电动汽车驱动系统的工作原理

大部分纯电动汽车使用永磁同步电机、三相交流异步电机作为驱动电机，当给电机输入三相交流电时，电机就可以旋转，驱动汽车行驶，纯电动汽车所搭载的动力电池是直流电源，因此驱动驱动电机时，需要将电源提供的直流电转换为三相交流电，完成这一转换功能的装置就是电机控制器（MCU）。

电机控制器需要接收加速、制动踏板位置，转向盘转角等信号，经过转换后，输出给定转矩值至电机逆变器，电机逆变器控制驱动电机的电压、电流的大小和方向，完成对驱动电机的驱动转矩和旋转方向的控制，将动力电池输出的电能转换为车轮上的机械能，驱动纯电动汽车行驶，并在汽车减速制动时，将车轮的动能转换为电能，充入动力电池，如图 3-48 所示。

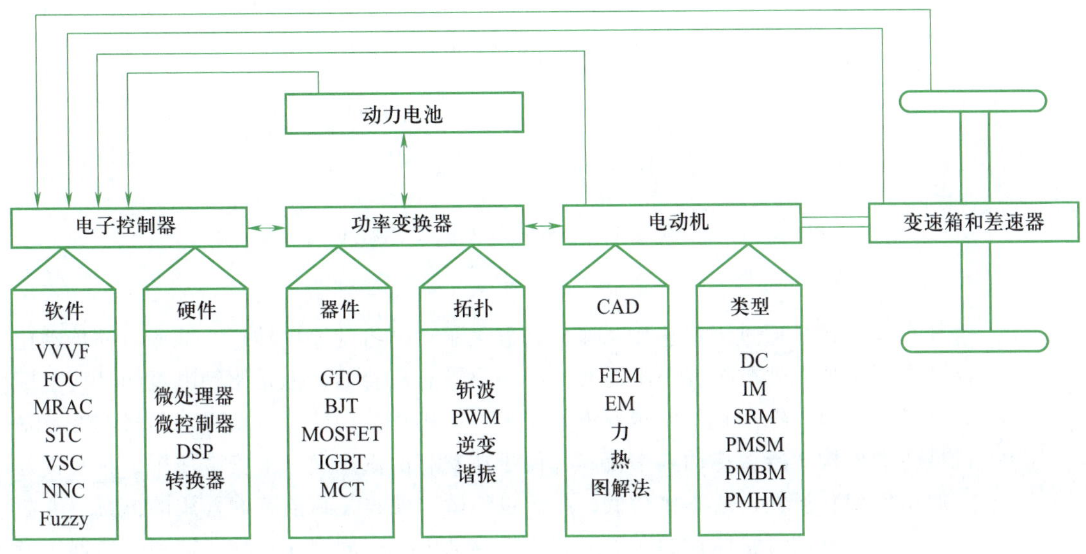

图 3-48 纯电动汽车驱动系统的工作原理

当电机控制器同时接收到制动和加速信号，以制动信号优先。电机逆变器的主要功能是调节驱动电机和动力电池之间的电流频率和幅值，使其匹配，并将动力电池的直流电逆变成交流电提供给驱动电机，驱动电机将电能转换成机械能，输出转矩经传动系统驱动车轮，使纯电动汽车行驶。电机逆变器核心部件是 IGBT 这一类电力电子器件。

3. 纯电动汽车驱动系统布置形式

纯电动汽车和传统燃油汽车或者混合动力汽车不同，它的驱动源只有电机，驱动方式非常灵活。针对驱动轮所施加驱动转矩的来源，纯电动汽车的驱动方式总体上可以分为两种，集中驱动和车轮独立驱动。

驱动系统的布置形式——集中驱动

（1）集中驱动。集中驱动的特点是只有一个动力源，电机输出的动力通过变速器或者减速器减速增扭，经过差速器，将驱动转矩大致平均地分配给左右两个驱动半轴来驱动车轮。

纯电动汽车的集中驱动布置形式，目前主要有三种典型的结构，包括传统驱动形式、电机—驱动桥组合式驱动形式和电机—驱动桥整体式驱动形式。

传统驱动形式的布置形式通常是在传统燃油汽车的基础上修改而来的，如把驱动电机放在原来燃油发动机的位置，如图 3-49 所示，传动驱动形式保留了离合器、变速器、传动轴和驱动桥等总成。但是，传动驱动形式的结构复杂、效率低，不能充分发挥驱动电机的性能，现在的纯电动汽车很少采用这种布置形式。

电机—驱动桥组合式的布置形式是把驱动电机、固定速比的减速器和差速器进行组合，布置在驱动桥旁边，通过两个车轮的半轴来驱动车轮，如图 3-50 所示，

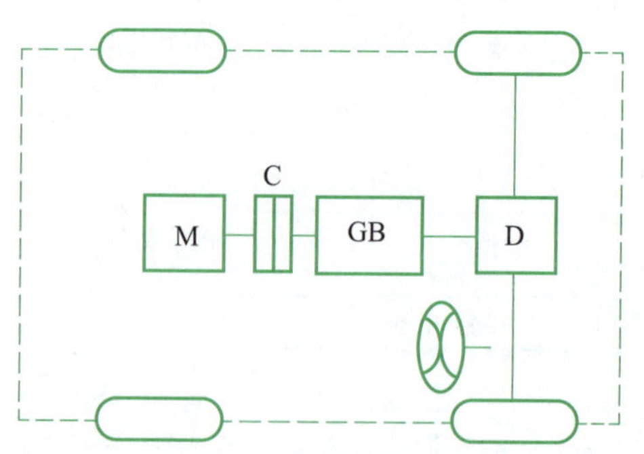

M—驱动电机；C—离合器；GB—变速器；D—差速器

图 3-49 传统驱动形式

这种布置形式是通过固定速比减速器来放大驱动电机的输出转矩，减速器的传动比通常是固定的，驾驶过程中不需要换挡，也没有离合器，但是驱动电机的转速范围要大，要能满足汽车在不同转速下的需求。电机—驱动桥组合式驱动形式的特点是机械传动机构紧凑，传动效率较高，便于在现有的汽车底盘上安装使用，具有良好的通用性和互换性，成本比较低，维修也比较方便，是目前普遍采用的方案。

电机—驱动桥整体式的布置形式是把驱动电机、固定速比减速器和差速器集成为一个整体，这三者的轴线以及驱动轴的轴线都是重合的，通过两根半轴驱动车轮，如图 3-51 所示。这种驱动形式的驱动电机轴是一种特殊制造的空心轴，在驱动电机左端输出轴处装有减速齿轮和差速器，再由差速器来带动左右半轴，左半轴可直接带动，而右半轴要穿过驱动电机的空心轴来带动车轮转动。

驱动系统的布置形式——车轮独立驱动

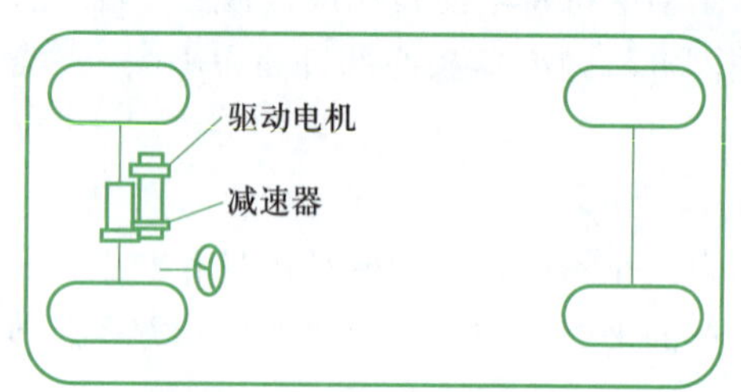

图 3-50 电机—驱动桥组合式驱动形式

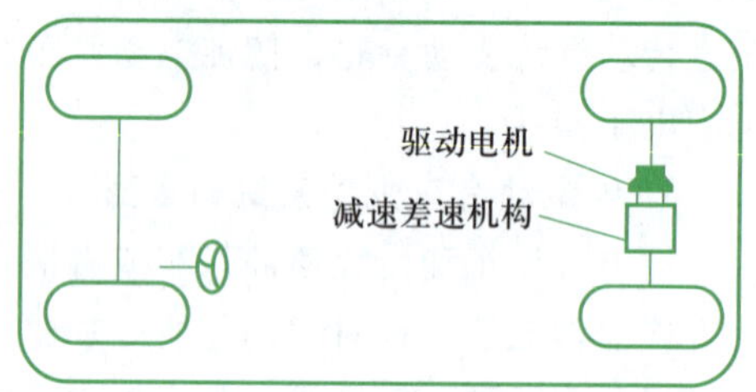

图 3-51 电机—驱动桥整体式驱动形式

（2）车轮独立驱动。车轮独立驱动是利用多个动力源分别驱动单个车轮，主要有双联式驱动形式和轮毂电机驱动形式两种典型的结构。

双联式驱动形式也称为双电动机驱动形式，是由左右两台电动机直接通过固定速比减速器分别驱动两个车轮，左右两台电动机由中间的电控差速器控制，每个电动机的转速可以独立调节控制，能够实现电子差速，不需要机械差速器，如图 3-52 所示。双联式驱动形式具有结构紧凑、传动效率高、质量轻、体积小、安装方便的特点，并具有良好的通用性和互换性，在小型纯电动汽车上普遍应用。

轮毂电机驱动形式是将轮毂电机直接装在车轮轮毂上，如图 3-53 所示，因为轮毂电机具备单个车轮独立驱动的特性，所以无论是前驱、后驱还是四驱形式，它都可以比较轻松地实现，全时四驱在轮毂电机驱动的车辆上实现起来非常容易。

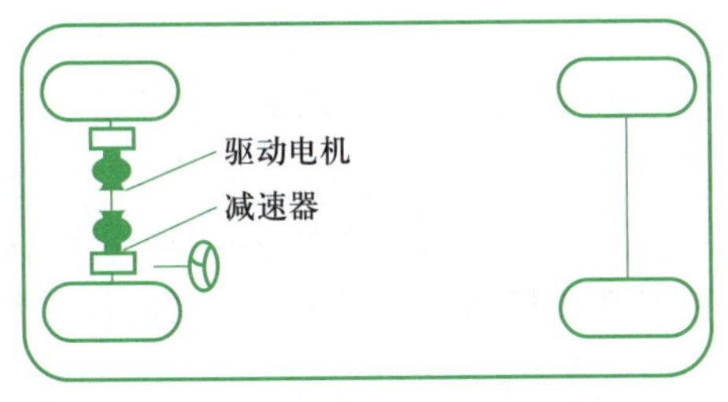

图 3-52 双联式驱动形式

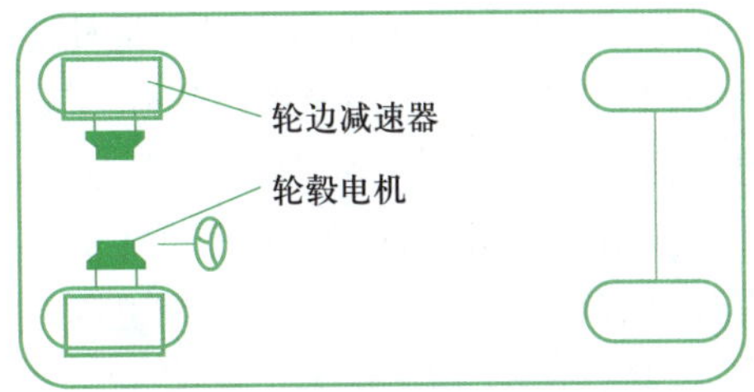

图 3-53 轮毂电机驱动形式

这种驱动系统布置形式能够节省空间，方便布置动力电池以提高车辆的续驶里程，同时电机传递给车轮的扭矩响应时间比较短，扭矩的大小控制也更精确。由于每台电机的转速能够独立调节控制，转向时可以实现电子差速，让左右车轮转速不同，甚至反向旋转实现差动转向。但是，使用轮毂电机增加了很多簧下质量。并且，汽车行驶在道路上，工况十分复杂，车轮环境恶劣，轮毂电机必须要做好防水、防尘、防振等措施。此外，此种驱动形式轮毂是封闭结构，电机和制动产生的热量需要散出，进行冷却。总之，目前来说这种驱动系统结构复杂，成本也高，在家用车上的普及还需要一段时间。

二、驱动电机

1. 纯电动汽车对驱动电机的要求

纯电动汽车驱动电机需要在充分满足汽车运行功能的同时，满足行驶的舒适性、环境适应性等性能要求以及对车辆一次充电续驶里程的要求。纯电动汽车驱动电机具有比普通工业电机更为严格的技术规范和标准要求，其主要性能要求如下。

（1）电机结构紧凑、尺寸小，因封装尺寸有限，必须根据具体产品进行特殊设计。

（2）质量轻，应尽量采用铝合金外壳，同时转速要高，以减轻整车的质量，增加电机与车体的适配性，扩大车体可利用空间，从而提高乘坐的舒适性。

（3）可靠性高、失效模式可控，以保证乘员的安全。

（4）提供精确的力矩控制，动态性能较好。

（5）效率高，功率密度高。要保证在较宽的转速和转矩范围内都有很高的效率，以降低功率损耗，提高一次充电的续驶里程。

（6）成本低，以降低车辆生产的整体费用。

（7）调速范围宽，应包括恒转矩区和恒功率区，低速运行输出的恒定转矩大，以满足汽车快速起动、加速、负荷爬坡等要求；高速运行输出恒定功率，有较大的调速范围，以满足平坦路面行驶以及超车等高速行驶的要求。

（8）瞬时功率大，过载能力强，要保证汽车具有 4 ~ 5 倍的过载能力，以满足短时内加速行驶与最大爬坡的要求。

（9）环境适应性好，要适应汽车本身行驶的不同区域环境，即使在较恶劣的环境中也能够正常工作，具有良好的耐高温、耐潮湿性能。

（10）制动再生效率高，在汽车减速时，能够实现反馈制动，将能量回收并反馈回电池，使得纯电动汽车具有最佳能量利用率。

（11）其他：结构简单，价格低廉，适合大批量生产，运行时噪声低，使用维修方便。

各项性能指标较高、安全可靠的电机系统，对纯电动汽车动力性能和经济性的提高具有重要意义，未来我国纯电动汽车用电机系统将朝着永磁化、数字化和集成化方向发展。

2. 驱动电机的基本类型

在工业领域，电机已经被广泛应用，电机的功率范围非常广，同时种类也非常多。由于纯电动汽车对电机的体积、质量、功率、控制以及可靠性等方面要求高，因此相对工业电机，车用电机的种类较少，纯电动汽车常用驱动电机的基本类型如图 3-54 所示。目前纯电动汽车上使用的驱动电机主要类型有直流电机、交流感应电机、永磁同步电机和开关磁阻电机等。

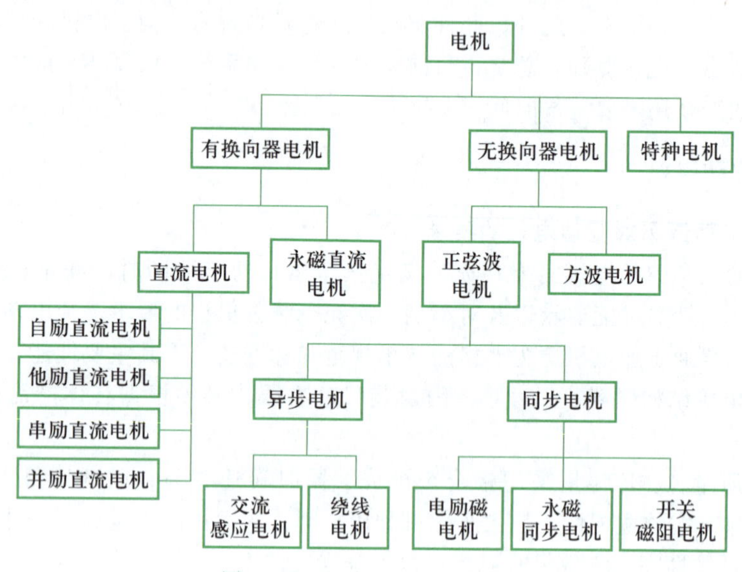

图 3-54　驱动电机的基本类型

（1）直流电机。直流电机是应用最早的一种驱动电机，其逆变器通常采用斩波器控制方式。直流电机技术成熟、速度控制简单、成本低；起动转矩和制动转矩大，易于快速起动和停止；调速范围广、方便，易于平滑调速。但是直流电机笨重，质量和体积较大，可靠性差，需要定期进行维护；由于结构中存在电刷、换向器等磨损部件，使得效率低，高速运行时会产生火花，可能影响车上其他电子器件的工作，制约了电机的最高转速。由于以上这些缺点，直流电机目前在汽车用电机领域已经基本被淘汰。直流电机的结构如图 3-55 所示。

（2）交流感应电机。交流感应电机的定子和转子将硅钢片叠压在一起，之间没有相互接触的滑环、换向器等部件，如图 3-56 所示。其优点是结构简单、坚固、成本低；免维护、工作性能稳定、可靠性好，使用寿命长；较直流电机效率高、体积小、质量小；转矩脉动小、噪声小、转速极限高、响应快；可采用空气冷却或液体冷却方式，冷却速度快；对环境的适应性好，并能实现再生反馈制动。交流感应电机的最大缺点是逆变器结构复杂，且容易损坏。但是，随着电子技术的发展和调速方法的改进，交流感应电机的调速性能有较大的改善，逐渐赶超了直流电机。目前纯电动汽车较多采用交流感应电机作为驱动电机。

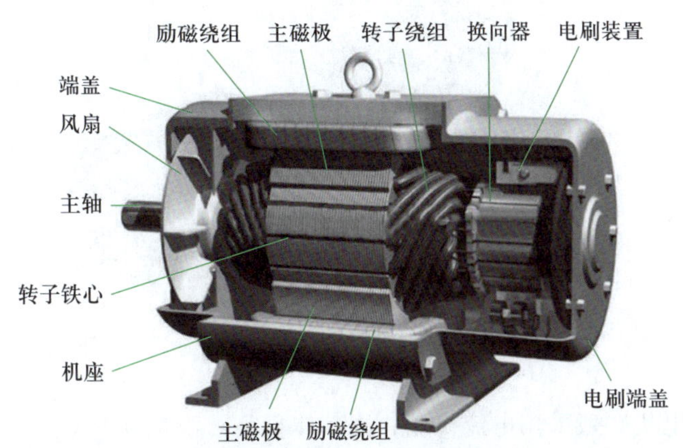

图 3-55 直流电机的结构

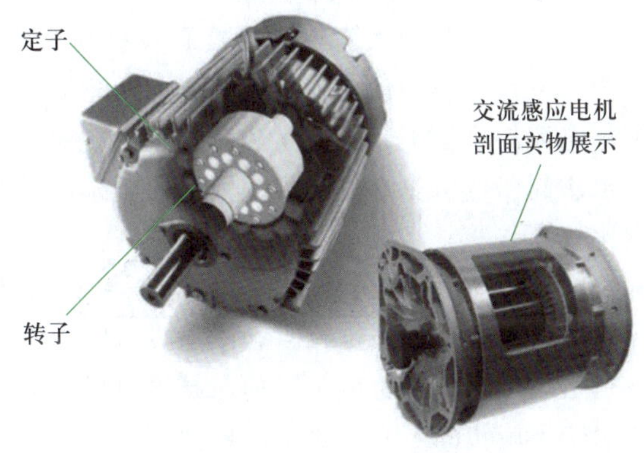

图 3-56 交流感应电机

由于交流感应电机不能直接使用动力电池供给的直流电，加上交流感应电机具有非线性输出特性。因此，在采用交流感应电机的纯电动汽车上，需要通过逆变器中的功率半导体器件，将直流电变为频率和幅值都可以调节的交流电来实现对交流感应电机的控制，控制交流感应电机旋转磁场的磁通量和转矩，从而改变交流感应电机的转速和输出转矩，来满足负载变化特性的要求，并获得高效率。交流感应电机的耗电量较大，转子容易发热，在高速运转时需要对交流感应电机冷却，否则会损坏电机。

(3) 永磁同步电机。永磁电机在制造电机的转子时加入了永磁体，使电机的性能得到了进一步的提升。同步则是指定子绕组通入交流电以后产生旋转磁场，与转子自带的磁场产生相互作用，推动转子围绕轴心线旋转，在这个过程中转子的转速与定子绕组的电流频率始终保持一致。因此，通过控制输入电机定子绕组的电流的频率，就可以控制纯电动汽车的车速。永磁同步电机结构如图 3-57 所示。

图 3-57 永磁同步电机结构

永磁同步电机一般采用电流控制，因其体积小、调频范围宽、功率密度和效率高、惯性小、响应快等优点，比较适合于纯电动汽车，但是其价格高，同时大功率的永磁同步电机做到体积小、质量小很困难。随着电子技术的不断发展、进步，使得永磁同步电机成本不断下降，其最大优点就是具有较高的功率密度和转矩密度，因此永磁同步电机成为广大汽车制造商的首选。但是，永磁同步电机转子上的永磁材料在高温、振动和过电流的条件下，会产生磁性衰退的现象，叫作退磁。所以在复杂的工作条件下，永磁同步电机更容易发生损坏。而且永磁材料价格较高，整个电机和控制系统成本比较高。

（4）开关磁阻电机。开关磁阻电机作为一种新型电机，它结构简单，定子、转子均为普通硅钢片叠压而成的双凸极结构，转子上没有绕组，定子上装有简单的集中绕组。它是利用磁阻最小原理，也就是磁通总是沿着磁阻最小的路径闭合，利用齿极间的吸引力拉动转子旋转的。开关磁阻电机如图 3-58 所示。

图 3-58 开关磁阻电机

开关磁阻电机结构简单，使用安全可靠；低速转矩大、起动转矩高、起动电流小；转子无绕组、工作效率高、调频范围宽，适合于频繁正反转及冲击载荷等工况条件。但是，因为开关磁阻电机有严重的转矩脉动，使电机的振动强、噪声大、非线性严重，且其逆变器结构复杂、价格高。目前该电机在纯电动汽车上应用较少。

（5）轮毂电机。轮毂是车轮的中央部分，轮毂电机是在车轮中央部分放置的电机，有时又称电动轮。轮毂电机技术的最大特点就是将动力、传动和制动装置都整合到轮毂内，因此将纯电动汽车的机械部分大大简化。

纯电动汽车传动装置的作用是将电机的驱动转矩传递给汽车的车轮，当采用轮毂电机驱动时，传动装置的多数部件常常可以省略。

因为电机可以带动负载起动，所以纯电动汽车上不需要燃油汽车的离合器。因为驱动电机的旋向可以通过电路控制实现变换，所以，纯电动汽车不需要燃油汽车变速器中的倒挡。当采用电机无级调速控制时，纯电动汽车可以省略燃油汽车的变速器。在采用轮毂电机驱动时，纯电动汽车还可以省略燃油汽车传动系统的差速器。

轮毂电机驱动系统根据电机转子形式主要分成低速外转子式和高速内转子式两种。

低速外转子式轮毂电机采用低速外转子结构，如图 3-59 所示，电机的最高转速范围为 1 000 ~ 1 500 r/min，无减速装置，车轮的转速与电机相同。若采用低速外转子电机，则可以去掉变速装置，外转子安装在车轮轮缘上，而且电机转速和车轮转速相等，不需要减速装置。

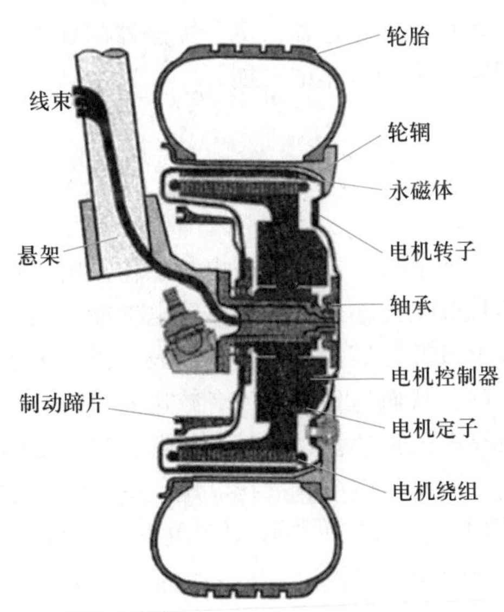

图 3-59　低速外转子式轮毂电机结构示意图

图 3-60 所示为通用开发的为 150 t 重型货车设计的高速内转子式轮毂电机。其采用高速内转子电机，配备固定传动比的行星齿轮减速机构，又称轮边减速器。为获得较高的功率密度，电机的转速可高达 10 000 r/min。高速内转子式轮毂电机在

功率密度方面比低速外转子式轮毂电机更有竞争力。电机的最高转速主要受线圈损失、摩擦损失以及变速机构的承受能力等因素的限制，所选用的行星齿轮减速机构的传动比一般为 10：1，而车轮的转速范围则降为 0～1 000 r/min。

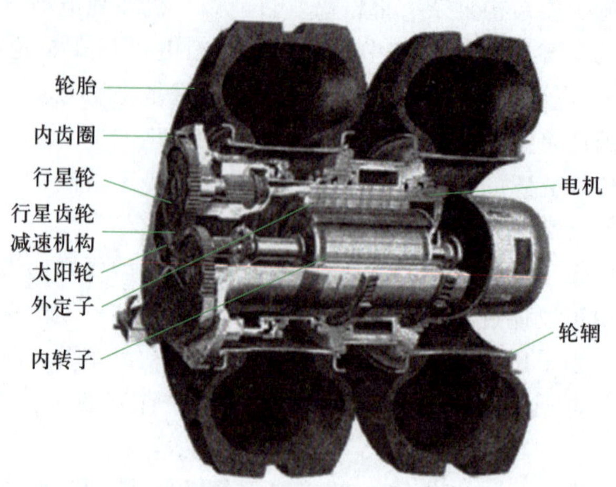

图 3-60 通用开发的为 150 t 的重型货车设计的高速内转子式轮毂电机

内、外转子式这两种轮毂电机在现代纯电动汽车上都有应用。对于纯电动汽车，如果采用双电机或者四个电机驱动，由于每个电机的转速可以有效地独立调节控制，实现电子差速，在这种情况下，纯电动汽车可以不用机械差速器。分析汽车行驶原理可以发现：如果纯电动汽车采用单电机驱动，就必须装机械差速器；而采用多电机驱动，就可以使用电子差速器。电子差速器的优点是在汽车转弯时可以实现精确的电子控制，提高纯电动汽车的性能。

三、电机控制系统

1. 电机控制器

微课
电机控制器
（MCU）

电机驱动汽车前行，而电机控制器控制电机工作。电机控制器由逆变器和控制器两部分组成。逆变器接收电池输送过来的直流电电能，逆变成三相交流电给电机提供电源，控制器接收电机转速等信号反馈到仪表。当发生制动或者加速时，控制器控制逆变器频率的升降，从而达到加速或者减速的目的。

电机控制器主要依靠电流传感器、电压传感器、温度传感器、旋转变压器来进行电机运行状态的监测，根据相应参数进行电压、电流的调整控制以及其他控制功能的完成。电流传感器用于检测电机工作实际电流，包括母线电流、三相交流电流。电压传感器用于检测供给电机控制器工作的实际电压，包括动力电池电压、12 V 蓄电池电压。温度传感器用于检测电机控制系统的工作温度，包括 IGBT 模块的温度。旋转变压器用于测量转子的位置和转速。电机控制器上的连接器分为低压连接器和高压连接器。

2. 逆变器

逆变器将来自增压变换器的直流电变换为三相交流电以驱动电机；在减速或者

制动时，将来自电机的交流电转换为直流电给动力电池充电，实现制动能量回收。构成逆变器的重要功率电子元件是 IGBT（绝缘栅双极型晶体管）。比亚迪逆变器实物图如图 3-61 所示。

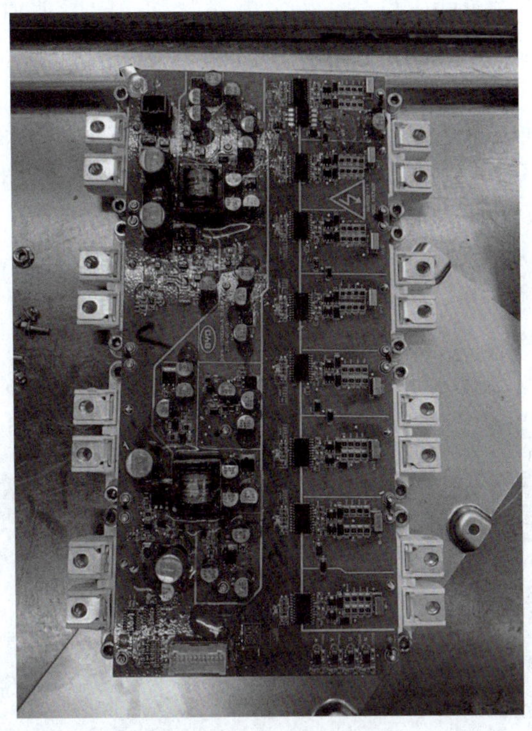

图 3-61 比亚迪逆变器实物图

（1）直流（DC）转交流（AC）原理/逆变原理。一般来说，逆变器是将直流电变换为交流电，或将交流电变换为直流电的设备。要将直流电变换为交流电，需要将 4 个不同的开关进行组合。改变开关的打开/关闭时间可以相应地改变频率。

（2）正弦波交流电的产生。逆变器输出的是正弦波交流电，而不是矩形波交流电，如图 3-62 所示。

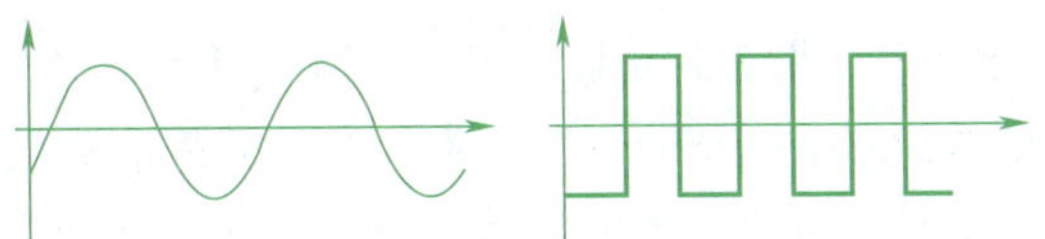

图 3-62 正弦波交流电和矩形波交流电波形

使用 6 个 IGBT 可产生正弦波交流电，3 个相位相距 120°。

① 电机运转时。根据转子（永久磁铁）的位置，IGBT 打开以产生适合转子位置的三相交流电，使转子运转。

② 进行再生制动时。车轮转动转子（永久磁铁），在相位 U、相位 V 和相位 W 内产生三相交流电压。三相交流电经二极管整流后为动力电池充电。

③ 进行零转矩控制时（电机运转和再生制动以外的情况），根据车辆行驶条件，电机转矩可能会降至零。如在水平路面上平稳行驶时，由于进行前置前驱，四轮驱动混合动力系统的电机既不驱动车轮，也不发电。但是，在此情况下，电机仍然转动。由于电机转动产生电压，电流开始流动。为了抵消电机产生的电压，IGBT 打开以产生反向电压，防止电流流动。

3. IGBT

IGBT 为英文 Insulated Gate Bipolar Transistor 的缩写，中文名称为绝缘栅双极型晶体管。它是电能变换与传输的核心元件，俗称电力电子装置的“CPU”，应用于直流电压为 600 V 及以上的变流系统，如轨道交通、智能电网、航空航天、电动汽车与新能源装备等领域。

微课

新能源汽车的核心 IGBT

在一台纯电动汽车中，IGBT 约占驱动系统成本的一半，而电机驱动系统占整车成本的 15% ~20%，也就是说 IGBT 占整车成本的 7% ~10%，是电池之外成本占比第二高的元件，也决定了整车的能源效率。而且除驱动系统外，整车包括高压充电机、空调系统等多个电气组件，均需使用 IGBT，如图 3-63 所示。

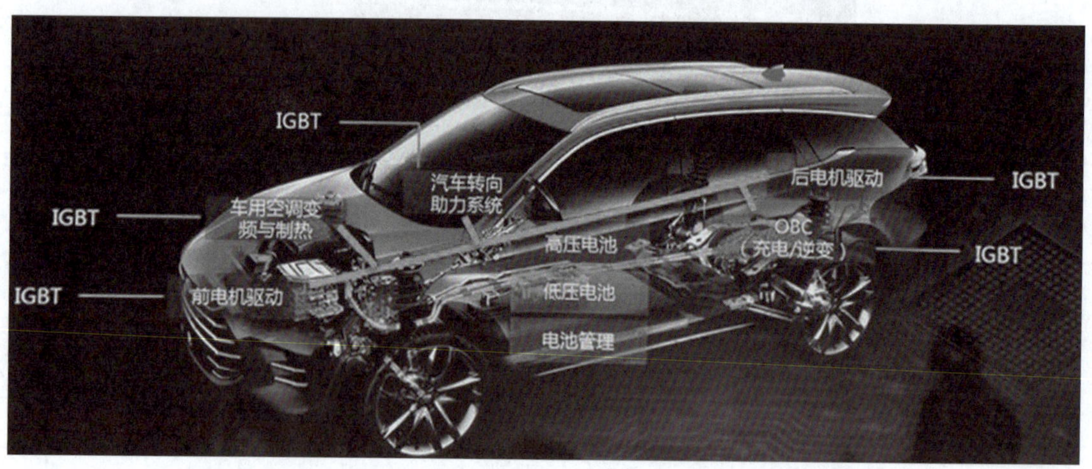

图 3-63 IGBT 在汽车上的使用

如图 3-64 所示，GTR 由 N^+、P、N^-、N^+ 四层半导体组成，无 SiO_2 绝缘层；MOSFET 由 N^+、P、N^-、N^+ 四层半导体组成，但有 SiO_2 绝缘层；IGBT 由 N^+、P、N^-、N^+、P^+ 五层半导体组成，有 SiO_2 绝缘层；图中黑色箭头代表正电子，白色箭头代表负电子，仅有电子流动的为单极性管，有正负电子流动的为双极性管。

GTR 是 C（Collector，集电极）、B（Base，基极）、E（Emitter，发射极）三个电极，如在图 3-64（a）的 GTR 中 B、E 间通过一个小电流，则在 C、E 间有大电流流过，是电流放大电流的器件。

MOSFET 是 D（Drainage，漏极）、G（Gate，栅极）、S（Source，源极）三个极，如在图 3-64（b）的 MOSFET 中 G、S 间施加一个电压，则在 D、S 间有大电流流过，是电压放大电流的器件。

IGBT 是 C（Collector，集电极）、G（Gate，栅极）、E（Emitter，发射极）三

个极，如在图 3-64（c）的 IGBT 中 G、E 间施加一个电压，则在 C、E 间有大电流流过，是电压放大电流的器件。

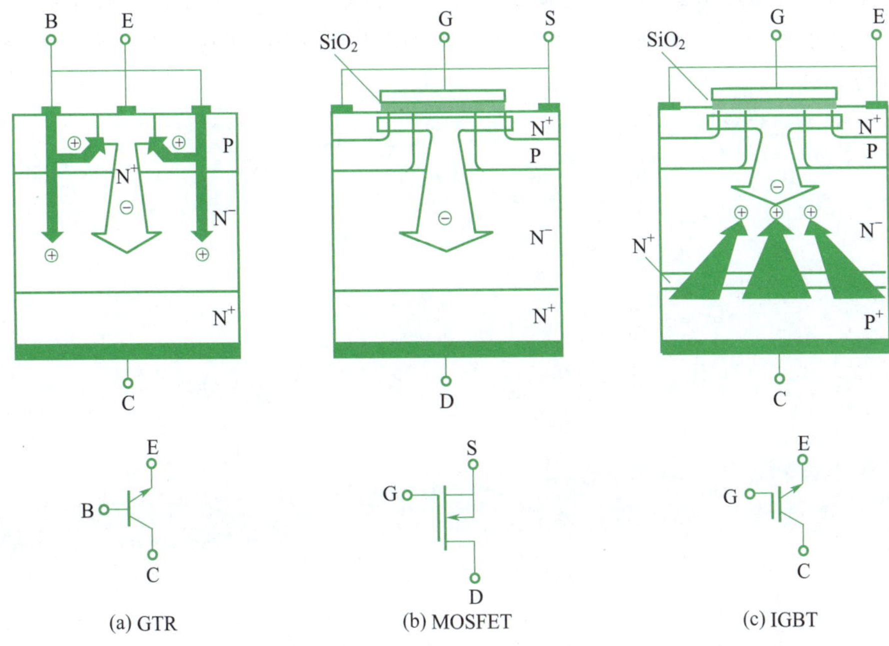

图 3-64 电子元件结构

IGBT 是 GTR 和 MOSFET 的复合。IGBT 是通过栅极驱动电压来控制的开关晶体管，工作原理同 MOSFET 相似。GTR 饱和压降小，载流密度大，但驱动电流也较大。MOSFET 驱动功率很小，开关速度快，但导通压降大，载流密度小。IGBT 综合了 GTR 和 MOSFET 两种元件的优点，驱动功率小而饱和压降低。

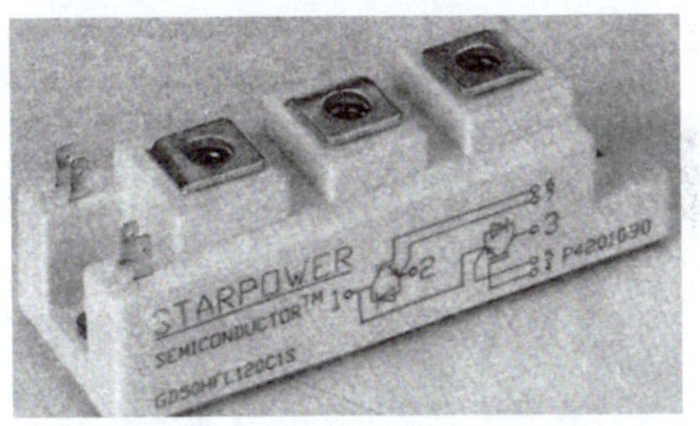

图 3-65 IGBT 功率模块

图 3-65 所示为两单元 IGBT 功率模块，在模块内部有两个 IGBT 功率开关。

拓展迁移

自主汽车品牌发布 IGBT 4.0 芯片

数据显示，2017 年中国芯片进口额超过 2 600 亿美元，已取代原油（原油进口额 1 500 亿美元）成为中国第一大进口商品。随着我国各种科技设备的芯片算力要求越来越高，提升芯片自给自足程度已经迫在眉睫。比亚迪十年磨一剑，成功研制并发布 IGBT 4.0 芯片，意义非常重大。

其实早在2005年，比亚迪就组建IGBT研发团队，正式进军IGBT领域。2009年，比亚迪IGBT芯片成功通过中国电器工业协会电力电子分会组织的科技成果鉴定，标志着我国在IGBT芯片技术上实现零的突破，打破了国际巨头的技术垄断。经过十余年耕耘，比亚迪成功研发出全新的车规级IGBT 4.0芯片，成为车规级IGBT的标杆。

主题 5　典型纯电动汽车

课堂导入

红旗纯电动出租车亮相吉林

2021 年 11 月 11 日，一汽红旗新能源换电出租车投运仪式在一汽集团举行，为引领健康出行、建设绿色吉林提供强大助力。这批红旗新能源换电出租车是由我国一汽自主研发的 E-QM5 型新能源汽车，如图 3-66 所示。这款车采用换电补能方式，结合新能源换电站，可实现车辆驶入电站到换电完成不超过 1 min，搭载最大功率 100 kW 的电动机，NEDC 续驶里程 431 km，搭载 55 kW · h 的磷酸铁锂电池组，0 ~ 100 km/h 加速时间为 9.5 s。

图 3-66　红旗纯电动出租车

学习内容

一、吉利帝豪 EV500

帝豪 EV500 是吉利生产的纯电动车型，如图 3-67 所示。动力方面，帝豪 EV500 搭载了一台最大功率为 120 kW、最大扭矩为 250 N · m 的永磁同步电机，动力电池容量有 62 kW · h 和 52 kW · h 两种版本，分别对应的 NEDC 续航里程为 500 km 和 400 km，能耗水平可达 13 kW · h/100 km。帝豪 EV500 的性能参数见表 3-3。

二、蔚来 ES8

蔚来 ES8 是蔚来生产的纯电动车型，如图 3-68 所示。蔚来 ES8 是蔚来的量产车型，其中“E”代表“电动”，“S”代表“SUV”，“8”代表性能等级。

图 3-67 帝豪 EV500

表 3-3 帝豪 EV500 的性能参数

配置名称	具体参数
长×宽×高/(mm×mm×mm)	4 631×1 789×1 495
轴距/mm	2 650
续驶里程/km	400 或 500（根据电池容量）
充电时间	30 min（60 kW 快充 30% ~80%），9 h（6.6 kW 家用慢充桩）
变速器	单级减速器
电机类型	永磁同步电机
电机峰值功率/kW	120
最高车速/(km/h)	140
0 ~ 100 km/h 加速时间/s	≤9.3
动力电池类型	三元锂电池+ITCS 3.0 电池智能温控管理系统
动力电池容量/(kW · h)	52 或 62
整备质量/kg	1 570

图 3-68 蔚来 ES8

ES8 采用全铝车身架构，铝合金应用率达 96.4%。ES8 配备高性能感应+永磁电机，最大功率为 400 kW，0 ~ 100 km/h 加速仅 4.9 s。

蔚来 ES8 的性能参数见表 3-4。

表 3-4 蔚来 ES8 的性能参数

配置名称	具体参数
长×宽×高/(mm×mm×mm)	5 022×1 962×1 756
轴距/mm	3 010

续表

配置名称	具体参数
续驶里程/km	450
充电时间	直流充电 0.6 h，交流充电 11.5 h
变速器	单级减速器
电机类型	感应+永磁电机
电机峰值功率/kW	400
最高车速/(km/h)	200
0～100 km/h 加速时间/s	4.9
动力电池类型	三元锂电池
动力电池容量/(kW·h)	75
整备质量/kg	2 425

三、特斯拉 Model 3

Model 3 是特斯拉生产的纯电动车型，如图 3-69 所示。Model 3 车身架构采用钢铝混合金属材质，保证各部位的支撑强度。Model 3 分为 Performance 高性能版和后驱版，其中 Performance 高性能版搭载双电机全轮驱动、19 英寸零重力高性能轮毂和高级制动系统，0～100 km/h 加速时间 3.3 s。特斯拉 Model 3（2022 款 后轮驱动版）的性能参数见表 3-5。

图 3-69 特斯拉 Model 3

微课 特斯拉车型介绍

表 3-5 特斯拉 Model 3（2022 款 后轮驱动版）的性能参数

配置名称	具体参数
长×宽×高/(mm×mm×mm)	4 694×2 088×1 443
轴距/mm	2 875
续驶里程/km	556
充电时间	快充：1.0 h，慢充：10.0 h
变速器	单级减速器
电机类型	永磁同步电机
电机峰值功率/kW	194
最高车速/(km/h)	225

续表

配置名称	具体参数
0～100 km/h 加速时间/s	6.1
动力电池类型	磷酸铁锂电池
动力电池容量/(kW·h)	60
整备质量/kg	1 625

四、大众 ID.4

大众 ID.4 车型是大众最畅销的纯电动车型之一，如图 3-70 所示。作为大众品牌首款纯电动 SUV，ID.4 由 ID.CROZZ 概念车发展而来。ID.4 的性能参数见表 3-6。

图 3-70 大众 ID.4

表 3-6 大众 ID.4 的性能参数

配置名称	具体参数
长×宽×高/(mm×mm×mm)	4 592×1 852×1 629
轴距/mm	2 765
续驶里程/km	425
充电时间	快充 0.5 h，慢充 8 h
变速器	单级减速器
电机类型	永磁同步电机
电机峰值功率/kW	125
最高车速/(km/h)	160
动力电池类型	三元锂电池
电池容量/(kW·h)	55.7
动力电池温控方式	智能液态冷却和低温加热管理系统

五、保时捷 Taycan

保时捷 Taycan 是保时捷的首款纯电动量产四门跑车，延续了跑车的造型设计、动力特性、操控感受、驾驶乐趣、制造标准，如图 3-71 所示。

保时捷 Taycan 驱动方式为后驱，其性能参数见表 3-7。

图 3-71　保时捷 Taycan

表 3-7　保时捷 Taycan 的性能参数

配置名称	具体参数
长×宽×高/(mm×mm×mm)	4 963×1 966×1 395
轴距/mm	2 900
续驶里程/km	430
充电时间	快充 0.5 h，慢充 9 h
电机类型	永磁同步电机
电机峰值功率/kW	240
最高车速/(km/h)	230
0～100 km/h 加速时间/s	5.4
动力电池类型	三元锂电池
动力电池总容量/(kW·h)	79.2

拓展迁移

你了解国产新势力新能源汽车品牌的“三驾马车”吗

蔚来、理想、小鹏被称为国产新势力新能源汽车品牌的“三驾马车”。

蔚来 2014 年创立于上海，致力于为用户创造愉悦的生活方式，打造全球范围内的“用户品牌”。2020 年 4 月 29 日，合肥的几家企业正式与蔚来汽车签订合作协议，蔚来的总部也正式落户合肥。目前该品牌量产纯电动车型有 ES8、ES6、EC6、ET5、ET7 等。

理想是我国新能源汽车制造商，设计、研发、制造和销售豪华智能电动汽车，创立于 2015 年 7 月。理想汽车的独到之处，在于它第一次将“增程式”这个概念带到了国内的电动车品牌上，增程式发动机与电池组共同作用，使电动机的输出更加强劲。目前该品牌量产车型有理想 L7、理想 L8、理想 L9 等。

小鹏成立于 2014 年，总部位于广州。小鹏以极致的互联网汽车产品为基础，致力于应用新的技术、工艺和商业模式，造年轻人喜爱的汽车。目前该品牌量产纯电动车型有小鹏 G3i、G9、P5、P7i 等。

复习巩固

1. 选择题。

（1）与传统燃油汽车相比，纯电动汽车有哪些优点？（　　）

A. 无污染、噪声小　　B. 结构简单，维修方便

C. 能量转换效率低　　D. 使用成本低

（2）纯电动汽车的简称是（　　）。

A. PHEV　　B. EV　　C. HEV　　D. FCV

（3）底色为绿色 D 开头的号牌代表（　　）。

A. 纯电动小型新能源汽车　　B. 非纯电动小型新能源汽车

C. 纯电动大型新能源汽车　　D. 非纯电动大型新能源汽车

（4）纯电动汽车空调加热主要靠（　　）。

A. 电动空调压缩机　　B. PTC

C. 发动机　　D. 驱动电机

（5）纯电动汽车制冷主要靠（　　）。

A. 电动空调压缩机　　B. PTC

C. 发动机　　D. 驱动电机

（6）车载充电机的作用是（　　）。

A. 将动力电池高压直流电变换成低压直流电

B. 与充电桩通信

C. 将外部交流电变换成直流电

D. 与整车控制器通信

（7）DC/DC 将直流高压电变换成（　　）的直流电压。

A. 12 V　　B. 24 V　　C. 36 V　　D. 48 V

（8）目前纯电动汽车的驱动方式有（　　）。

A. 前驱　　B. 后驱　　C. 四驱　　D. 无法判断

（9）电机控制器的英文缩写是（　　）。

A. PNP　　B. MCU　　C. NPN　　D. PDU

（10）（　　）将来自增压变换器的直流电变换为三相交流电以驱动电机；反之，将来自电机的交流电变换为直流电。

A. 升压变换器　　B. 变压器

C. 换向器　　D. 逆变器

（11）构成逆变器的重要功率电子元件是（　　）。

A. IGBT　　B. NPN　　C. FET　　D. GTO

（12）一般来说，逆变器要将直流电变换为交流电，需要将（　　）个不同的开关

组合。

A. 5　　B. 4　　C. 3　　D. 2

2. 判断题。

(1) 驱动电机只能将电源的电能转换为机械能，通过传动装置驱动车轮。 (　)

(2) 直流电机具备技术成熟、控制方式简单、调速优良的特点，目前被广泛地用作新能源汽车的车用电机。 (　)

(3) 电动汽车比燃油汽车面世要早。 (　)

(4) 帝豪 EV500 中的 500 代表汽车的排量。 (　)

(5) 升压变换器将动力电池的电压升高，升高后的电压进入逆变器；反之，降低电机产生的电压以便为动力电池充电。 (　)

(6) DC/DC 变换器将 HV 蓄电池电压从直流高压变换至直流低压（通常为14 V）以为辅助蓄电池充电。 (　)

3. 什么是纯电动汽车？

4. 纯电动汽车有哪些优缺点？

5. 纯电动汽车与传统燃油汽车有哪些区别？

6. 补全图 3-72 所示纯电动汽车电气结构简图。

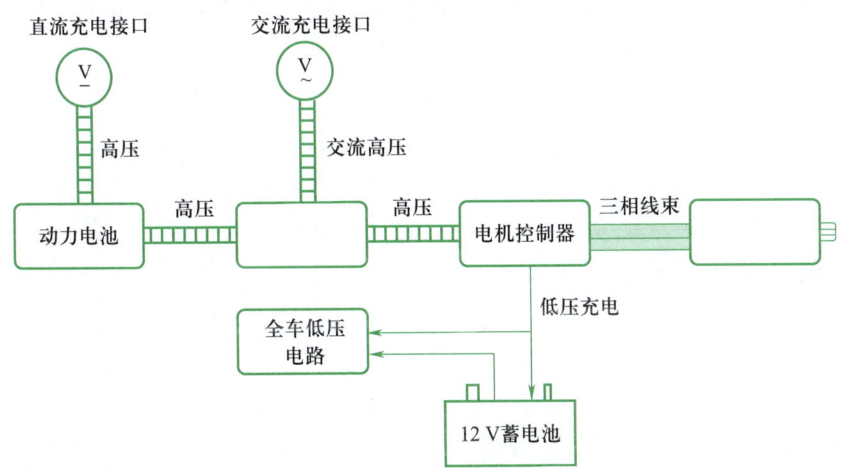

图 3-72　纯电动汽车电气结构简图

7. 纯电动汽车的关键技术有哪些？

8. 列举典型的纯电动车型。

9. 简述锂离子电池的组成和工作原理。

10. 什么是电池的记忆效应？

11. 三元锂电池和磷酸铁锂电池各有什么特点？

12. 请描述动力电池的分类及其特点。

学习思考

1. 学习自评

请同学们结合个人学习情况，按照完全掌握、部分掌握和没掌握三个等级进行自我学习评价。

	完全掌握	部分掌握	没掌握
（1）纯电动汽车概念及分类	□	□	□
（2）纯电动汽车市场现状	□	□	□
（3）纯电动汽车与燃油汽车区别	□	□	□
（4）纯电动汽车技术特点与结构组成	□	□	□
（5）纯电动汽车关键技术	□	□	□
（6）典型纯电动汽车	□	□	□

2. 个人收获及思考

同学们通过对本单元的学习，在知识、技能与素质方面都有什么收获呢？是否还存在什么问题？思考一下，记录下来吧！

（1）知识：

____

____

____

（2）技能：

____

____

____

（3）素质：

____

____

____

（4）存在问题：

____

____

____

单元四

燃料电池汽车与其他能源动力汽车

随着全球汽车保有量的迅速增长，通过加强技术创新、跨产业协同融合等规划，加快推动实现汽车产业在清洁能源技术发展大背景下的转型和变革，是现代汽车发展的重中之重。我国于 2016 年就已明确提出将“节能与新能源汽车”作为重点发展领域。

其他能源动力汽车主要指以天然气为主要能源的燃气燃料汽车、以生物醇类为能源的生物燃料汽车、以氢燃料为能源的氢燃料汽车以及以太阳能为能源的太阳能汽车。目前，以天然气和甲醇为燃料的清洁、节能汽车在我国已得到广泛运用。天然气和甲醇同为理想的低污染车用燃料，排放的污染物和二氧化碳水平均较低，但在政策分类上，不属于享受国家及地方政府政策补贴的新能源汽车。

你对燃料电池汽车和其他能源动力汽车了解多少呢？下面让我们一起开始学习吧。

学习指引

本单元主要学习燃料电池汽车与其他能源动力汽车，学习思维导图如图 4-1 所示。

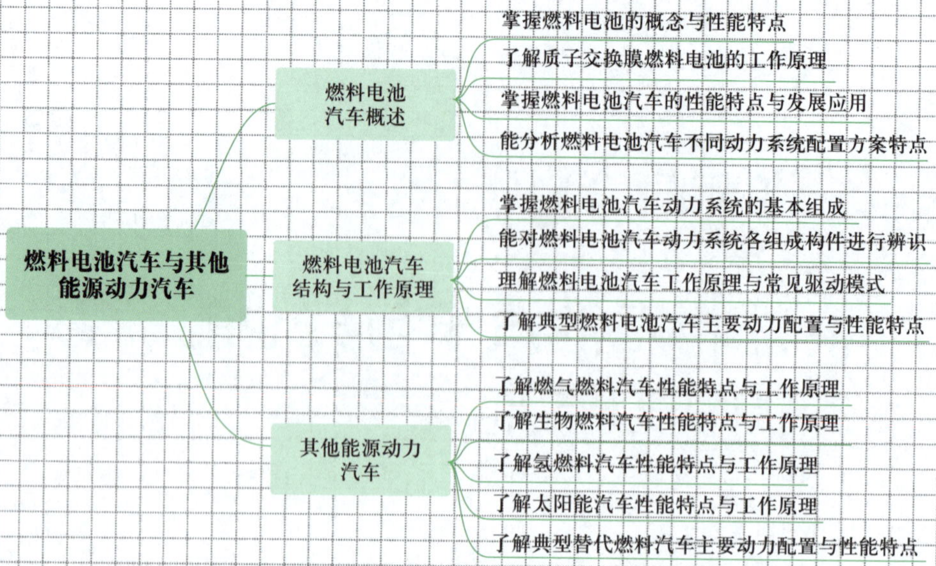

燃料电池汽车与其他能源动力汽车

- 燃料电池汽车概述
  - 掌握燃料电池的概念与性能特点
  - 了解质子交换膜燃料电池的工作原理
  - 掌握燃料电池汽车的性能特点与发展应用
  - 能分析燃料电池汽车不同动力系统配置方案特点
- 燃料电池汽车结构与工作原理
  - 掌握燃料电池汽车动力系统的基本组成
  - 能对燃料电池汽车动力系统各组成构件进行辨识
  - 理解燃料电池汽车工作原理与常见驱动模式
  - 了解典型燃料电池汽车主要动力配置与性能特点
- 其他能源动力汽车
  - 了解燃气燃料汽车性能特点与工作原理
  - 了解生物燃料汽车性能特点与工作原理
  - 了解氢燃料汽车性能特点与工作原理
  - 了解太阳能汽车性能特点与工作原理
  - 了解典型替代燃料汽车主要动力配置与性能特点

图 4-1 燃料电池汽车与其他能源动力汽车学习思维导图

主题 1　燃料电池汽车

课堂导入

北京冬奥会：燃料电池汽车使用知多少

在碳达峰、碳中和“双碳”大目标下，2022 年北京冬奥会成为首个真正实现碳中和的奥运赛事。根据冬奥会组委会数据：本届冬奥会示范运营 1 000 多辆氢燃料电池汽车、30 多个加氢站，车型包括氢燃料电池客车、氢燃料电池轿车、氢燃料电池特种车如雪蜡车等，如图 4-2 所示，创下了有史以来氢燃料电池汽车服务国际级运动赛事规模最大、车型数量最多的纪录，有力推动了我国氢燃料电池汽车市场的发展与应用，是我国氢能源利用和实现碳中和目标的重要里程碑。

(a) 氢燃料电池客车

(b) 氢燃料电池雪蜡车

图 4-2　2022 年北京冬奥会用氢燃料电池汽车

学习内容

一、燃料电池概述

1. 燃料电池概念

燃料电池（Fuel Cell）是指直接将燃料的化学能转换为电能的发电装置。燃料电池可以使用多种燃料，包括氢气、一氧化碳以及比较轻的碳氢化合物，氧化剂通常使用纯氧或空气。

目前常用车用燃料电池就是氢燃料电池，是一种把氢氧化学能转换成电能的电化学装置。图 4-3 所示为氢燃料电池发电示意图，将氢燃料和空气分别送入燃料

微课
燃料电池基本原理

电池后，就可从其正极和负极输出电能。作为发电装置，它没有传统发电装置上的原动机来驱动发电装置，而是由燃料同氧化剂反应的化学能直接转换为电能，只要不中断供应燃料，它就可以不停地发电。因此，其续驶里程高低主要取决于燃料的储备容量。

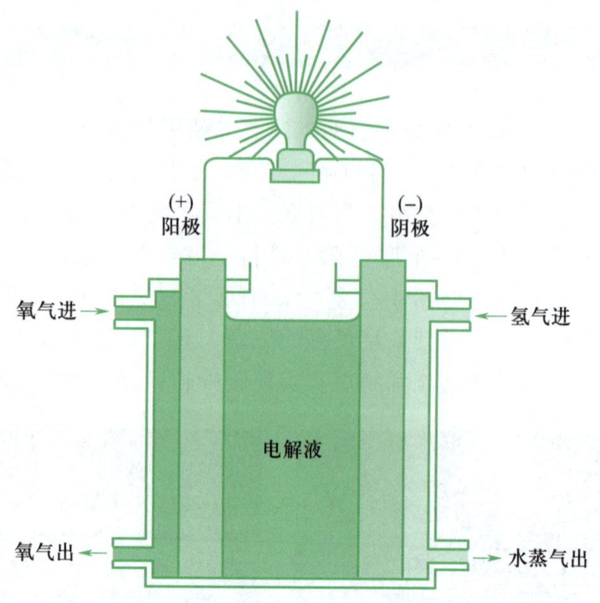

图 4-3 氢燃料电池发电示意图

由于靠氢和氧提供电能给燃料电池，所以燃料电池本身不会产生任何碳排放，排放的只有水和热量。同时，氢燃料电池发电效率高、环境污染少；能量转换效率高；负荷响应快，燃料电池在数秒内就可以从最低功率变换到额定功率。因此，从节约能源和保护生态环境等角度来看，燃料电池都是很有发展前途的发电技术。

但是由于燃料电池造价偏高，反应/起动性能较差，碳氢燃料无法直接利用和氢气储存技术达不到要求等原因，在一定程度上影响了燃料电池的推广应用，燃料电池汽车产业化尚需时日。

微课
燃料电池基本类型

2. 典型燃料电池结构与工作原理

现代车用燃料电池的类型很多，最适合车用的燃料电池是质子交换膜燃料电池，也称为 PEM（Proton Exchange Membrane）燃料电池。

微课
质子交换膜燃料电池特点

PEM 燃料电池的结构如图 4-4 所示，主要由质子交换膜、气体扩散层、催化剂层、石墨双极板等组成。在燃料电池内部，质子交换膜为质子的迁移和输送提供通道，使得质子经过膜从阳极到达阴极，与外电路的电子转移构成回路，向外界提供电流。因此，质子交换膜的性能对燃料电池的性能起着非常重要的作用，其性能的好坏直接影响燃料电池的使用寿命。

质子交换膜燃料电池使用氢气作为燃料，空气或者纯氧作为氧化剂，铂/碳作为催化剂，是通过电极—电解质系统以及氧化还原反应，将储存在燃料中的化学能量直接转换为电能量的装置。

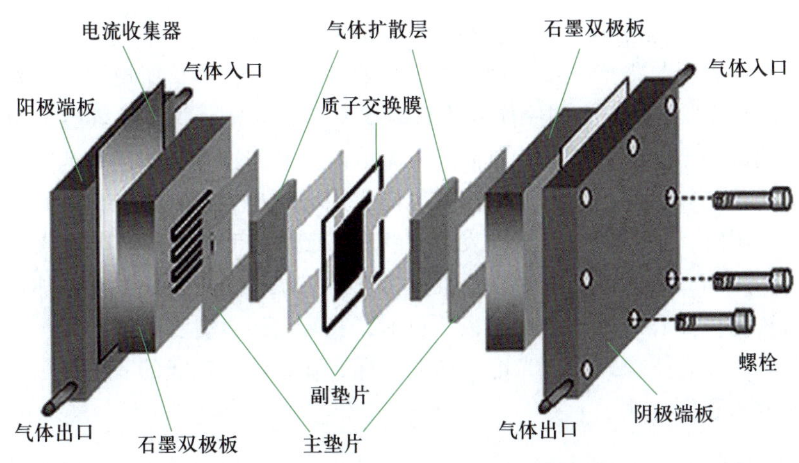

图 4-4　PEM 燃料电池结构图

如图 4-5 所示，氢气在阳极催化剂作用下离化为两个氢离子（质子），并释放出两个电子。氢离子经由质子交换膜来到阴极，电子经由外部电路的负载做功后来到阴极，两者在阴极催化剂作用下与氧气发生化学反应产生水和热量。工作时，燃料电池相当于一个直流电源，其阳极即电源负极，阴极为电源正极，电子在整个流通过程中不断产生电流，进而产生用于工作的电能。

质子交换膜燃料电池结构

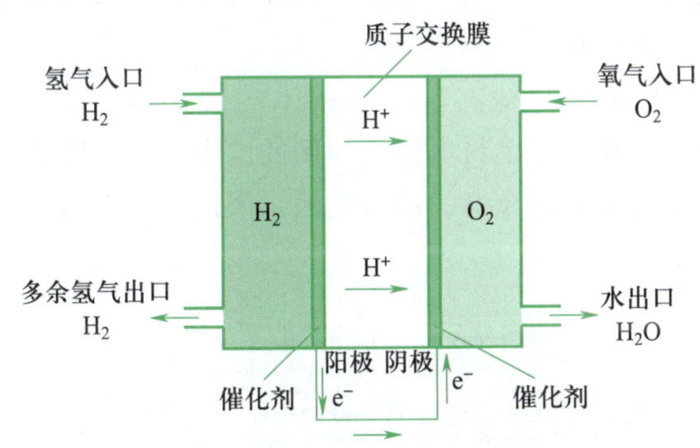

图 4-5　质子交换膜燃料电池工作原理示意图

3. 燃料电池的发展应用

我国对燃料电池技术的研究与开发可追溯到 20 世纪 60 年代，目前我国已经形成从基础研究到示范演示的格局，初步形成一支由高等院校、科研院所、石油化工及汽车工业等部门为主的从事氢能研究、开发和应用的专业队伍。

近年来，我国在燃料电池方面的投入也不断加大，经过三个“五年规划”及“863”等科技项目攻关，基本建立起具有自主知识产权的燃料电池轿车与燃料电池城市客车动力系统技术平台，也初步形成了燃料电池发动机、动力电池、DC/DC 变换器、驱动电机、供氢系统等关键零部件的配套研发体系。目前，我国燃料电池汽车正处于商业化示范运行考核与应用的阶段，已在北京奥运燃料电池汽车规模示范、上海世博燃料电池汽车规模示范、联合国开发计划署（UNDP）燃料电池城市客车示范等示范应用中取得了相对良好的社会效益。

作为我国首个氢能产业中长期规划，《氢能产业发展中长期规划（2021—2035年）》首次明确氢能是未来国家能源体系的重要组成部分，并明确氢能是用能终端实现绿色低碳转型的重要载体，氢能产业是战略性新兴产业和未来产业重点发展方向。在交通、储能、发电、工业这四大氢能应用领域中，燃料电池汽车是一个重要的突破口。同时，该规划中设定的发展目标是：到 2025 年，燃料电池汽车保有量将达到约 5 万辆，并同步部署建设一批加氢站，强调推动规模化发展，加快探索形成有效的氢能产业发展的商业化路径。目前，我国已经具备支持万辆级示范的产业基础。氢能产业有望像光伏、光电等产业一样，在政策和市场的双重作用下，逐步发展成为全球领先行业。

二、燃料电池汽车概念

微课
燃料电池汽车概念

燃料电池汽车（Fuel Cell Electric Vehicle，简称 FCEV）是以燃料电池系统作为单一动力源或者是以燃料电池系统与充电储能系统作为混合动力源的电动汽车，包括纯燃料电池汽车（Pure Fuel Cell Electric Vehicle，简称 Pure FCV）和燃料电池加上可充电储能系统作为混合动力源的电动汽车（Fuel Cell Lybrid Electric Vehicle，简称 FCHEV）。由于后者相对前者可以实现制动能量回收，可以实现更好的经济性和耐久性，因此被越来越多地采用，目前的燃料电池汽车大部分都是指氢燃料电池加动力电池的混合动力汽车。

微课
燃料电池电动汽车特点

如图 4-6 所示，纯燃料电池汽车（Pure FCV）与纯电动汽车（EV）比较，其能量储存与转换的不同在于纯燃料电池汽车用的电力来自车载燃料电池装置，纯电动汽车所用的电力来自由电网充电的动力电池。因此，纯燃料电池汽车的核心部件是燃料电池。

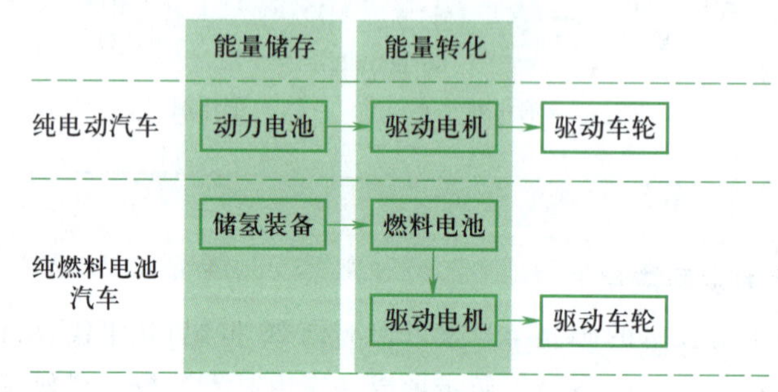

图 4-6　纯燃料电池汽车与纯电动汽车能量储存与转换对比示意图

微课
氢燃料电池汽车技术路线

氢燃料电池汽车既有传统燃油汽车续驶里程长、燃料加注时间短、环境适应性好的特点，又有零排放的优点，是替代传统燃油汽车的理想选择。而氢燃料电池汽车的基础设施建设逻辑和燃油汽车相似，可以借助现有加油站网络建设油氢合建站，节约运营管理成本，助力传统能源运营商向低碳转型。因此无论从交通减碳，还是从带动传统能源企业转型来看，氢燃料电池汽车都是当前我国推动能源转型升级的绝佳突破口。然而，氢燃料电池汽车最大的难题就是成本高，加之氢气的运输、储存难度大，氢气的储运换装会损耗约20%，使得其价格居高不下，这都使得近年来相比于纯电动汽车的高速发展，氢燃料电池汽车发展稍显迟滞。

三、燃料电池汽车类型

燃料电池汽车（FCEV）按燃料特点可分为直接燃料电池汽车和重整燃料电池汽车。直接燃料电池汽车的燃料主要是氢气；重整燃料电池汽车的燃料主要有天然气、甲醇、甲烷、液化石油气等。氢燃料电池汽车排放无污染，被认为是最理想汽车，但存在氢的制取和存储困难的缺点；重整燃料电池汽车的结构比氢燃料电池汽车复杂得多，在本单元不再介绍，本单元后续介绍的燃料电池汽车即指氢燃料电池汽车。

燃料电池汽车按氢燃料的存储方式可分为压缩氢燃料电池汽车、液氢燃料电池汽车和合金（碳纳米管）吸附氢燃料电池汽车。

燃料电池汽车按动力系统配置方案不同，可分为单一燃料电池（PFC）动力配置、燃料电池加蓄电池（FC+B）动力配置、燃料电池加超级电容（FC+UC）动力配置、燃料电池加蓄电池加超级电容器（FC+B+UC）动力配置和燃料电池加蓄电池加飞轮（FC+B+FW）动力配置共五种配置形式。

1. 单一燃料电池（PFC）动力配置方案

如图4-7所示，在单一燃料电池动力配置方案中，汽车只有燃料电池一个动力源，汽车的所有动力输出都由燃料电池承担。燃料电池系统将氢气与氧气反应产生的电能传给驱动电机，驱动电机将电能转化为机械能再传给传动系统，从而驱动汽车运行。燃料电池输出电压一般比纯电动汽车动力总线电压要低，为实现燃料电池输出电压与动力总线电压匹配，就需要一个DC/DC（直流/直流）变换器。同时，DC/DC变换器可以对燃料电池最大输出电流和功率进行控制，起到保护燃料电池系统的目的。

单一燃料电池动力配置方案

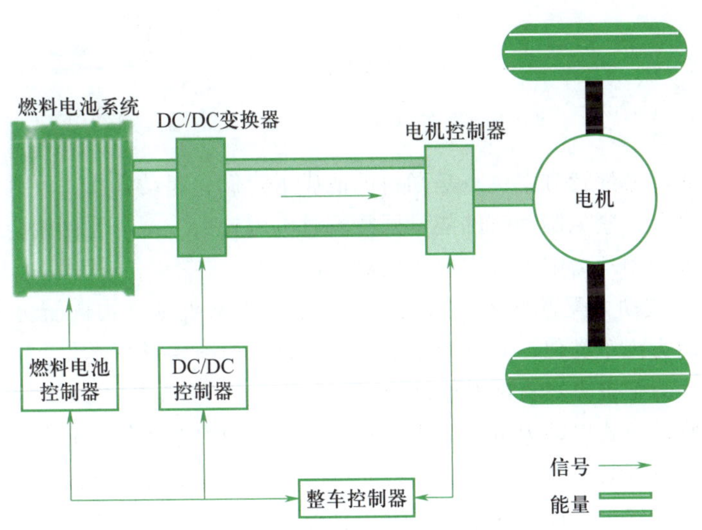

图4-7 PFC方案动力系统配置示意图

该动力配置方案动力系统结构简单，整车质量轻，控制相对容易实现；但对燃料电池功率要求高，成本高，且无法进行制动能量回收，故在实际中很少采用。

2. 燃料电池加蓄电池（FC+B）动力配置方案

微课

燃料电池加蓄电池动力配置方案

在燃料电池加蓄电池动力配置方案中，动力系统是一个典型的混合动力结构，它与传统混合动力结构的差别仅在于发动机是燃料电池而不是内燃机。在该动力配置方案中，燃料电池可以单独作用或与动力电池共同作用提供动力。目前，该动力配置方案为主流技术方案，该动力配置方案根据是否插电可分为不插电式动力配置和插电式动力配置两种。

（1）不插电式动力配置方案。图 4-8 所示为不插电式燃料电池加蓄电池动力配置方案中动力系统结构示意图。该动力系统中，燃料电池系统为主要动力源，动力电池配合燃料电池系统进行混合驱动。加速时，动力电池和燃料电池系统共同输出能量，保证整车的加速性能；制动时，蓄电池回收部分能量，此过程由电池管理系统控制。

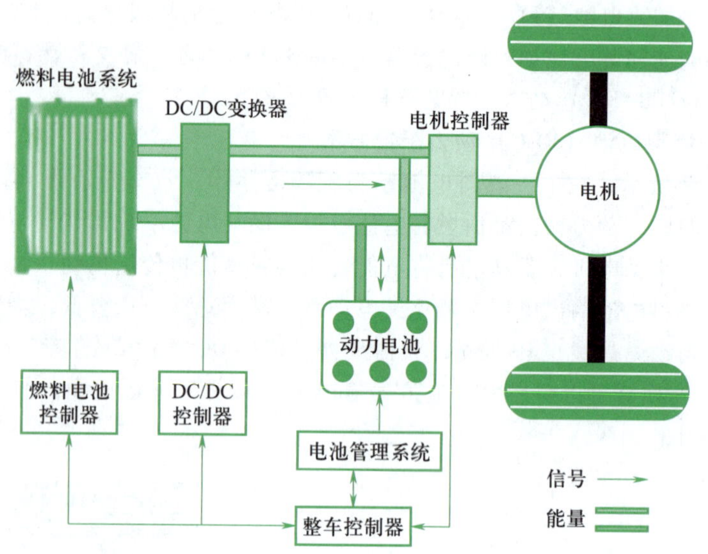

图 4-8 不插电式 FC+B 方案动力系统结构示意图

不插电式动力配置方案优点是燃料电池成本降低，起动容易，可靠性高；缺点主要是结构复杂，紧急制动时的能量回收瞬时电流较大，蓄电池可能会受到一定损伤。目前，该类型动力配置方案应用相对广泛。

（2）插电式动力配置方案。插电式燃料电池加蓄电池动力配置方案与传统的插电式混合动力汽车类似，其动力系统结构示意图如图 4-9 所示。

微课

插电式动力配置方案

插电式动力配置方案有两种驱动模式。

第一种驱动模式以动力电池为主要动力来源，动力电池外接充电器可以为动力电池充电。在行驶时，当动力电池需要充电时，燃料电池可自动接通给动力电池充电。与传统燃油汽车一样，这款车可以一直行驶到燃料耗尽为止。

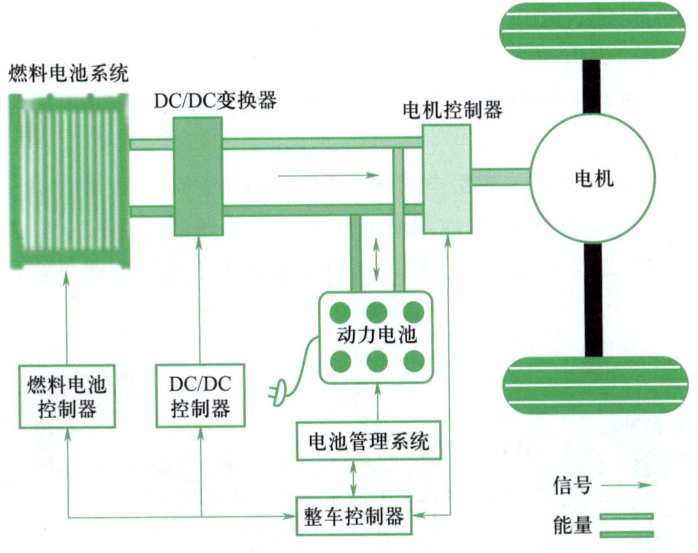

图 4-9 插电式 FC+B 方案动力系统结构示意图

第二种驱动模式以燃料电池驱动为主，辅助利用动力电池进行驱动。当动力电池电量不够时，可以通过外接充电器进行充电。

插电式动力配置方案能够发挥电动汽车低速性能好的特点，解决拥堵造成的车辆起步停车和排放问题的同时，可以通过适当匹配动力系统结构参数，很好地解决燃料电池汽车性能、应用和成本之间的矛盾，有很好的发展前景。

燃料电池加超级电容器动力配置方案

3. 燃料电池加超级电容器（FC+UC）动力配置方案

如图 4-10 所示，燃料电池加超级电容器动力配置方案中，动力系统结构和燃料电池加蓄电池动力配置方案中动力系统结构类似，只是把动力电池换成超级电容器。

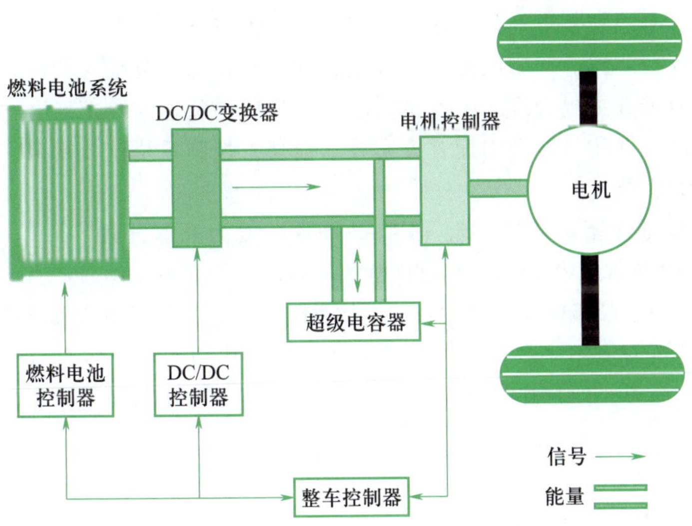

图 4-10 FC+UC 方案动力系统结构示意图

相较于动力电池，超级电容器充放电效率高、能量损失小、功率密度大、制动能量回收方面比动力电池有优势、循环寿命长，但超级电容器的能量密度较小，目前应用较少。随着超级电容器技术的不断发展，这种结构将成为一种新的重要研究方向。

4. 燃料电池加蓄电池加超级电容器（FC+B+UC）动力配置方案

如图 4-11 所示，燃料电池加蓄电池加超级电容器动力配置方案中，动力系统结构为并联式混合动力结构，系统中燃料电池、动力电池和超级电容器一起为驱动电机提供电能。

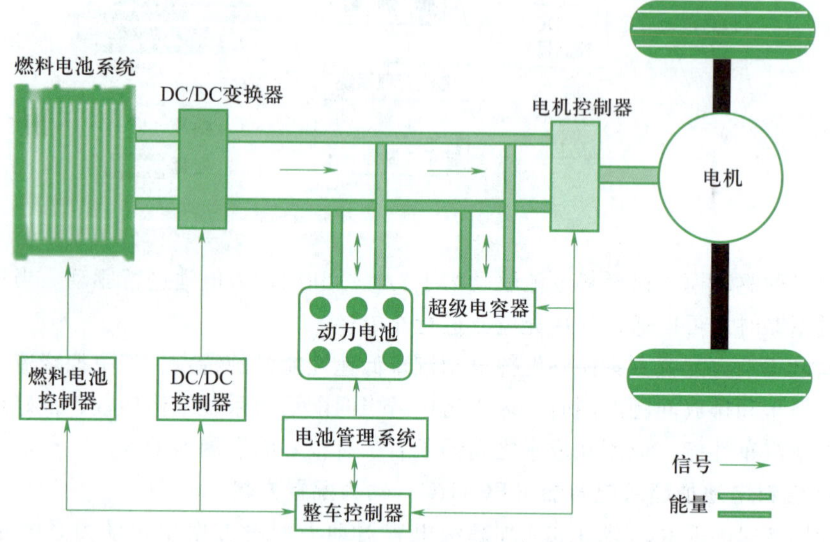

图 4-11 FC+B+UC 方案动力系统结构示意图

超级电容器可以在起动、加速时提供峰值电流，在紧急制动时回收峰值电流。因此，在燃料电池加蓄电池加超级电容器动力配置方案中，对燃料电池和动力电池的功率要求低，能减少动力电池的充放电次数，延长动力电池的持续工作时间以及使用寿命，能量分配更合理，电池负担小，是目前燃料电池汽车混合动力驱动的理想模式；不足之处就是该动力配置方案成本很高，控制系统比较复杂，参数匹配困难，技术不太成熟。

5. 燃料电池加蓄电池加飞轮（FC+B+FW）动力配置方案

如图 4-12 所示，燃料电池加蓄电池加飞轮动力配置方案中，动力系统结构和燃料电池加蓄电池加超级电容器动力系统结构类似，只是把超级电容器换成飞轮。

在该动力配置方案中，超高速飞轮的比能量、比功率、循环寿命、效率都比较高，而且维护简单。但是其制造成本高、控制困难，目前该动力配置方案应用很少。

四、燃料电池汽车结构组成与工作原理

1. 燃料电池汽车结构组成

如图 4-13 所示，常见混合式燃料电池汽车动力系统主要由燃料电池系统、辅

助动力源（如动力电池）、DC/DC 变换器、驱动电机、整车控制器等组成。如果采用交流电机，动力系统还包括逆变器。

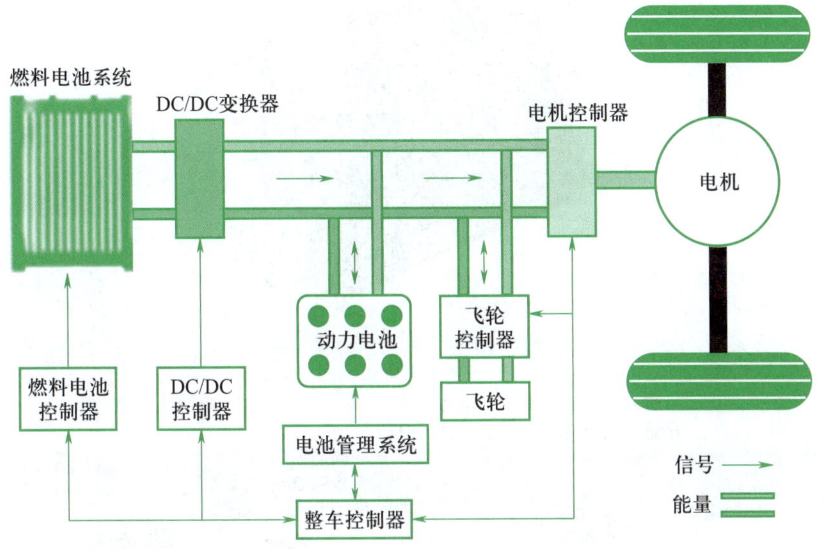

图 4-12　FC+B+FW 方案动力系统配置示意图

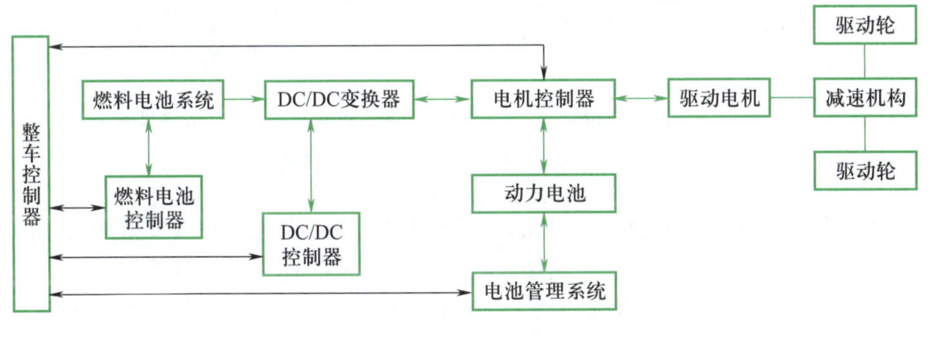

图 4-13　混合式燃料电池汽车动力系统组成示意图

（1）燃料电池系统。燃料电池系统，核心是燃料电池组（燃料电池反应堆栈）。单个燃料电池本身没有多少用途，因为它产生的电动势小于 1 V。应用在汽车上的燃料电池通常是把数百个燃料电池组合在一起做成一个燃料电池堆栈，如图 4-14所示。在这种布置中，燃料电池堆栈中的燃料电池首尾连接，包含约 400 多个电池，各燃料电池串联在一起，这样的燃料电池堆栈的总电压是每个单独燃料电池电压的总和。根据车辆所需要的输出功率及空间限制，有些燃料电池汽车使用多个燃料电池堆栈。

微课
燃料电池系统

燃料电池系统除了燃料电池堆栈之外，还配备了氢气供给系统、氧气供给系统、气体加湿系统、水循环及反应物生成处理系统等，用以确保燃料电池堆栈正常工作。图 4-15 所示是奥迪 A7 Sportback h-tron quattro 车型的氢燃料电池系统。

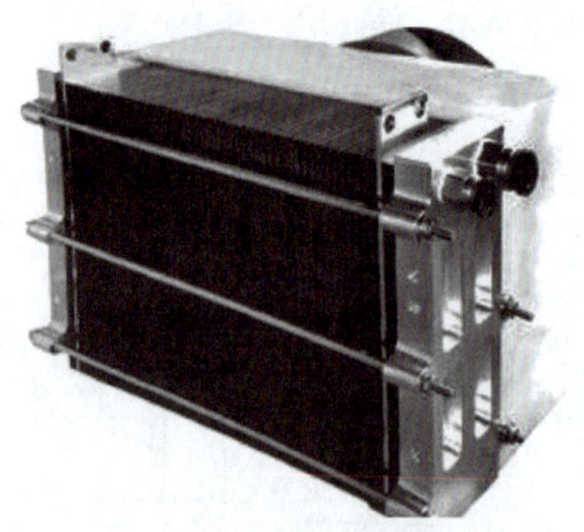

图 4-14 车用燃料电池堆栈

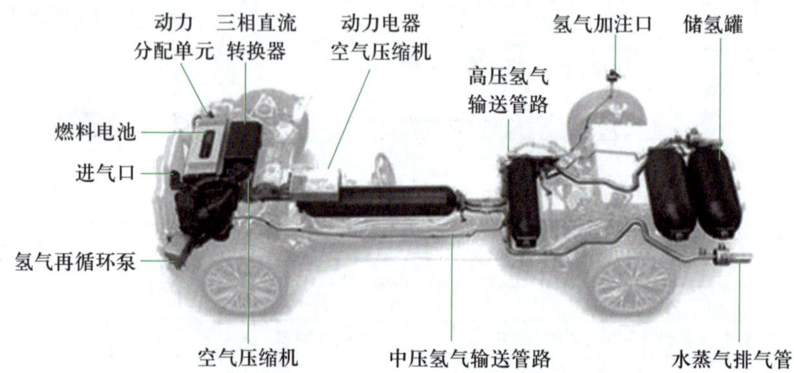

图 4-15 奥迪 A7 Sportback h-tron quattro 车型的氢燃料电池系统

氢气供给系统的功能包括氢的储存、管理和回收。由于气态氢要采用高压的方式储存，故燃料电池汽车需要使用多个高压储氢罐来储存所需的氢气。

微课
氢气的存储技术

氧气有纯氧和空气两种供给方式。当以纯氧的方式供给时，需要用氧气罐；当从空气中获得氧气时，需要用压缩机来提高压力，以确保供氧量，增加燃料电池反应的速度。空气供给系统除了需要有体积小、效率高的空气压缩机外，还需要配备相应的空气阀、压力表、流量表及管路，并对空气进行加湿处理，以确保空气具有一定的湿度。

在燃料电池反应过程中，会产生水和热量，需要通过水循环系统中的冷凝器加以冷凝并进行气水分离处理，部分水可用于反应气体的加湿。水循环系统还用于燃料电池的冷却，以使燃料电池保持在正常的工作温度。

只有当系统中各组成部分匹配恰当和运转正常，才能保证燃料电池系统正常运转，保证电能的输出。

微课
辅助动力源

（2）辅助动力源。除了以燃料电池为动力源，多数燃料电池汽车还配置了辅助动力源，常用的是动力电池、飞轮储能装置、超级电容器等，它们构成燃料电池汽车的双电源系统。

如图 4-16 所示，常见混合式燃料电池汽车动力系统辅助动力源为动力电池，动力电池与燃料电池可以采用并联或串联组合给全车用电设备供电。燃料电池可以只满足持续功率需求，借助动力电池提供加速、爬坡等所需的峰值功率，而且在制动时可以将回收能量储存在动力电池中。

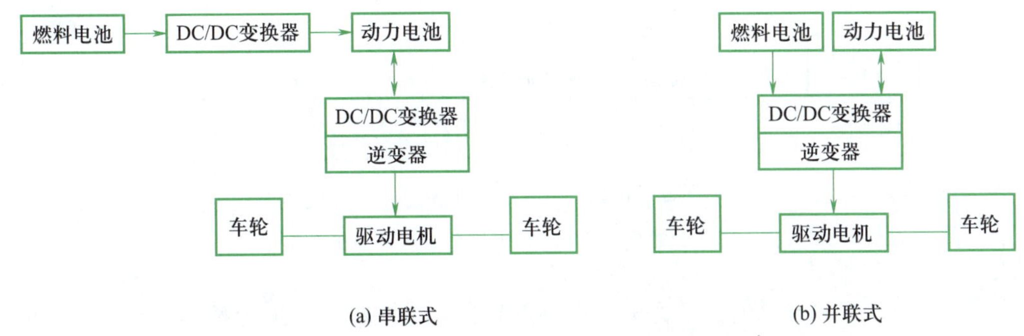

图 4-16　常见混合式燃料电池汽车双电源系统布置示意图

（3）DC/DC 变换器。燃料电池提供的是直流电，不能用外接电源充电，电流的方向只是单向流动；辅助动力源在充电和放电时，也是以直流电的形式流动，但电流的方向是可逆性流动。由于燃料电池输出电压不稳，需要在燃料电池与逆变器之间增加一个 DC/DC 变换器。燃料电池的输出电压通过 DC/DC 变换器，进行稳压和变换后，再提供给电机控制器，满足驱动电机需求。

（4）整车控制器（VCU）。燃料电池汽车的整车控制器包括燃料电池系统控制、DC/DC 变换器控制、辅助动力源控制和驱动电机控制等。燃料电池系统控制是控制燃料电池的燃料/氧化剂供给与循环系统及水、热管理系统，使燃料电池处于正常状态，能持续向外供电。DC/DC 变换器控制能通过调节 DC/DC 变换器的输出电压，使其满足驱动电机驱动电压的需求，并与辅助动力源的电压相匹配，协调燃料电池和辅助动力源的负荷。辅助动力源控制能对辅助动力源的充放电、SOC 等状态进行监控，使其正常工作，事先协助供电和回收制动能量。驱动电机控制的主要功能包括驱动电机转矩和转速的控制、驱动电机的再生制动控制以及过载保护控制。

微课
电子控制系统

（5）驱动电机。驱动电机将电源所提供的电能转换为电磁转矩，并通过传动装置驱动车辆行驶。与纯电动汽车和混合动力汽车一样，燃料电池汽车驱动电机可采用直流有刷电机、交流异步电机、交流同步电机、永磁无刷直流电机和开关磁阻电机等。

微课
驱动电机

2. 燃料电池汽车的工作原理

燃料电池汽车是电动汽车的一种，其核心部件是燃料电池。图 4-17 所示为双电源（FC+B）燃料电池汽车工作原理示意图。燃料电池系统将氢气和氧气反应产生的电能，通过电缆传给电机控制器，电机控制器控制驱动电机，促进其将电能转换为机械能，再通过传动系统和行驶系统驱动车辆行驶。

在具有双电源系统（FC+B）的燃料电池汽车上，驱动模式主要有以下四种形式。

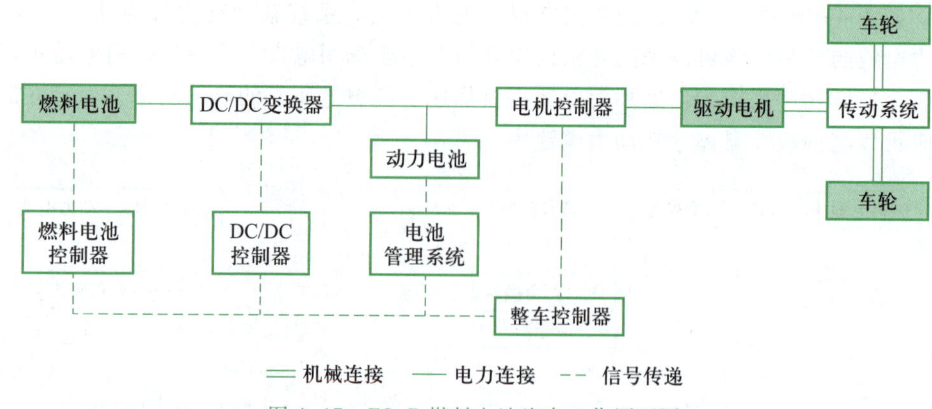

图 4-17 FC+B 燃料电池汽车工作原理图

① 车辆起动时，动力电池提供能量，并对燃料电池进行预热，带动燃料电池起动，或带动车辆起步。

② 车辆行驶时，由燃料电池提供车辆驱动所需全部电能，多余的电能储存到动力电池中。

③ 加速行驶、上坡、超车或重载时，由动力电池提供瞬时能量或持续协助燃料电池供电的方式来补充燃料电池汽车加速、上坡对电能的需要，使驱动电机获得足够的电能。

④ 下坡、遇红灯减速及非紧急制动时，控制器将驱动电机转换为发电机工作状态，车辆的动能转换为电能，通过向动力电池充电来实现制动能量回收。

五、典型燃料电池汽车

1. 丰田 Mirai 氢燃料电池汽车

Mirai 是丰田第一款量产的氢燃料电池汽车，应用了丰田燃料电池反应堆栈和高压氢储存技术。该燃料电池汽车的氢燃料加注只需约 3 min，加满后的续驶里程可以达到 500 km 以上。

微课
丰田 Mirai 整体介绍

（1）动力系统配置方案。如图 4-18 所示，Mirai 采用的是燃料电池加动力电池的动力配置方案。它是以燃料电池为主要核心组件的动力系统，燃料电池通过转换器与电路总线相连接，动力电池与燃料电池之间经过逆变器转化后将电能输送给驱动电机，该车动力系统能量流向路径如图 4-19 所示。

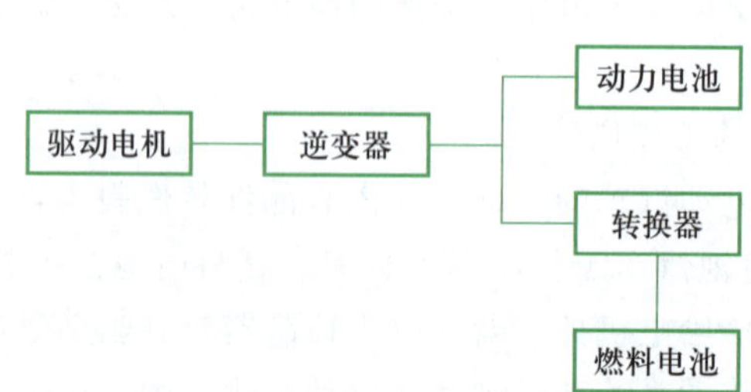

图 4-18 Mirai 动力系统基本结构

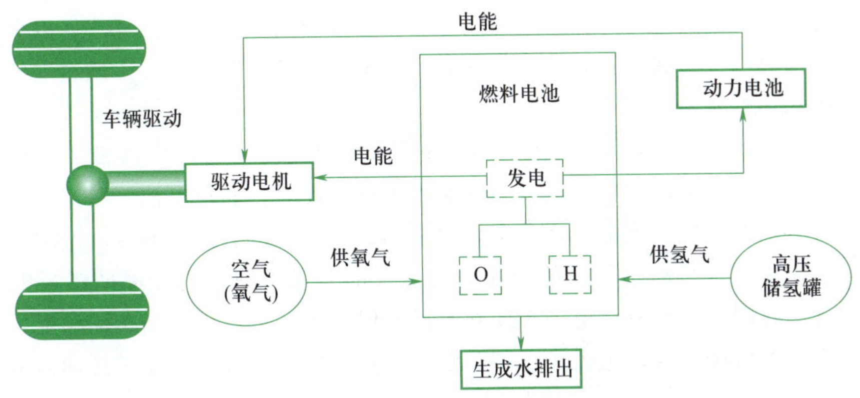

图 4-19　动力系统能量流向路径示意图

（2）动力系统关键总成。Mirai 燃料电池汽车动力系统关键总成包括驱动电机系统、燃料电池反应堆栈、燃料电池升压器、高压储氢罐和动力电池，各总成在车辆上的分布如图 4-20 所示。

丰田 Mirai 技术介绍

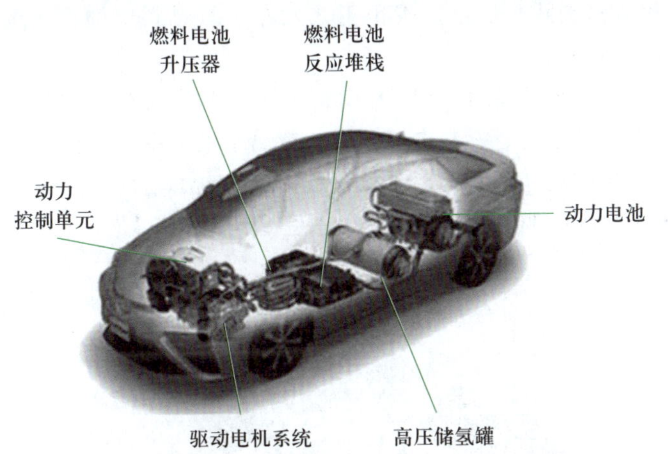

图 4-20　丰田 Mirai 动力系统各总成分布图

① 驱动电机系统。Mirai 的驱动电机系统包括驱动电机本体及其动力控制单元，整车的动力需求由动力控制单元计算后分配到车辆驱动轮上。驱动电机位于车辆前舱区域，最大功率为 113 kW，峰值扭矩为 335 N · m，由燃料电池和动力电池联合供电，驱动电机直接驱动车轮。

② 燃料电池反应堆栈。Mirai 的燃料电池总成由燃料电池反应堆栈、辅助元件（氢循环泵等）和升压转换器组成。作为整车能量供给的主要来源，燃料电池总成的能量密度达到了 3.1 kW/L，可输出功率 114 kW，是丰田第一个量产的燃料电池总成，具有小型化及高输出的特点。

③ 燃料电池升压器。Mirai 的燃料电池由 370 个电芯叠加在一起，由于燃料电池反应堆栈中每片电芯发电的电压范围为 0.6 ~ 0.8 V，整体未超过 300 V，为了更好地给驱动电机供电，还需要一个升压转换器对电压进行提升。

Mirai 燃料电池升压器能够将燃料电池最终输出的电压提升至 650 V，以满足驱动电机的最大输出需求。这种方式在大幅度降低成本的同时，实现了燃料电池系统的轻量化和小型化。

④ 动力电池。Mirai 配置了 1.6 kW・h 的动力电池，在整车负载低的时候可以单独用动力电池给驱动电机供电，驱动车辆前进。此时，燃料电池可以给动力电池充电，动力电池把燃料电池产生的多余电能储存起来，供后续车辆急加速时和给车载用电器使用；当车辆有较大的加速动力需求的时候，动力电池辅助燃料电池总成，两者一起向驱动电机供电，实现双重供电以满足动力需求；当车辆减速行驶的时候，驱动电机则变为发电机进行制动能量回收，电能直接回收输送到动力电池内储存起来。

⑤ 高压储氢罐。Mirai 配置了 2 个罐氢罐，容积分别为 60 L 和 62.4 L，罐内储存着燃料电池反应所需要的氢气，最大可承受 70 MPa 的压力（约 700 个大气压），氢储存量约为 5.0 kg。

2. 本田 Clarity 氢燃料电池汽车

在 2015 年东京国际车展上，本田正式发布了氢燃料电池汽车的量产版车型，并公布其正式的名字为 Clarity。

图 4-21 所示为 2017 款本田 FCX Clarity 燃料电池汽车动力系统组成示意图，其动力系统由电驱动系统、燃料电池系统、锂离子电池系统和高压氢气供应系统组成。燃料电池产生的高功率和锂离子电池所提供的电力辅助，使动力总成能够通过大功率电机输出强大的驱动力，其最大续驶里程可达 700 km，燃料耗尽后 3 min 即可充满燃料。

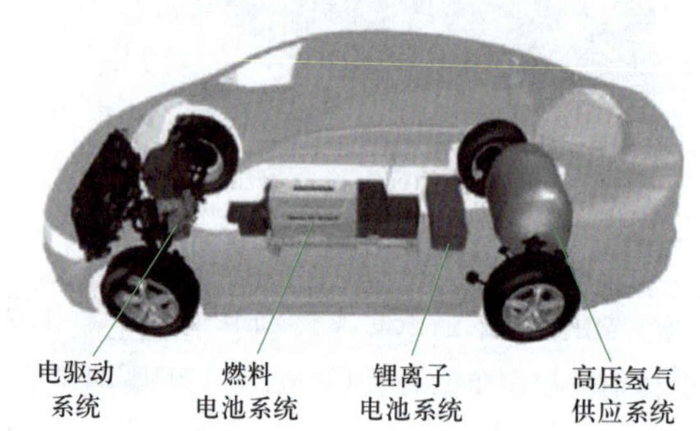

图 4-21　本田 FCX Clarity 燃料电池汽车动力系统组成示意图

拓展迁移

中国首款氢能汽车——格罗夫来了

2019 年 3 月 20 日，武汉格罗夫氢能汽车有限公司首发旗下高端氢能乘用车品牌——格罗夫，如图 4-22 所示。

图 4-22　氢能汽车格罗夫

格罗夫作为国内首款氢能汽车，第一次采用了氢燃料作为动力来源，官方数据表示，仅仅需要几分钟甚至更短时间的加氢动力储备，就能拥有超过 1 000 km 的续驶里程，可谓动力持久。

技术科技的不断发展为我们的出行方式提供了更多新的动力，氢燃料汽车究竟会怎样改变我们的生活呢？我们拭目以待。

化石燃料制氢

电解水制氢

甲醇裂解制氢

焦炉气制氢

主题 2 其他能源动力汽车

课堂导入

其他能源动力汽车有哪些

其他能源动力汽车主要包括替代燃料汽车和太阳能汽车，替代燃料汽车主要是指以燃气、生物燃料、醇类燃料、氢等为燃料的新能源汽车。

燃气燃料汽车由于其排放性能好，可调整汽车燃料结构，运行成本低、技术成熟、安全可靠，被世界各国公认为当前最理想的替代燃料汽车。生物燃料指通过物理、化学方法从生物体中提取或转化得到的可替代化石燃料，是一种环保的优良的清洁可再生燃料。氢燃料汽车具有无污染，零排放，燃料储量丰富等优势，是传统汽车最理想的替代方案。长安汽车在 2007 年完成了我国第一台高效零排放氢内燃机点火，并在 2008 年北京车展上展出了我国首款氢动力概念跑车氢程，如图 4-23 所示。太阳能汽车作为一种真正绿色能源汽车，目前没有正式量产车型。

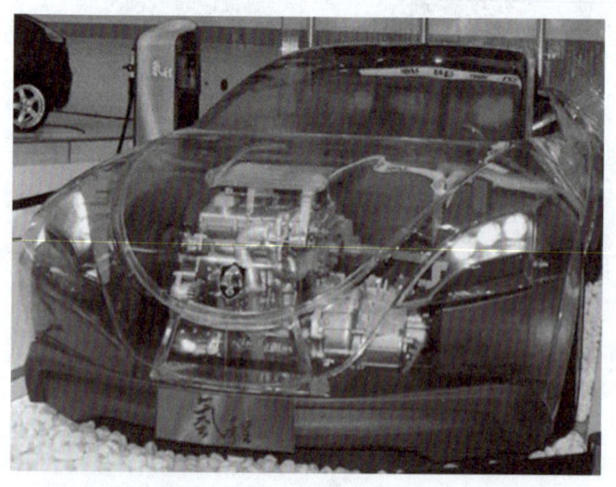

图 4-23 长安氢程氢动力概念汽车

学习内容

一、燃气燃料汽车

微课

燃气燃料汽车类型

1. 燃气燃料汽车概念

以可燃气体为燃料的汽车称为燃气燃料汽车，目前常用的燃气燃料汽车有压缩天然气汽车、液化天然气汽车、液化石油气汽车。也有与传统汽油、柴油配合使用的，称为双燃料汽车。目前推广应用的比较广泛的是压缩天然气汽车与液化石油气汽车，主要应用在出租车和公交车上，如图 4-24 和图 4-25 所示。

图 4-24　压缩天然气汽车

图 4-25　液化石油气汽车

（1）压缩天然气汽车。压缩天然气汽车简称为 CNGV（Compressed Natural Gas Vehicle），使用的燃料是压缩的天然气。天然气是直接从天然气田开采出来的，其主要成分是甲烷，极难液化。因此，目前大都将其压缩到 20 MPa 的高压，充入车用气罐中储存和供汽车使用，图 4-26 所示是压缩天然气汽车主要结构组成。

微课

燃气燃料汽车优点

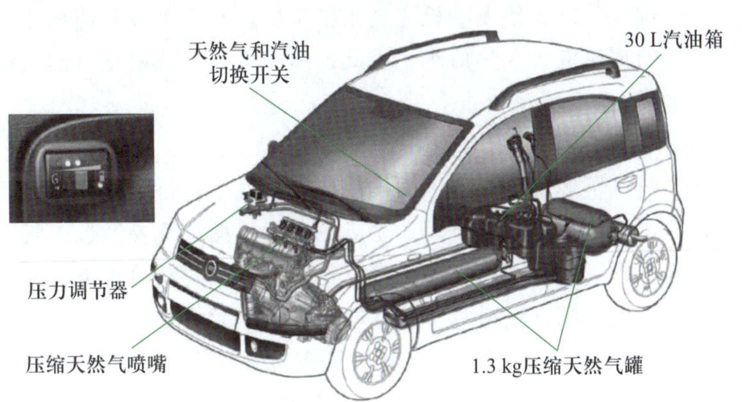

图 4-26　压缩天然气汽车主要结构组成图

压缩天然气是一种无色透明、无味、高热量、比空气轻的气体，燃烧安全，易于完全燃烧，动力性好，抗爆震性能好，不稀释润滑油，有利于延长发动机各部件的使用寿命，减少维修保养次数，大幅度降低维修保养成本。与使用汽油相比，使用压缩天然气，可大幅度降低一氧化碳、二氧化硫和二氧化碳等的排放，被誉为“绿色燃料”。

（2）液化石油气汽车。液化石油气汽车简称 LPGV（Liquefied Petroleum Gas Vehicle），使用的燃料是液化的石油气，是石油催化裂化过程和油田伴生气回收轻烃过程中的产品。车用液化石油气主要成分是丙烷和丁烷，常温常压下是一种无色气体，当加压到 1.6 MPa 时液化成液化石油气，液化石油气的加注状态如图 4-27 所示。

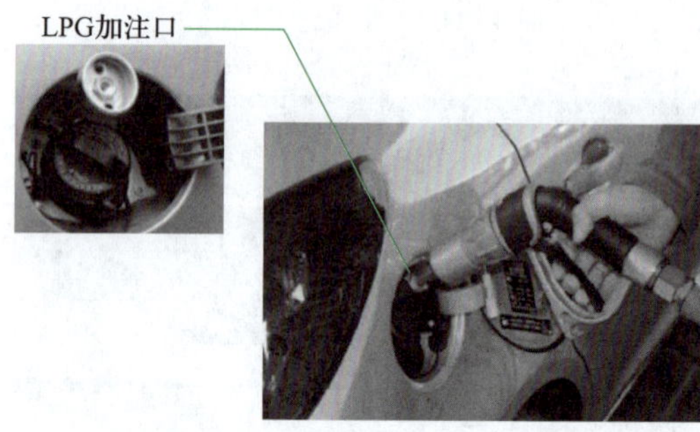

图 4-27 液化石油气的加注状态

液化石油气的抗爆震性能好，燃烧热值高，氢含量大，对环境污染小，低温起动性好，使用方便，有力地缓解了汽油供应紧张的问题，又满足了环境保护的需要。但改装后的液化石油气汽车，在冬天气温低于 0 ℃时使用会经常出现打不着火的问题。

如果压缩天然气或者液化石油气和汽油或者柴油以双燃料方式并存时，即在原有汽、柴油机基础上改装，原有的汽、柴油供给系统不变，则需要增加压缩天然气或液化石油气的储罐及供气系统，这将使整车成本提高。同时，压缩天然气和液化石油气均呈气态进入气缸，使发动机充气系数降低。与汽油或柴油相比，压缩天然气或液化石油气的理论混合气热值小，因此，压缩天然气或液化石油气将使发动机动力性能有所下降。

2. 燃气燃料汽车工作原理

微课
单一燃料压缩天然气汽车结构与工作原理

现代燃气燃料汽车多是对传统汽油机或柴油机汽车进行动力改造的汽车，其发动机工作过程和燃油汽车发动机类似，完成一个工作循环都要经过进气行程、压缩行程、做功行程和排气行程；燃气燃料汽车与传统汽油发动机或柴油发动机汽车的主要区别在于发动机，燃气燃料汽车需要使用专用的天然气发动机。

如图 4-28 所示，在天然气发动机中，需要先将天然气通过稳压器减压稳压，再通过燃气滤清器、热交换器、节温器和 FMV 燃料计量阀，对燃气喷射量进行计量后，通过混合器将低压天然气和空气混合形成混合气，最后将混合气吸入气缸，在压缩行程快结束时用电火花将混合气点燃，推动活塞做功，向外输出动力，驱动汽车运动。

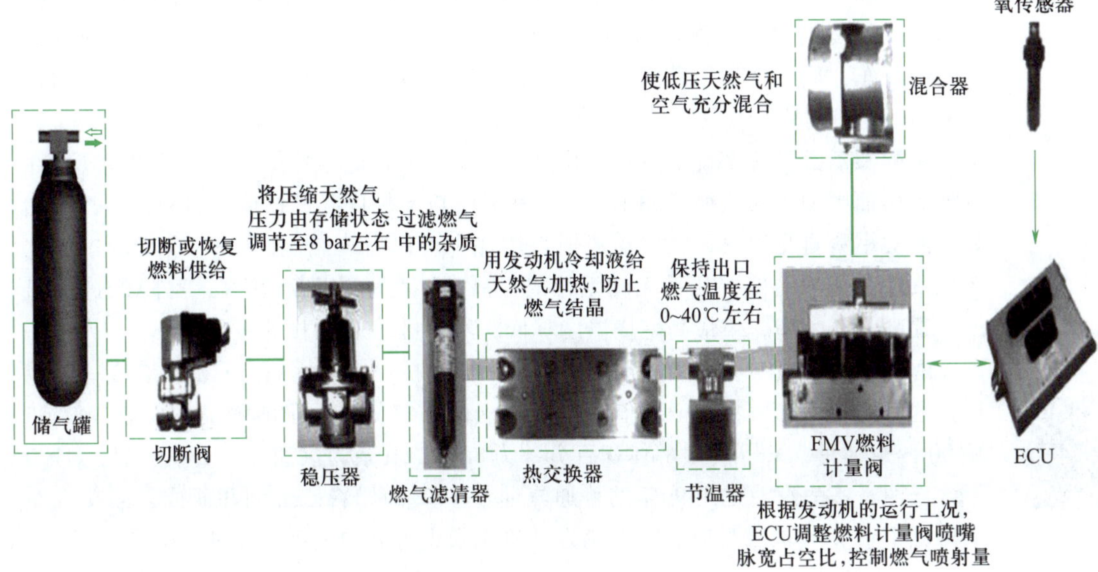

图 4-28 压缩天然气汽车发动机天然气供给系统结构示意图

FMV 燃料计量阀喷射燃气的时间和数量由 ECU 控制，取决于外部各种传感器输入的信号，如加速踏板位置、进气量等，其基本控制原理与电控汽油发动机类似。

二、生物燃料汽车

1. 生物燃料汽车概念

广义的生物燃料指的是由生物质组成或萃取的固体、液体或气体燃料，所谓的生物质指的是一切有生命的可以生长的有机物质，它包括植物、动物和微生物。

车用生物燃料指通过物理、化学方法从生物体中提取或转化得到的，可替代化石燃料，供发动机使用的燃料，主要包括生物柴油、醇类燃料等。采用生物柴油、醇类燃料作为燃料的汽车就可以被称为生物燃料汽车。

（1）生物柴油。生物柴油（Biodiesel）是植物柴油和动物柴油的总称。植物柴油是从大豆、玉米、米糠、棉籽、树林、藻类等植物中提取；动物柴油是从动物油脂、工农业产生的有机废物和人类废弃的食物中提取。因为生物柴油中碳的含量和分子量都基本上与柴油相近，根据相似相溶原理，生物柴油与柴油的相溶性很高，所以生物柴油可单独或与柴油混合作为汽车燃料。

生物柴油非常环保，可以大大地减少有毒物、颗粒物、一氧化碳和二氧化碳排放量，尤其是硫化物的排量，是一种优良的清洁可再生燃料。生物柴油可以直接用于普通的柴油发动机汽车，可按任意比例与普通柴油混合使用，在普通的加油站就可以加油，使用十分便利。但是生物柴油的热值比石油柴油略低，具有较高的溶解性，作为燃料时容易溶胀发动机的橡塑部分，需要定期更换。同时，生物柴油面临的最大问题就是脂肪和油的来源有限，且原料成本占到生物柴油成本的60%～75%，这些都阻碍了生物柴油的推广使用。

（2）醇类燃料。车用替代燃料常用的醇类燃料主要指甲醇（CH_3OH）和乙醇（C_2H_5OH）等，使用甲醇燃料的汽车也称甲醇汽车，使用乙醇（酒精）燃料的则称乙醇汽车，同时使用甲醇或乙醇与汽油的汽车也称为灵活燃料汽车（Flexible Fuel Vehicle，FFV）。

甲醇和乙醇具有辛烷值高、汽化潜热大、热值较低等特点。大量研究发现：在汽油和柴油中加入富氧燃料如甲醇、乙醇等可以大幅度降低排放。因为作为汽车燃料，醇类燃料自身含氧，在发动机燃料燃烧中可提高氧燃比，CO和HC的排放较燃烧汽油和柴油的低，几乎无碳烟排放；另外，由于汽化潜热高，可降低进气温度，提高充气效率，使最高燃烧温度降低，发动机NO_x的排放较低。

微课
煤制醇醚汽车

醇类燃料一般不会直接用作汽车燃料，而是按一定的比例与汽油混合在一起使用，这有利于增加燃料的辛烷值。按照我国的国家标准，甲醇汽油主要有M85和M100两个品种，M85含甲醇体积百分数为85%，其余为汽油和少量添加剂；M100不含汽油。乙醇汽油是用90%的普通汽油与10%的燃料乙醇调和而成，当在汽油中掺兑少于10%的乙醇时，对车用发动机无须进行大的改动，即可直接使用。

甲醇汽油的最大优势在于资源丰富，无论是国内的煤制甲醇还是国外的天然气制甲醇，都有可靠的原料保障，同时兼具较大的成本优势。但甲醇汽油存在挥发性、毒性、腐蚀性强，饱和蒸汽压低和汽化潜热高等缺点，易出现液相分离、高温气阻、低温冷起动困难和油路腐蚀等问题，导致其市场认可度低。

乙醇汽油主要的缺点是使用者感觉它比普通汽油动力下降，油耗增加，天热时还容易因气阻熄火。另外由于乙醇汽油一旦遇水就会分层，无法采用成本很低的管道输送，其储运周期只有4～5天，影响使用乙醇汽油的方便性。同时，由于乙醇汽油的不稳定性，造成使用乙醇汽油发动机燃油进气系统上堆积物增加，使喷油嘴雾化不好，引起乙醇汽油燃烧效率下降，耗油量增加等，这些缺点使乙醇汽油在应用推广中受到了一定的限制。

2. 生物燃料汽车工作原理

生物燃料可以直接替代燃油用在普通的汽油或柴油发动机上，发动机运行时其工作原理与汽油发动机汽车或柴油发动机汽车运行时的工作原理完全相同，在此不再赘述。

三、氢燃料汽车

1. 氢燃料汽车概念

氢燃料汽车即氢内燃机汽车（Hydrogen Internal Combustion Engine Vehicle，HICEV），是通过内燃机燃烧氢燃料产生动力驱动汽车行驶的车辆，氢内燃机如图4-29所示。

氢燃料汽车与氢燃料电池汽车不同，虽然都是以氢为能源，但是其能量转换方式不同。氢燃料电池汽车是将氢气的化学能转换为电能，驱动电机运转，而氢燃料汽车将氢气的化学能直接转换为机械能，驱动车辆行驶。同时，氢内燃机相对于氢燃料电池，对氢气的纯度要求更低，动力装置可靠性更高。氢内燃机与汽油内燃机相比，压缩比更高，燃烧热效率更高，输出功率更高，更节能环保。

图 4-29 氢内燃机

2. 氢燃料汽车工作原理

氢燃料汽车与传统燃油汽车主要在发动机燃料供给系统结构上有区别，图 4-30 所示为典型氢燃料汽车发动机燃料供给系统结构示意图。当 ECU 控制电磁阀开启时，来自储氢罐的氢气经过过滤器、电磁阀到减压阀减压，再通过氢气喷射器喷入进气歧管，与空气混合后，进入燃烧室燃烧，推动活塞做功，输出动力。

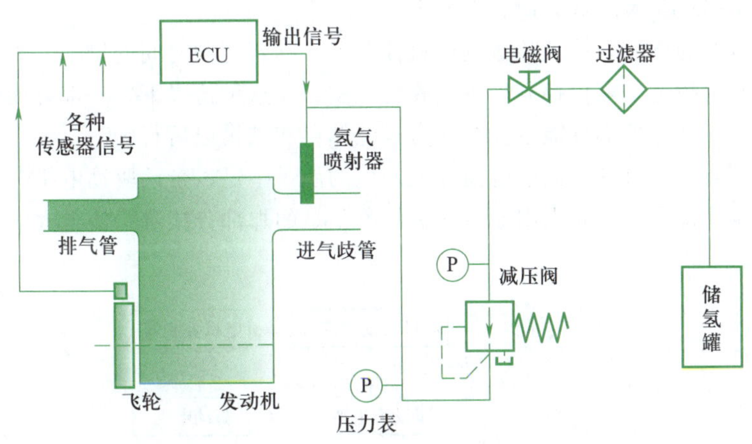

图 4-30 氢燃料汽车发动机燃料供给系统结构示意图

氢气喷射器喷氢的时间和数量由 ECU 控制，取决于外部各种传感器输入的信号，如加速踏板位置、进气量、温度等，其基本控制原理与电控汽油发动机类似。

四、太阳能汽车

太阳能汽车

1. 太阳能汽车概念

太阳能汽车是利用太阳能电池将太阳能转换为电能，并利用该电能作为能源驱动行驶的汽车，它是电动汽车的一种。太阳能汽车属于零排放、零污染汽车，与传统燃油汽车相比结构简单。但是太阳能汽车高度依赖太阳，续驶里程短，同时太阳能转化装置的造价高。

太阳能可以作为第一驱动力，通过装在车身表面的太阳能电池所获得的电能作为驱动能源，也可以和其他能量混合驱动汽车，通过装在车身外部的太阳能电池给动力电池充电或太阳能电池直接作为动力源。

2. 太阳能汽车工作原理

如图 4–31 所示，典型太阳能混合动力汽车主要由太阳能电池组、向日自动追踪器、动力电池、驱动电机、电机控制器和电池管理系统等组成。太阳能电池组由一定数量的单体电池串联或并联组成电池方阵，通常分为硅电池、硫化镉电池、砷化镓电池等，其中最常用的是硅电池；向日自动追踪器用于追踪太阳的辐射角度，尽量保持太阳能电池板正对着太阳，最大限度地提高太阳能电池板接收太阳能辐射的能力；驱动电机主要有交流异步电机、永磁电机、直流电机，它的驱动系统与电动汽车基本相同；动力电池、电池管理系统和电机控制器的作用和电动汽车的基本相同。

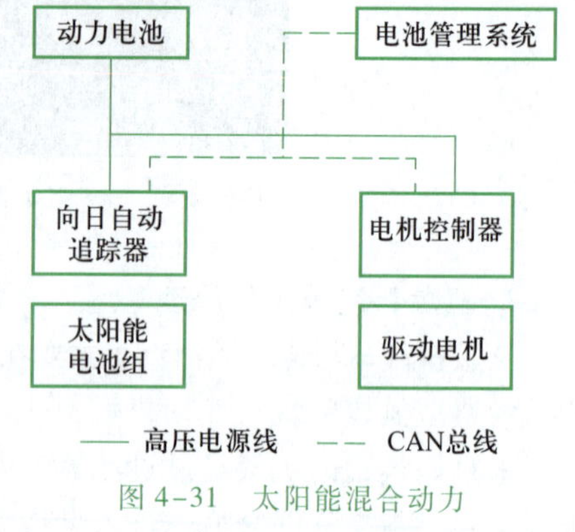

图 4–31 太阳能混合动力汽车主要组成示意图

如图 4–32 所示，晴天时，开始运行阶段太阳光转换的电能直接被传送到电机控制器。随着行驶时间的增加，太阳能电池板接收的能量超过了电机控制器可接收的范围，在这种情况下，一部分能量提供给驱动电机，额外的那部分能量会被动力电池储存起来供以后行驶需要。在阴天或是在雨天，太阳光照射在太阳能电池板上产生的能量不足以带动驱动电机时，动力电池储存的能量将用于补充太阳能电池板供给不足的那部分能量，使得太阳能汽车能正常行驶。

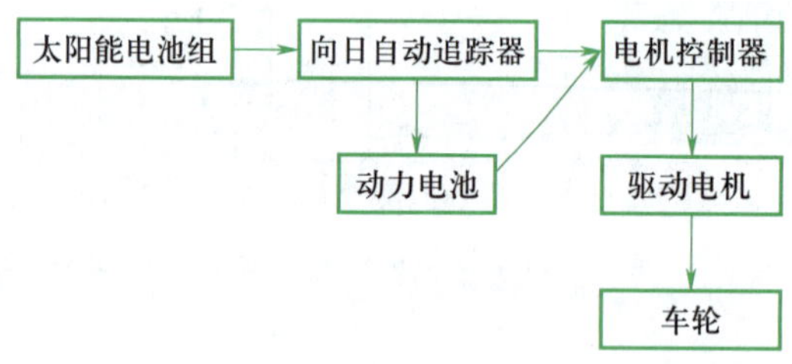

图 4–32 太阳能混合动力汽车能量流动路径

尽管国内研发了多台太阳能汽车，但在商用方面，由于性能与使用方面远不能达到传统燃油汽车的水平，因此，太阳能目前多作为辅助能源在汽车上得到使用。

相信随着现代汽车科技的不断发展，太阳能作为电动汽车蓄电池重要的充电方式将在汽车上得到进一步的应用。

五、典型其他能源动力汽车

1. 大众途安 TSI EcoFuel

如图 4-33 所示，大众途安 TSI EcoFuel 汽车是以压缩天然气技术为核心的新型节能汽车。该车为“准单一”设计的压缩天然气车型，汽油燃料主要是用于应急情况。

图 4-33　大众途安 TSI EcoFuel 汽车

大众途安 TSI EcoFuel 汽车发动机采用新型稀气燃烧技术，在进气歧管内装备了天然气喷射装置，并由一根共同的高压管道提供燃料。动力系统主要为天然气模式设计，在紧急状况下，发动机管理系统可自动将燃料供给模式切换到汽油模式。

该款汽车拥有与传统能源技术同样出色的动力输出，却极大地降低了综合排放，有害物质一氧化碳、碳氢化合物及氮氧化合物排放较原型汽油车分别降低了 80%、73%、80%，温室气体二氧化碳也降低 23%，完全达到了绿色汽车标准。同时该车除了天然气，汽油也可以作为燃料，车底的 4 个天然气燃料罐可以储存 18 kg 天然气，另外还有 11 L 的小油箱。如果只使用天然气做燃料，途安 TSI EcoFuel 能持续行驶约 370 km，加上汽油容量最多可持续行驶 520 km。

2. 奔驰 E200NGT

NGT 是 Natural Gas Technology 的英文缩写，是奔驰使用的压缩天然气技术的简称。如图 4-34 所示，E200 NGT 是奔驰以 E 级车为基础开发的以压缩天然气和汽油为燃料的双燃料汽车，它采用与 E200 KOMPRESSOR（增压型）同样的 1.8 L 直列 4 缸发动机，最大功率为 120 kW，最大转矩为 240 N · m，0～100 km/h 加速只需要 9.8 s，最高时速为 220 km/h。

驾驶人可以通过转向盘上的按钮来随时切换两种模式，当天然气耗尽的时候，系统会自动地切换到汽油模式。汽油箱容量为 65 L，储气罐可储存 18 kg 天然气。当所有的燃料都充满时，E200NGT 持续行驶里程为 1 000 km。

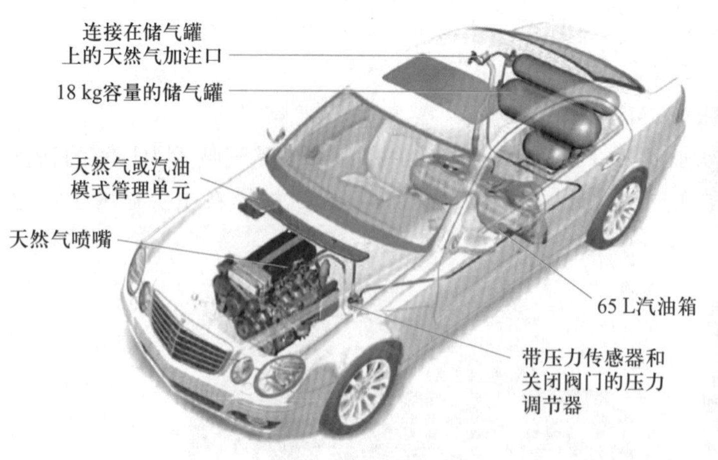

■天然气(左)和汽油加注口

■加注天然气(左)和汽油

图 4-34 奔驰 E200NGT 汽车

3. 宝马氢燃料汽车 Hydrogen 7

宝马氢燃料汽车 Hydrogen 7 是汽油和氢燃料的双燃料汽车，采用 6.0 L V12 缸发动机，最大功率为 191 kW，最大转矩为 390 N · m，0 ~ 100 km/h 加速时间为 9.5 s，最高时速可达到 230 km/h。

如图 4-35 所示，Hydrogen 7 装有一个 8 kg 的液态氢储氢罐和一个 74 L 的汽油箱。采用液态氢的好处是在相同体积的储存空间里，低温状态下储存的液态氢，比加压储存的气态氢，所包含的能量要大 75% 左右。车载 8 kg（约 114 L）的液态氢可行驶里程为 200 km，74 L 的油箱可行驶里程为 500 km。

图 4-35 宝马 Hydrogen 7 储氢罐

要想将氢气液化，必须将温度降低至-253 ℃，并且一直保持这个温度。因此，储氢罐要有很好的隔热性能。Hydrogen 7 的储氢罐由 2 mm 厚的不锈钢内胆和外胆组成，在内、外胆之间，有 30 mm 厚的真空隔热层。虽然宝马采用了十分有效的隔热措施，但仍不能保证氢气完全不会蒸发。为了防止储氢罐中压力过大，通过蒸发管理系统控制燃料的蒸发过程，一旦超过既定的压力水平，系统就会允许蒸发的氢气在受控状态下从蒸发阀逸出，自动与空气混合并经催化剂氧化成水，半满的储氢罐缓慢地蒸发大约 9 天时间（蒸发过程是安全可控的），仍然有足够的氢保存在储氢罐中，足以在氢燃料运行模式下行驶一定的距离。

在使用汽油燃料时，汽油是直接喷射入气缸的；而使用氢燃料时，氢气和空气要在进气歧管中形成混合气，才能喷入气缸。由于两种燃料的燃烧性质完全不同，因此发动机的管理系统将精确地控制使用各种燃料时发动机的各项参数。

4. 马自达 RX-8 Hydrogen RE

如图 4-36 所示，马自达 RX-8 Hydrogen RE 采用 RENESIS 转子发动机，该发动机为使用氢燃料和汽油双燃料的发动机。发动机外壳上安装了 4 个氢气喷射器。当使用氢气为燃料行驶时，发动机便可通过安装在 RENESIS 外壳上的喷射器直接喷射氢气，由于氢气密度小，喷射量比汽油多得多，因此每个转子配备两个喷射器。使用氢燃料时，氢转子发动机的最大功率为 81 kW，最大转矩为 120 N · m。使用汽油时，氢转子发动机的最大功率为 154 kW，最大转矩为 222 N · m。

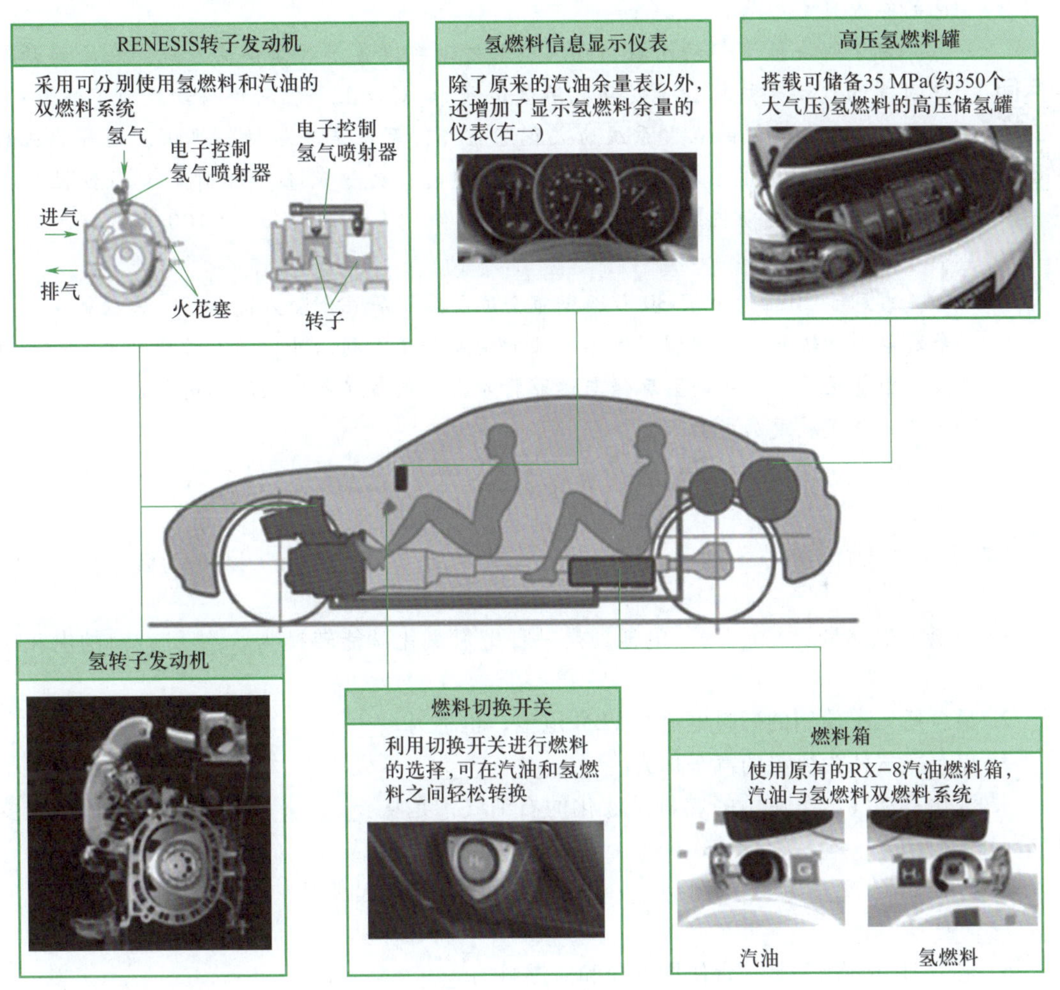

图 4-37 马自达 RX-8 Hydrogen RE 结构

马自达 RX-8 Hydrogen RE 在行李舱安置了一个容量 74 L，35 MPa（约 350 个大气压）的高压储氢罐，可以行驶 60 km 左右。为了确保安全，该车还配备了 4 个氢气泄漏检测装置。驾驶人可以通过切换按钮来选择使用汽油或氢燃料，仪表上也多出了一项氢燃料余量显示，以提醒驾驶人关注氢燃料余量。

拓展迁移

吉利破局甲醇汽车

吉利2005年着手研发甲醇汽车，2006年成功研发第一代吉利甲醇汽车，并于2012年12月成为国内首家获得甲醇汽车生产资质的企业。吉利汽车立足于“节约优先、立足国内、煤为基础、多元替代”的能源发展思路，走出了一条有中国特色的能源自主之路。

为了解决低温起动问题，吉利甲醇发动机准备了两套供油系统，在冷起动时使用汽油起动、热机，等发动机温度达到30 ℃以上，燃料供给切换为甲醇燃料。甲醇M100发动机的点火系统为火花塞点火，无论是冷起动、热机，还是热机后的常规运行都采用了相同的点火方式；同时，为了改善甲醇对零件腐蚀性的问题，吉利甲醇发动机采用耐醇材料及零部件、专用润滑油、M100甲醇燃料添加剂等。

微课 吉利甲醇汽车

吉利于2022年6月30日，上市全球首款甲醇混合动力轿车——吉利第4代帝豪醇电混动轿车。我国甲醇汽车行业的企业除了吉利以外，还有潍柴动力、南岳电控、华菱星马、山东新蓝环保与达菲特等，它们都在各自领域各司其职，让甲醇汽车产业链发展更加成熟。

复习巩固

1. 燃料电池就是__________电池，是一种把氢氧化学能转换为__________的电化学装置。

2. 最合适汽车使用的燃料电池是PEM电池，也称为__________________电池。

3. 以可燃气体为燃料的汽车称为__________________。

4. 液化石油气汽车使用的燃料是液化的石油气，是从_________中提炼出来的，主要成分是_________。

5. 醇类燃料按一定的比例与__________混合在一起使用，这有利于增加燃料的__________。

6. 宝马Hydrogen 7是一台使用汽油和氢燃料的_________汽车。

7. 判断题。

（1）压缩天然气汽车采用的燃料是甲烷（CH_4），它被誉为“绿色燃料”。（　　）

（2）与传统汽油、柴油配合使用的燃气汽车，称为双燃料汽车。（　　）

（3）燃气汽车一次补充燃料的续驶里程长，动力性能优越。（　　）

（4）氢燃料汽车是燃料电池汽车。（　　）

（5）替代燃料都是没有污染的。（　　）

(6) 太阳能汽车是利用太阳能电池将太阳能转换为电能，并利用该电能作为能源驱动行驶的汽车。 (　　)

8. 燃料电池汽车动力系统配置方案有哪几种类型，各有何特点？

9. 简述燃料电池汽车的基本组成与工作原理？

10. 查阅资料，记录下我国氢燃料电池汽车发展的关键技术与成果。

学习思考

1. 学习自评

请同学们结合个人学习情况，按照完全掌握、部分掌握和没掌握三个等级进行自我学习评价。

	完全掌握	部分掌握	没掌握
(1) 燃料电池汽车性能特点与发展	☐	☐	☐
(2) 燃料电池汽车动力系统配置方案	☐	☐	☐
(3) 燃料电池汽车工作原理	☐	☐	☐
(4) 燃气燃料汽车性能特点与工作原理	☐	☐	☐
(5) 生物燃料汽车性能特点与工作原理	☐	☐	☐
(6) 氢燃料汽车性能特点与工作原理	☐	☐	☐
(7) 太阳能汽车性能特点与工作原理	☐	☐	☐

2. 个人收获及思考

同学们通过对本单元的学习，在知识、技能与素质方面都有什么收获呢？是否还存在什么问题？思考一下，记录下来吧！

(1) 知识：

(2) 技能：

(3) 素质：

（4）存在问题：

____

____

____

单元五

新能源汽车科学使用

现在越来越多的人选择购买新能源汽车，那么在选择新能源汽车时应该重点关注它的哪些性能，新能源汽车应该如何正确使用，又有哪些注意事项呢？接下来，就让我们一起来探究新能源汽车的科学使用。

学习指引

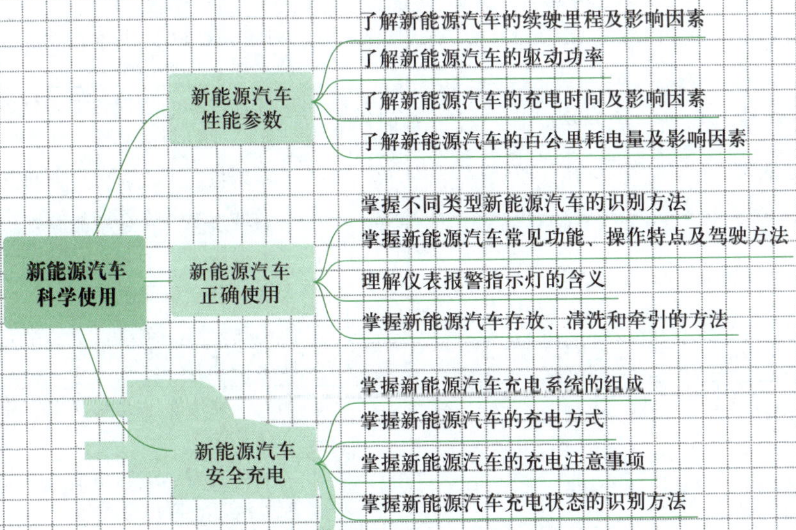

- 新能源汽车科学使用
  - 新能源汽车性能参数
    - 了解新能源汽车的续驶里程及影响因素
    - 了解新能源汽车的驱动功率
    - 了解新能源汽车的充电时间及影响因素
    - 了解新能源汽车的百公里耗电量及影响因素
  - 新能源汽车正确使用
    - 掌握不同类型新能源汽车的识别方法
    - 掌握新能源汽车常见功能、操作特点及驾驶方法
    - 理解仪表报警指示灯的含义
    - 掌握新能源汽车存放、清洗和牵引的方法
  - 新能源汽车安全充电
    - 掌握新能源汽车充电系统的组成
    - 掌握新能源汽车的充电方式
    - 掌握新能源汽车的充电注意事项
    - 掌握新能源汽车充电状态的识别方法

图 5-1　新能源汽车科学使用学习思维导图

主题1 新能源汽车性能参数

课堂导入

随着新能源汽车技术的发展，其性能参数得到越来越多的关注。其中，动力电池的性能对新能源汽车整车性能影响巨大。自 2010 年，我国动力电池企业不断加大投入，不断进行技术革新，历经多年，终于完成了试错、技术创新、资本积累等阶段，我国各动力电池企业蓬勃发展且不断迅速崛起壮大。根据统计，2021 年电池企业动力电池总装机量见表 5-1。

表 5-1 2021 年（1-12 月）电池企业动力电池装机量 TOP10

排序	电池企业	装机量（GW·h）	市场占有率	主要服务车企
1	宁德时代	80.51	52.1%	特斯拉、蔚来汽车、小鹏汽车、吉利汽车、一汽大众、理想汽车、上汽大众等
2	比亚迪	25.06	16.2%	比亚迪、中国一汽、金康汽车、东风汽车、长安汽车等
3	中创新航	9.05	5.2%	广汽乘用车、长安汽车、小鹏汽车、广汽丰田、吉利汽车等
4	国轩高科	8.02	4.64%	江淮汽车、奇瑞汽车、零跑汽车、长安汽车、北汽新能源等
5	LG 新能源	6.25	4.0%	特斯拉、上汽通用、吉利汽车等
6	蜂巢能源	3.22	2.1%	长城汽车、合众新能源等
7	塔菲尔新能源	3.00	1.9%	上海汽车、上汽通用、理想汽车、上汽大众、合众新能源等
8	亿纬锂能	2.92	1.9%	小鹏汽车、东风汽车、南京金龙、吉利商用车等
9	孚能科技	2.45	1.6%	广汽乘用车、北京汽车、中国一汽、南京金龙等
10	欣旺达	2.06	1.3%	威马汽车、云度新能源、吉麦新能源、东风汽车、厦门金龙等

数据来源：中国汽车动力电池产业创新联盟。

学习内容

一、续驶里程及其影响因素

新能源汽车续驶里程指电池充满电，在理想路况、风速、气温等条件下从开始到结束所行驶的里程数。

设车辆时速为 100 km/h，百公里能耗为 17 kW·h，电池存储电能为 80 kW·h，电池循环效率为 90%，续驶里程计算如下：

百公里续驶里程 = 80/17×0.9×100≈423（km）理论值

注：其他影响续驶里程的因素暂不考虑，如风阻、电池性能、行驶环境等。

微课
续驶里程

根据电池容量计算方法：电池电量（W·h）= 电池电压（V）×电池容量（mA·h）/1 000，即：电池容量 = 电池电量（W·h）/电池电压（V），如：比亚迪 2022 款汉 EV 电池电能为 85.4 kW·h，设电池模组电压为 37 V，其动力电池容量为：85 400÷37≈2 308（A·h），部分新能源汽车续驶里程及电池容量见表 5-2。

表 5-2　部分新能源汽车续驶里程及电池容量

车型	工信部续驶里程（km）	电池电能（kW·h）	电池容量（设电池模组电压均为 37 V）（A·h）
比亚迪 2022 款汉 EV	610～715	85.4	≈2 308
比亚迪 2022 款唐 EV	505～730	86.4	≈2 335
ARCFOX 极狐 2022 款 αT	653	67.3	≈1 819
上汽大众 2022 款 ID.6 X	436～617	63.2～83.4	≈1 708
上汽大众 2022 款 ID.3	430～450	57.3	≈1 549
北汽新能源 2022 款 EU5	350～501	50.8～60.2	≈1 373
丰田 2020 款 C-HR EV	400	54.3	≈1 468
小鹏 2022 款 P7	480～706	60.2～80.9	≈1 627
吉利 2021 款 帝豪 EV	421	52.0～62.0	≈1 405
特斯拉 2022 款 Model 3	556～675	60.0～78.4	≈1 622

注：表中各车型的电池模组电压各不相同，为方便理解和计算，假设电池模组电压统一为 37V，不考虑其他因素，计算结果均为理论值。

以上计算是在理想状态下计算的结果，忽略了其他客观因素，车辆实际行驶中影响续驶里程的因素比较复杂，主要源自三个方面：车辆自身因素、车辆行驶环境、驾驶人操控习惯。

1. 车辆自身因素

（1）电池性能。电池性能参数是影响新能源汽车续驶里程的重要因素，主要包括：额定容量、比能量、内阻、充放电倍率、放电深度、自放电率、成组一致性等。

（2）驱动电机功率。驱动电机功率的大小也是影响新能源汽车续驶里程的重要因素，驱动电机功率越大，行驶速度就会越快，用电量也会越大，续驶里程就会变得越短。

（3）汽车总质量。新能源汽车行驶时阻力功率主要由滚动阻力功率、空气阻力功率、加速阻力功率和坡度阻力功率等组成。其中，滚动阻力功率、加速阻力功率和坡度阻力功率均与汽车总质量密切相关，即汽车总质量越大，阻力功率越大，行驶过程中的能耗越大，导致续驶里程缩短。

2. 车辆行驶环境

（1）天气或环境温度。过低的温度会使动力电池的可用容量与能量大幅度减少，内阻呈非线性增长，严重制约新能源汽车的续驶里程。迎风行驶时，空气阻力越大，行驶过程中的能耗越多，续驶里程会相应减少。

（2）道路条件与交通状况。道路条件与交通状况会影响新能源汽车行驶过程中的能量消耗，如频繁上坡、交通拥堵等会增加车辆能耗，从而缩短续驶里程。

3. 驾驶人操控习惯

对于行驶在同样道路环境下的同类型车辆，其行驶状态会因驾驶人风格不同而不同。行驶速度的快慢、车辆制动的频率、车辆电气设备的使用情况（包括空调系统、舒适娱乐系统、驾驶辅助系统等）都会影响电池能量的消耗，从而使得电动汽车的续驶里程增加或减少。

二、驱动电机功率

驱动电机系统是新能源汽车核心部件之一，是新能源汽车的动力来源。驱动电机功率是指车载驱动电机输出的机械功率，一般指在某种约定的情况下（包括整车质量、爬坡角度、车速等）驱动整车的最大功率，其单位为 kW，是衡量新能源汽车的性能指标的重要参数，根据速度确定最大功率的计算方法如下：

$$P_{\max}=\frac{V_{\max}}{3\ 600\cdot \eta t}\left(m\cdot g\cdot f+\frac{C_D\cdot A\cdot V^2_{\max}}{21.15}\right)$$

微课
驱动电机的最大功率和最大扭矩

式中：

$V_{\max}$——最高车速；

ηt——传动系统效率；

g——重力加速度，$g=9.8\ m/s^2$；

C_D——空气阻力；

f——滚动阻力系数；

A——迎风面积（m^2）。

此外还有最大爬坡度最大功率计算方法，最大整车质量最大功率计算方法等。

新能源汽车驱动电机功率与驱动电机类型相关，新能源汽车驱动电机类型有直流电机、异步电机、永磁同步电机和开关磁阻电机等，不同新能源汽车驱动电机的特性也不同。其中，新能源汽车驱动电机功率的大小还与电机控制器总成、机械传动机构、动力电池电压等因素有关，部分新能源汽车驱动电机总功率见表 5-3。

表 5-3 部分新能源汽车驱动电机总功率

序号	车型	电机类型	驱动电机总功率（kW）	驱动电机总扭矩（N·m）
1	比亚迪唐 EV	永磁/同步	168	350
2	比亚迪汉 EV	永磁/同步	380	700

续表

序号	车型	电机类型	驱动电机总功率（kW）	驱动电机总扭矩（N·m）
3	北汽新能源 EC5	永磁/同步	70	200
4	吉利帝豪 EV	永磁/同步	150	240
5	上汽大众 ID. 4X	永磁/同步	125	310
6	小鹏 P7	永磁/同步	196	390
7	Model Y	永磁/同步	220	404

三、充电时间及影响因素

微课

充电时间

新能源汽车动力电池的作用是将化学能转化为电能，从而达到储存电能的目的。动力电池作为新能源汽车上的核心部件，对整车性能的影响比较大，其中充电时间是重要参考因素之一。影响动力电池充电时间的因素比较多，为方便计算在此忽略不计。计算充电时间的一般公式为：充电时间=电池容量÷充电功率。

例如：给一辆动力电池能存储电能为 100 kW·h（100 度电）的新能源汽车充电。

采用慢充充电方法：使用 220 V 交流电源给新能源汽车充电，设动力电池存储电能为 100 kW·h，慢充充电功率以每小时最大 7 kW（每小时能充 7 度电）计算，动力电池充电时间计算方式为（理想状态下）：100 kW÷7 kW≈14.28（h）。

采用快充充电方式：使用直流充电桩给新能源汽车充电，设动力电池容量为 100 kW·h，快充充电功率为 60 kW 每小时，动力电池充电时间计算方式为（理想状态下）：100 kW÷60 kW≈1.66（h）。

以上计算充电时间的方法是在理想的状态下，在实际充电过程中，影响充电时间的因素有很多，主要有以下几个方面：

（1）电池容量。电池容量是决定充电时间的重要因素之一，电池容量越大，所需充电时间也越长；电池容量越小，所需充电时间也越短。

（2）电池材料。如搭载三元锂电池的新能源汽车充电速度会比搭载磷酸铁锂电池的新能源汽车快很多，因为三元锂电池的能量密度比磷酸铁锂电池高。

（3）充电桩功率。充电桩的功率大小也是影响充电时间重要因素之一，如同样容量的电池，慢充（交流）充电桩功率低，功率 3～14 kW，充电时间长。快充（直流）充电桩功率高，功率 30～80 kW，充电时间短。充电时间影响因素还有环境温度、均衡时间等，部分新能源汽车动力电池充电时间见表 5-4。

表 5-4 部分新能源汽车动力电池充电时间

序号	车型	电池电能（kW·h）	慢充时间（h）	快充时间（h）
1	秦 EV	47.5	≈8	≈2
2	荣威 Ei5	61.1	≈9.5	≈0.5

续表

序号	车型	电池电能（kW·h）	慢充时间（h）	快充时间（h）
3	上汽大众 ID. 4X	57. 3	≈8. 5	≈0. 67
4	北汽新能源 EU5	50. 8	≈8. 5	≈0. 5
5	Modle 3	60	≈10	≈1
6	小鹏 P7	60. 2	≈5	≈0. 45
7	小鹏 G3	55	≈4. 3	≈0. 58

四、百公里耗电量

新能源汽车百公里耗电量是指车辆通过不同的路况行驶 100 km 所消耗电能的多少，其单位是 kW · h（千瓦时）。根据工信部百公里耗电量（kW · h/100 km）的测试标准，纯电动汽车百公里耗电量计算公式为：百公里耗电量（理论值）=（电池电能/续驶里程）×100。

例如：小鹏 P7 的电池存储电能为 60. 2 kW · h，续驶里程约为 480 km，根据百公里耗电量计算公式，即：（60. 2÷480）×100 = 12. 5（kW · h）

研究表明，纯电动汽车在实际使用中，动力电池循环效率一般为 90%，驱动电机效率一般为 90%（由电能到动能），小鹏 P7 真实的百公里耗电量为：12. 5÷90% ÷90% ≈15. 4（kW · h）

百公里耗电量取决于工况，与车辆本身参数有关，如车身高度、汽车质量、轮胎滚阻、电机特性等，也跟车载用电设备的使用有关系，如车载空调系统、娱乐系统、灯光系统、刮水器等，部分纯电动汽车百公里耗电量见表 5-5。

表 5-5 部分纯电动汽车百公里耗电量

车型	工信部续驶里程（km）	电池种类	电池电能（kW · h）	百公里耗电量（kW · h）
比亚迪 2022 款汉 EV	610 ~ 715	磷酸铁锂电池	85. 4	≈14
比亚迪 2022 款唐 EV	505 ~ 730	磷酸铁锂电池	86. 4	≈17
ARCFOX 极狐 2022 款 αT	653	三元锂电池	67. 3	≈10. 3
上汽大众 2022 款 ID. 6 X	436 ~ 617	三元锂电池	63. 2 ~ 83. 4	≈14. 5
上汽大众 2022 款 ID. 3	430 ~ 450	三元锂电池	57. 3	≈13. 3
北京汽车 2022 款 EU5	350 ~ 501	三元锂电池	50. 8 ~ 60. 2	≈14. 5
丰田 2020 款 C-HR EV	400	三元锂电池	54. 3	≈13. 5
小鹏汽车 2022 款 P7	480 ~ 706	三元锂电池	60. 2 ~ 80. 9	≈12. 5
吉利 2021 款 帝豪 EV	421	三元锂电池	52. 0 ~ 62. 0	≈12. 3
特斯拉 2022 款 Model 3	556 ~ 675	三元锂电池	60. 0 ~ 78. 4	≈10. 7

拓展迁移

走进石墨烯电池

随着新能源汽车动力电池技术的发展，电池储能技术一直是科学家们重点研究的领域。由于磷酸铁锂、三元锂电池的发展均已遇到瓶颈，所以科学家们都在寻找另一种性能更好的电池材料来满足动力电池的要求，其中一种就是石墨烯电池，今天带大家一起来了解石墨烯电池。

石墨烯电池是利用锂离子在石墨烯表面和电极之间快速大量穿梭运动的特性，开发出的一种新能源电池。石墨烯电池结构如图 5-2 所示。

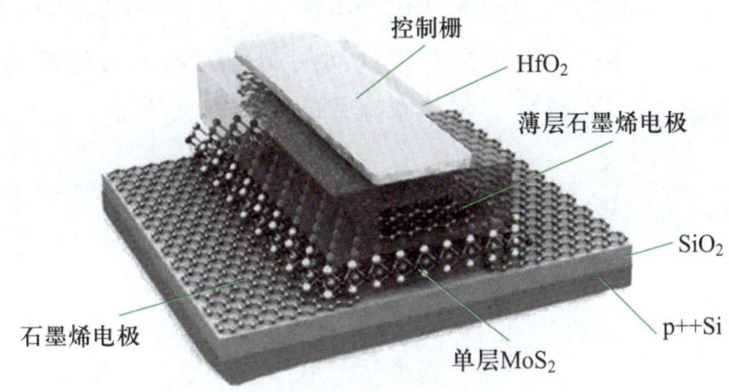

图 5-2　石墨烯电池结构

石墨烯电池在电池容量、能耗等方面都有着很大的优势，主要表现在以下四个方面：

(1) 储电量大。石墨烯电池的储电量是目前市场最好电池产品的三倍，如三元锂电池（以最先进的为准）的比能量数值为 180 W · h/kg，而石墨烯电池的比能量则超过 600 W · h/kg；

(2) 续驶里程长，充电时间短。石墨烯电池的续驶里程能达到 1 000 km，充电时间约为 8 min；

(3) 使用寿命长。与传统的电池相比，石墨烯电池的寿命更长，其使用寿命是锂电池的两倍，是氢化电池的四倍，在高温下更耐用；

(4) 质量轻。基于石墨烯的固有特性，其电池的质量为传统电池的一半，可以提高装载该电池的机器的效率。

随着研究的不断深入以及技术难题的不断攻克，由于石墨烯电池具有高导电性、高强度、超轻薄等特性，应用范围不断拓宽，解决了新能源汽车电池的容量不足以及充电时间长的问题。石墨烯材料在航天军工领域的应用优势也极为突出，能很好地对地球高空大气层的微量元素、航天器上的结构性缺陷等进行检测。

主题2 新能源汽车正确使用

课堂导入

在燃油汽车上，当车辆减速滑行或者制动时，车辆的运动能量将通过制动系统转换成热能，并释放到大气中。而在纯电动汽车与混合动力汽车上，这些制动能量却可以有效回收，这个功能就是制动能量回收功能，实现这个功能的挡位就是制动能量回收挡位——B挡。制动能量回收挡位，可以在车辆的制动过程中，让驱动电机处于发电机模式，将汽车行驶的部分动能转化为电能，并且储存在动力电池中，实现制动能量的回收；发电机工作的同时也会产生反向的制动力矩，通过传动系统传给车轮，从而使车辆减速或停车，既减少了制动摩擦片的磨损，又增加了续驶里程。

学习内容

一、新能源汽车的识别

不同类型的新能源汽车可以根据其车辆标识和车辆特征进行识别。

1. 通过车辆标识识别

（1）EV标识。EV的英文全称为Electric Vehicle，中文翻译为电动汽车。如果汽车上有EV标识，则该车为纯电动汽车，只有电池提供能源，通过驱动电机提供动力，并且由于没有变速箱的存在，在加速时没有任何顿挫感。纯电动汽车一般配置较大容量的电池，并提供交流慢充和直流快充两种充电接口。

（2）HYBRID标识。HYBRID的含义为“混合”，如果汽车上有HYBRID标识，则该车为混合动力汽车，不同的混合动力汽车也会有不同的标识。其中一种混合动力汽车的标识为HEV，其全称是Hybrid Electric Vehicle，意为混合动力电动汽车，主要指的是非插电式混合动力汽车。另外一种标识为PHEV，其全称是Plug-in Hybrid Electric Vehicle，意为插电式混合动力汽车。新能源汽车标识如图5-3所示。

(a) 纯电动汽车EV标识

(b) 混合动力汽车HYBRID标识

(c) 非插电式混合动力汽车HEV标识

(d) 插电式混合动力汽车PHEV标识

图5-3 新能源汽车标识

2. 通过充电口识别

(1) 如果车辆上有两个充电口，但是没有燃油加注口，那么这种车辆就是纯电动汽车。这两个充电口分别是慢充口和快充口，分别支持慢充和快充。

(2) 如果车辆上有一个充电口，同时还有一个燃油加注口，那么这种车辆就是插电式混合动力汽车。一般来说，插电式混合动力汽车只有慢充口，没有快充口。这种车辆既可以通过加注燃油补充能量，也可以通过外部充电的方式来得到能量。

(3) 如果混合动力车辆上只有一个燃油加注口，没有充电口，那么这种车辆就是非插电式混合动力汽车。这种车辆只能通过加注燃油补充能量，然后通过发动机将燃料的能量转换成电能。而无法直接通过外部充电的方式得到能量。纯电动汽车和混合动力汽车的充电口和加油口如图 5-4 所示。

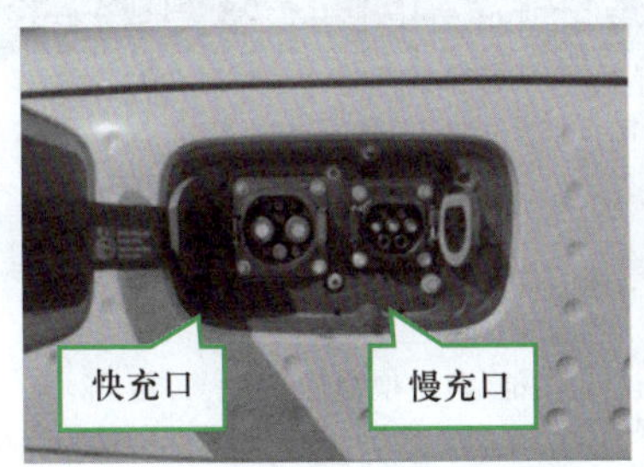

(a) 纯电动汽车的两个充电口

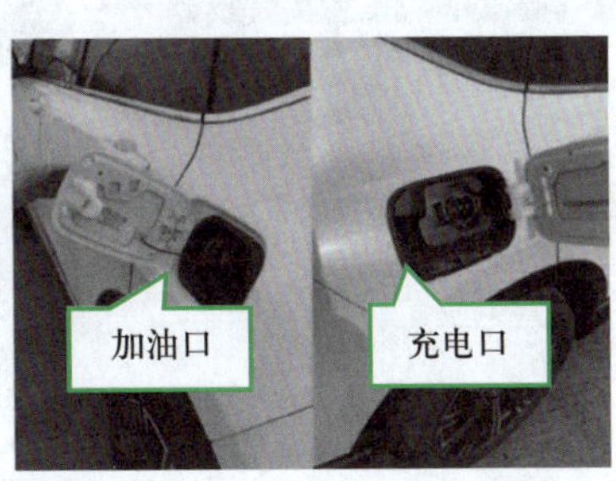

(b) 插电式混合动力汽车的加油口和充电口

图 5-4 纯电动汽车和混合动力汽车的充电口和加油口

3. 通过前机舱内部组成识别

(1) 如果车辆前机舱内没有发动机，只有电机控制器和充配电总成等高压部件，那么该车辆就是纯电动汽车。

(2) 如果车辆前机舱内既有发动机，又有电机控制器和高压线束等，那么该车辆就是混合动力汽车。

4. 通过仪表识别

(1) 如果车辆仪表上没有油量指示，只有电量指示，那么该车辆就是纯电动汽车。

(2) 如果车辆仪表上既有油量指示，又有电量指示，那么该车辆就是混合动力汽车，此外，有些混合动力汽车上还会有发动机转速表。

纯电动汽车和混合动力汽车仪表的区别如图 5-5 所示。

二、新能源汽车的正确驾驶

微课

纯电动汽车驾驶方法

1. 纯电动汽车的驾驶方法

下面以 2021 款比亚迪秦 EV 纯电动汽车为例，介绍纯电动汽车的正确驾驶方法。

(1) 换挡操纵机构。换挡杆上一共有四个挡位，分别是 P、R、N、D，如图

5-6 所示。其中 P 挡是停车挡，它以按键的形式存在，当按下此按键时，按键上的停车指示灯亮度增加，可实现停车。车辆关闭或起动时应处于该挡位。起动车辆时，踩下制动踏板，方可从 P 挡位切换至其他挡位。R 挡是倒车挡，必须在车辆完全停止后方可使用。N 挡是空挡，供临时停车时使用。无论出于什么原因，只要需要下车，就必须换至停车挡。D 挡是行车挡，正常行驶时使用此挡位。换挡成功后，换挡杆会自动回到中间位置。

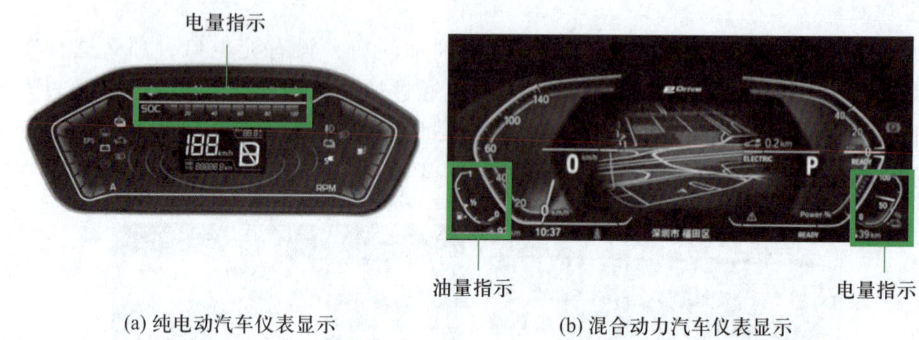

(a) 纯电动汽车仪表显示　　(b) 混合动力汽车仪表显示

图 5-5　纯电动汽车和混合动力汽车仪表的区别

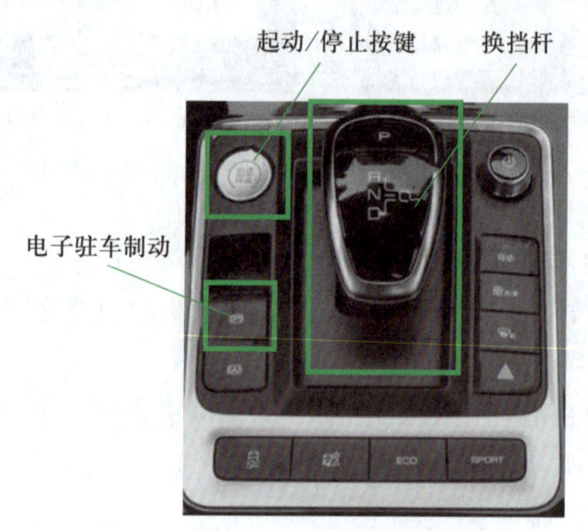

图 5-6　中控区域

（2）驾驶操作。在起动车辆时，需要携带有效的智能钥匙，踩下制动踏板的同时，按下“起动/停止”按键（图 5-6），当仪表上 OK 指示灯点亮（图 5-7），表示车辆达到可行驶状态。将挡位置于 D 或 R 挡（图 5-6），电子驻车制动会自动释放。听到电子驻车制动系统电机的释放声音即可行驶。松开制动踏板，车辆将缓慢向前行驶。踩下加速踏板，车辆将加速向前行驶。在行驶过程中，松开加速踏板或踩下制动踏板，车辆会进行制动能量回收，此时，驱动电机处于发电机模式，将车辆行驶的部分动能转化为电能，储存在动力电池中，仪表板功率表上的指针会指示在 CHARGE 区域（图 5-7），代表此时正在进行制动能量回收。驱动电机工作的同时也会产生反向制动力矩，通过传动系统传给车轮，从而使车辆减速或停车。这样既可以回收部分能量，又可以减少制动器的磨损。比亚迪秦 EV 有两种制动能量回收强度，分别是标准回馈和较大回馈模式，可以在多媒体设置中根据驾驶需求进行切换。在停车之后，应将挡位置于 P 挡，此时电子驻车制动会自动拉起。

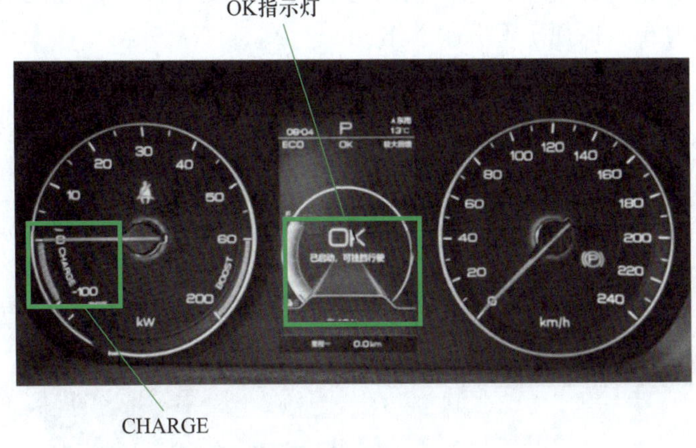

图 5-7　仪表盘

（3）低速提示音系统。纯电动汽车相比于传统的燃油汽车，在行驶时会更加安静，尤其是在低速行驶时，纯电动汽车产生的噪声非常小，这可能会导致行人无法感知到后方即将驶来的车辆。为了保护行人，减少事故的发生，纯电动汽车会有一个低速提示音系统（AVAS）。又叫“发动机模拟器”，当车辆低速行驶时，对接近车辆的行人发出提示声音。比亚迪秦 EV 的低速提示音系统的工作逻辑如下：

① 当车速在 0～20 km/h 时，提示音音量随着车速的增加而增大；

② 当车速在 20～30 km/h 时，提示音音量随车速的增加而降低；

③ 车速>30 km/h，提示音自动停止；

④ 倒挡行驶时，车辆发出持续均匀的提示音。

2. 混合动力汽车的驾驶方法

下面以第三代普锐斯混合动力汽车为例，介绍混合动力汽车的正确驾驶方法。

（1）智能钥匙及一键起动按钮。普锐斯配备智能钥匙及一键起动按钮，如图 5-8 所示。在智能钥匙感应范围内，踩下制动踏板，按下一键起动按钮，整车即完成上电起动。

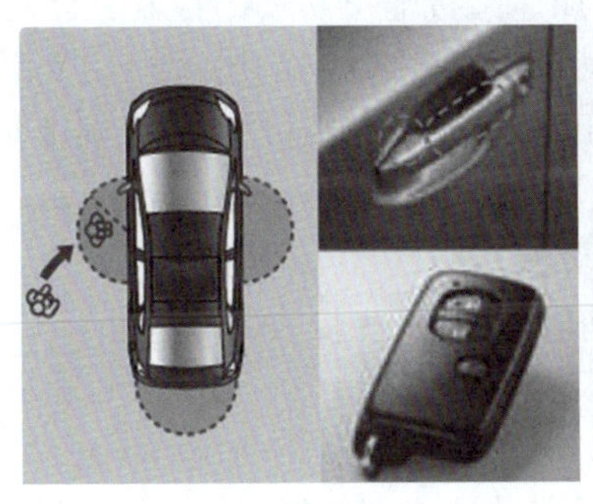

图 5-8　普锐斯混合动力汽车智能钥匙及一键起动按钮

（2）电子换挡系统。换挡杆及 P 挡开关如图 5-9 所示。其变速杆位于悬浮式中控台上。变速杆设计为能够始终回到原始位置的形式，因此，当前的变速杆位置可通过换挡位置指示器进行确认。使用时只需手指轻轻拨动即可换挡。手一旦松开，手柄即可复位，以便于下一次操作。

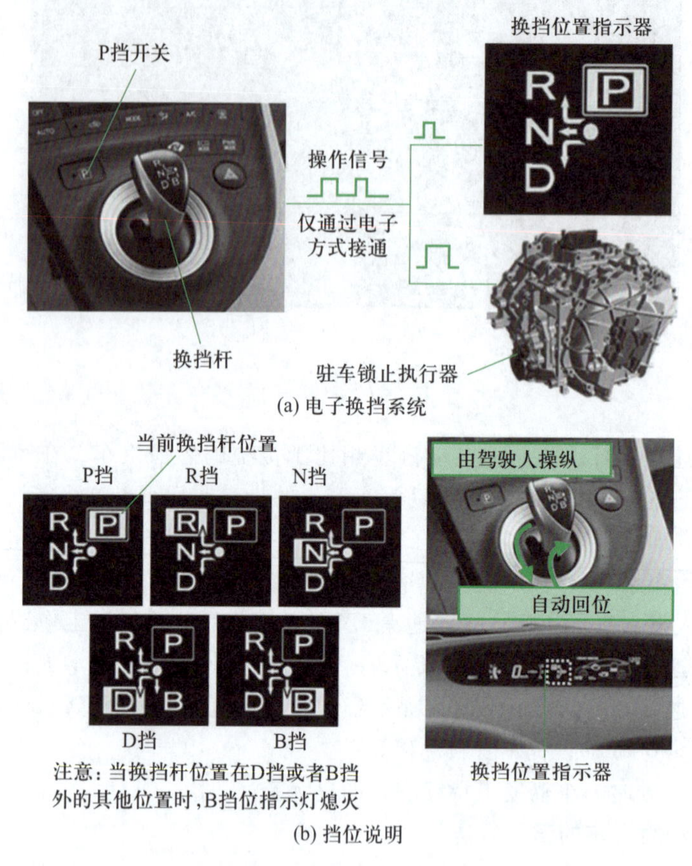

图 5-9 电子换挡系统

（3）驾驶模式选择。除常规驾驶模式以外，根据具体状况，普锐斯还可选择三种不同的驾驶模式，如图 5-10 所示。按下 EV 键，便可单独依靠电动机行驶；在 ECO 节能驾驶模式下，通过对加速踏板输出功率的控制，以及将空调系统的运转控制在最小范围，进一步降低油耗，实现节能驾驶；按下 PWR 键，即可提高加速踏板的反应灵敏度，在急坡、山路等地段驾驶时，可感受到迅猛的强劲动力。

三、仪表指示灯的识别

与燃油汽车相比，纯电动汽车新增了一些仪表标识、指示灯和故障信息等内容。如图 5-11 所示。

1. 仪表标识

（1）动力电池荷电状态。指示动力电池的剩余工作容量。多用指针式、数字模拟指示条、数字式显示器。若为数字显示器，可以永久显示，或在驾驶人需要时

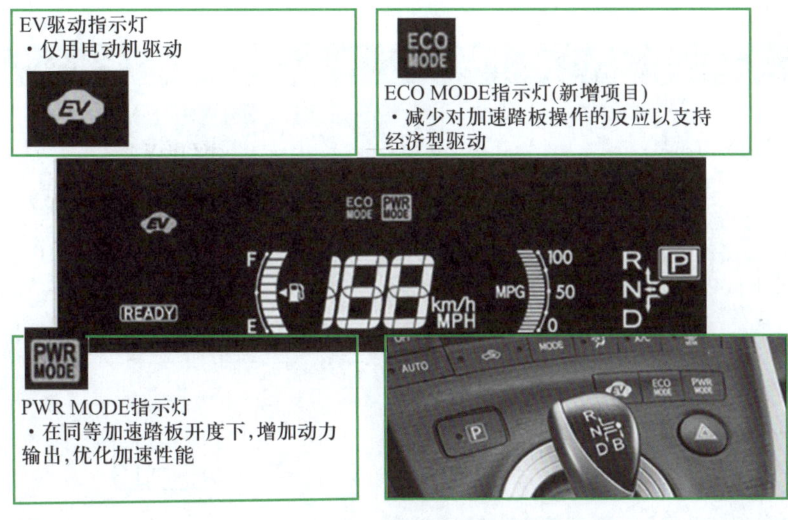

图 5-10　驾驶模式选择

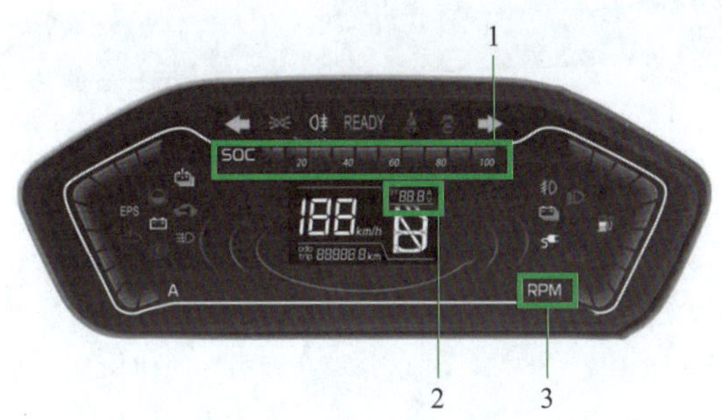

1—动力电池荷电状态；2—动力电池电压和电流；3—驱动电机转速

图 5-11　纯电动汽车仪表

随时给出指示，示值应清晰。当 SOC 低于某一规定值，应特别明显地标示出来。如果使用动力电池更换系统，最好能自动复位，如不能自动恢复到全充满状态，则应能人工复位。

（2）动力电池电压和电流。有些纯电动汽车会在仪表上显示动力电池的电压和电流，一般会采用数字显示的方式，用来指示车辆加速和减速时动力电池电压和电流的变化情况。由于车辆在行驶过程中动力电池的电压和电流变动量大，数字变动太快，为了避免引起驾驶人过多的关注，造成驾驶人注意力不集中，所以动力电池电压和电流的显示区域一般较小。

（3）驱动电机转速。有些纯电动汽车还会在仪表上显示驱动电机转速。在行驶过程中驱动电机转速变化较快，为了避免引起驾驶人过多的关注，造成驾驶人注意力不集中，所以驱动电机转速的显示区域一般也比较小。当转速超过某一规定值，应特别明显地标示出来。

2. 指示灯

纯电动汽车一般会新增如表 5-6 所示的仪表指示灯。

表 5-6 仪表指示灯

指示灯名称	图案
Ready 指示灯	Ready
动力电池充电状态指示灯	
驱动电机过热警告灯	
动力系统故障警告灯	
动力电池故障警告灯	– + !
动力电池过热警告灯	– +
动力电池绝缘电阻故障指示灯	– + HV
高压断开故障灯	– +

（1）Ready 指示灯。Ready 指示灯点亮表示驱动电机、动力电池、电机控制器高压部件无故障，高压电已经上电至逆变器，高压上电已经准备就绪，踩下加速踏板汽车即可行驶。有的纯电动汽车用“OK 灯”表明上电就绪，比如比亚迪纯电动汽车车型。

（2）动力电池充电状态指示灯。当充电机向动力电池充电时指示灯闪亮，表示当前处于充电状态，充电完成时，此灯变为常亮。提示：充电时不可上电行驶。

（3）驱动电机过热警告灯。当驱动电机及其控制器温度过高时此警告灯点亮，此时如果继续行驶将对车辆安全性或性能造成严重影响。

（4）动力系统故障警告灯。动力系统有故障时，该警告灯亮，比如互锁监测识别到了一个故障。

（5）动力电池故障警告灯。指动力电池管理系统发现有电压不一致、温度过高等电池故障。

（6）动力电池过热警告灯。当某设备温度过高可能会对车辆的安全或性能造成很严重的影响时，该警告灯向驾驶人发出警告。

（7）动力电池绝缘电阻故障指示灯。当动力电池内部高压部分存在漏电时，该指示灯会点亮，此时车辆高压电将被切断，车辆无法行驶。

（8）高压断开故障灯。该故障灯点亮时，车辆将无法高压上电，故障原因是动力电池内部接触器或配电箱内的接触器已经自动断开，高压系统发生了严重故障。

3. 故障信息提醒

（1）驱动电机超速提醒信息。当驱动电机超速时，车辆会用声信号和光信号向驾驶人发出警告。

（2）动力电池剩余容量下限提醒信息。当动力电池剩余容量低于某个百分数（例如 25%）时，会通过信号装置提醒驾驶人。

（3）高压绝缘性能下降提醒信息。当绝缘电阻低于规定值时会通过信号装置提醒驾驶人。绝缘电阻包括动力电池绝缘电阻、动力系统和车辆底盘之间绝缘电阻、动力系统和辅助电路之间绝缘电阻。

（4）驾驶人不安全停车提醒信息。当驾驶人离开车辆，如果驱动系统仍处于“可行驶”状态，会通过信号装置提醒驾驶人。

四、新能源汽车使用注意事项

1. 动力电池的使用

（1）车辆充电尽量浅充浅放，当电池电量接近 30% 时，请立刻充电，这样可以提高电池的使用寿命。

（2）纯电动车辆在冬季低温行驶后，应及时充电，避免因长时间停驶导致动力电池温度低，造成用电浪费和充电延时。

（3）按照保养规定里程定期进行车辆保养。

（4）车辆长期停放时应将 12 V 低压电源线断开，并应该按照厂家要求对电池进行定期充放电，以保证电池寿命。

（5）非专业维修人员绝对不要自行拆卸、调整、安装和改装纯电动汽车。

2. 车辆的清洗

在清洗过程中充电接口盖板必须处于关闭状态，否则可能导致车辆和充电接口损坏。充电接口上有污物时，只能由经过相应培训的人员进行清洁，否则存在因电压较高而导致受伤的危险。此外，应定期打开前机舱盖清除风窗玻璃下方区域的树叶等异物，尤其是冬季，应更频繁地清洗车辆，因为污物和融雪盐较多可能会导致车辆损坏。

3. 新能源汽车的牵引

当新能源汽车发生事故需要拖车时，如果拖车时驱动轮着地可能导致危险，这是因为拖动驱动轮可能（通过电机）使高电压系统内产生感应电压并造成损坏，因此，必须将新能源车辆前后轮均放置于平板车上进行运输，如图 5-12 所示。

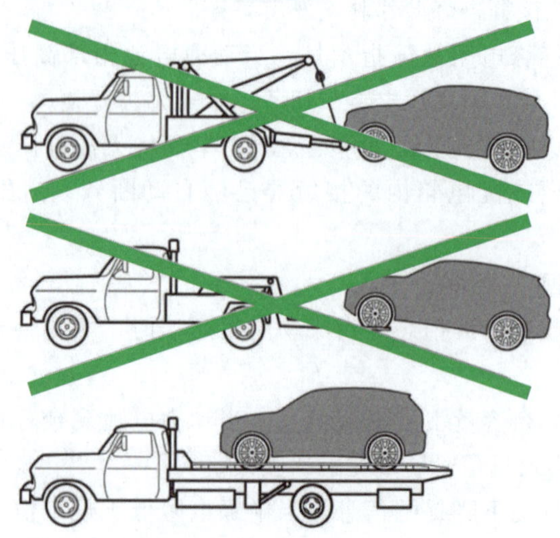

图 5-12 牵引新能源车辆

拓展迁移

解密“弹匣电池”

2021 年，广汽埃安发布“弹匣电池”，该电池通过三元锂电池整包针刺不起火试验。该电池的耐热稳定电芯和隔热电池安全舱，是电池通过试验的关键所在。

（1）耐热稳定电芯。

① 正极材料。

通过对电芯正极材料进行掺杂与包覆工艺相结合，实现了材料本征改性与表面修饰改性的复合，有效改善了材料表面特性和导电性能，从而可以提高材料的电化学性能。在保证高镍正极活性的同时，进一步提升了电芯的热稳定性。

② 自修复 SEI 膜。

通过在电解液中增加新型的添加剂，能够分别实现隔膜自修复、降低热失控反应产热的功能，从而起到改善电芯寿命，降低电芯短路风险的作用。

③ 高安全电解液。

在加热至 120 ℃ 以上时，高安全电解液能在高温下自发聚合形成高阻抗特性聚合物膜，大幅降低热失控反应产热。

正是有了纳米级包覆及掺杂技术、自修复 SEI 膜、高安全电解液等技术的应用，使得电芯的耐热温度提升 30%。

（2）隔热电池安全舱。

① 网状纳米孔隔热材料。

将电芯放置在隔热电池安全舱内，就如同弹匣般排列，再使用网状纳米孔隔热材料将电芯单独分隔，实现三元锂电芯热失控不蔓延至相邻电芯。

② 耐高温上壳体。

电池舱采用了能耐温 1 400 ℃以上的上壳体，可以让三元锂电芯热失控不蔓延至相邻电芯，从而有效保护电池整体。

主题3 新能源汽车安全充电

课堂导入

超级充电技术进入新阶段

2020年6月，国家电网有限公司与日本CHAdeMO协会分别发布《电动汽车超级传导充电技术白皮书》和CHAdeMO3.0标准，标志着超级充电技术迈入标准制定与产业应用新阶段。在新标准下，直流充电桩的最大电流可达600 A，最高电压达1 500 V，乘用车的充电功率提升到400 kW，商用车的充电功率更是能增加到900 kW，充电时间可以大幅缩短到10 min以内，有力推动了新能源汽车超级快充技术的发展。

学习内容

一、新能源汽车充电系统的组成

对于纯电动汽车和插电式混合动力汽车来说，动力电池充电系统是不可缺少的子系统之一，它的功能是将电网的电能转化为车载动力电池的电能，当高电压动力电池充满电后自动停止充电。动力电池充电系统主要由充电机、充电设备和车载充电接口三部分组成。

微课

新能源汽车充电系统的组成

1. 充电机

充电机是将电网提供的交直流电能转化为车载动力电池所需的直流电能的装置。纯电动汽车和插电式混合动力汽车充电机分为车载充电机（安装在车内）和非车载充电机（安装在充电桩内）两种。

车载充电机是指将充电机安装在插电式混合动力汽车或纯电动汽车上，采用地面交流电网或车载电源对动力电池进行充电的装置，如图5-13所示。车载充电机负责与交流电网建立连接并满足车辆充电电气安全要求。此外，还通过控制导线与车辆建立通信，这样可以安全启动充电过程并在车辆与车载充电机之间交换充电参数（例如最大电流强度）。

非车载充电机将充电机安装在地面充电装置，比如直流快充桩内。非车载充电机充电速度快，但价格昂贵。

2. 充电设备

充电设备是指为满足纯电动汽车或插电式混合动力汽车充电需求而配备的户外使用型供电设备，可固定在停车场、广场及其他便于新能源汽车停靠的地点。充电设备给纯电动汽车或插电式混合动力汽车提供单相或三相交流电源，使用标准非接触式智能卡控制充电开始和结束，并提供过压、过流、过温、防雷等系统保护功能。

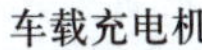

图 5-13 车载充电机

(1) 移动充电包。移动充电包就是一条充电线，只要带着充电线，在任何有普通电源插口的地方都可以充电。其体积和质量均较小，所以使用非常方便，宝马i3 移动充电包如图 5-14 所示。它包括电缆箱、用于连接家用插座的插头和用于连接车辆的插头。移动充电包可以放在前机舱盖下方的移动充电包盒内或者行李舱内。由于移动充电包通过普通家用插座连接到交流电压网络上，因此限制了其最大充电电流强度，属于车载慢充系统。

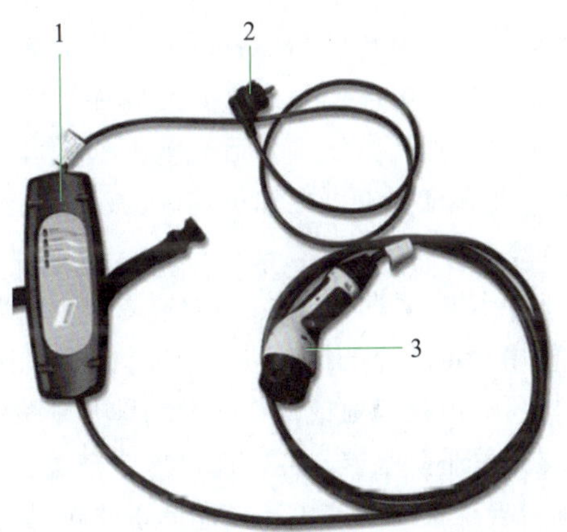

1—电动车辆供电设备（又称为电缆箱）；2—用于连接家用插座的插头；3—用于连接车辆的插头

图 5-14 宝马 i3 移动充电包

移动充电包比较大的优势在于，进行动力电池充电时可将充电电缆连接到任何带有保护触点的普通家用插座上。需要注意的是，使用家用插座为新能源汽车充电时，也需要考虑插座及线路的承受能力，如果使用一些伪劣产品，也可能导致充电插座烧毁、线路烧熔等事故。

(2) 固定充电桩。插电式混合动力汽车与纯电动汽车供电设备根据其尺寸和电气要求必须以固定方式安装，例如，在客户室内或车库内安装；在公共场所如停车场也可以设立这种充电桩。固定安装式充电桩设备（简称充电桩）分为交流充电桩和直流充电桩。

交流充电桩可通过 2 相或 3 相方式将交流充电桩连接至交流电压网络，但始终通过单相方式与新能源汽车充电接口进行连接。固定安装式交流充电桩包括落地式和挂壁式两种，如图 5-15 所示。与移动充电包不同，充电桩的最大电流强度可达 32 A，最大充电功率可达 7.4 kW，其最大值由安装场地电气安装所用导线横截面积大小决定。进行安装时，电气专业人员应根据导线横截面积进行充电桩配置，从而确保通过控制信号可将相应最大电流强度的电流传输至车辆。

(a) 落地式充电桩

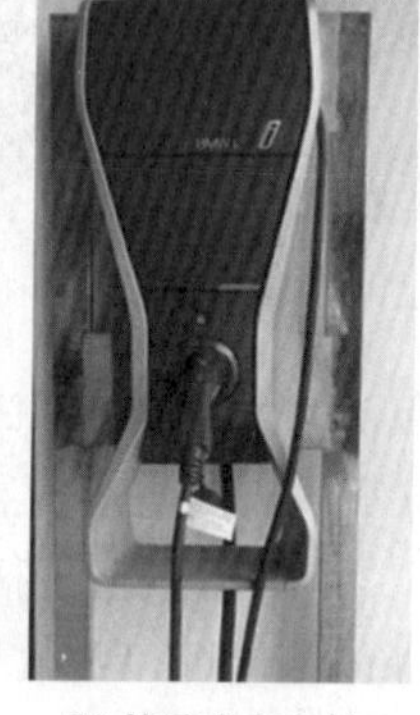

(b) 挂壁式充电桩

图 5-15 固定安装式交流充电桩

直流充电桩是固定安装式充电桩的另一种形式。与交流充电桩不同，在直流充电桩内已将交流电压转化为直流电压。因此，其与新能源汽车连接，无须通过车载充电机就能将交流电压转化为直流电压。直流充电桩通常可提供远高于交流充电桩的充电功率。因此，通过直流充电桩可更加迅速地为动力电池充电。

3. 车载充电接口

插电式混合动力汽车与纯电动汽车车载充电方式可分为快充和慢充，为了保证充电迅速、高效，需要使用特定的充电接口进行充电，就像在传统燃油汽车上必须打开燃油箱盖加油一样。按压充电接口盖或操作遥控钥匙开锁按钮可以使充电接口盖打开。此外，充电时需要保证整车防水密封性，通过另一个端盖防止充电接口受潮和弄脏，如图 5-16 所示，而且要保证车载充电接口能够承受瞬时大电流的充电过程。

图 5-16 充电接口防潮保护装置

车载充电接口一般设置在车辆的侧面（原燃油箱盖位置）和前面（车标后面），不同厂家在充电接口位置设置时略有不同。比亚迪 E6 纯电动汽车的车载充电接口如图 5-17 所示。它可以用直流充电桩给汽车进行充电，以 100 A 或 300 A 的充电电流给动力电池充电（连接图中左侧快速充电接口）；也可以用充电桩或家用 220 V 交流电充电（连接图中右侧慢充充电接口）。

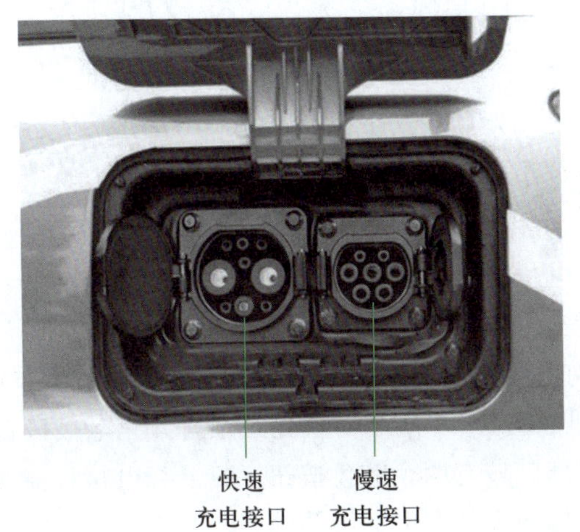

图 5-17　比亚迪 E6 纯电动汽车车载充电接口

慢速充电接口，也叫交流充电接口，如图 5-18 所示，它有七个端子，这七个端子分别是：CP 代表导引端子，CC 代表连接确认端子，N 代表中线端子，PE 代表接地端子，L1、L2 和 L3 代表三个相线端子。如果使用单相 220 V 交流电源充电，那么需要用到相线 L1，中线 N 以及 CC，CP 和 PE 这五个端子。如果使用三相交流电源充电，那么就需要用到 L1、L2、L3，这三个相线端子和其他的四个端子。

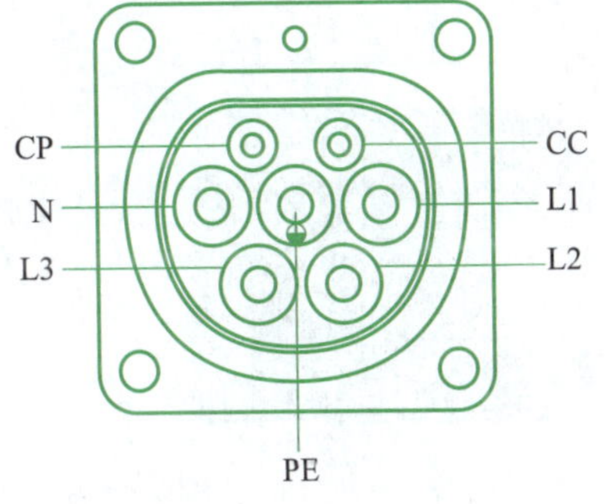

图 5-18　交流充电接口

快速充电接口，也叫直流充电接口，如图 5-19 所示，它有九个端子，这九个端子分别是：s+代表通信 CAN_H 端子，s-代表通信 CAN_L 端子，CC1 代表充电连接确认 1 端子，CC2 代表充电连接确认 2 端子，DC+代表直流电正极导线接口，DC-代表直流电负极导线接口，PE 代表接地端子，A+代表低压辅助电源正极端子，A-代表低压辅助电源负极端子。

当启用车辆锁止功能时充电接口就会电气锁止充电插头。即使不锁止车辆，只要有充电电流，充电口的电气锁止功能也会启用。充电口会通过一个电控锁钩来锁止充电插头，宝马 i3 充电插头锁止组件如图 5-20 所示，防止充电期间拔出充电插头从而产生电弧。

充电插头的锁止状态可通过一个微型开关识别，微型开关打开时表示充电插头处于锁止状态，微型开关关闭时表示充电插头处于中间位置或解锁状态。车辆解锁

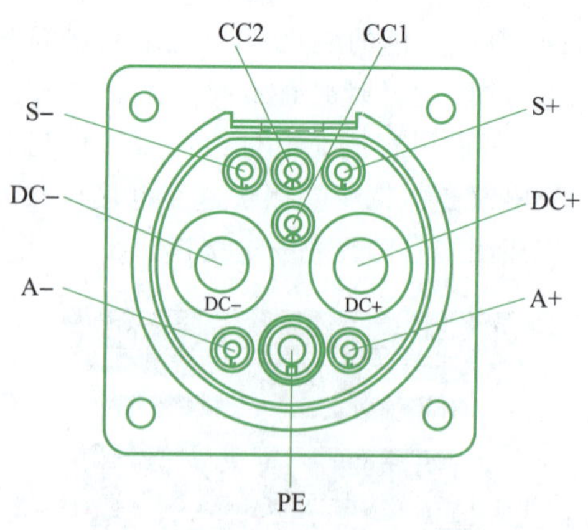

图 5-19 直流充电接口

时也会以电气方式使充电插头解锁，从而结束正在进行的充电过程。当打开充电接口盖的电气部件损坏时（例如上锁电机失灵），可通过手动方式使充电插头解锁，宝马 i3 应急开锁按钮如图 5-21 所示。首先必须打开充电接口盖一侧的后车门，打开后车门时可看到下部区域有两个蓝色按钮，打开充电接口盖时必须拉动上方蓝色按钮，拉动下方蓝色按钮会使充电插头解锁。

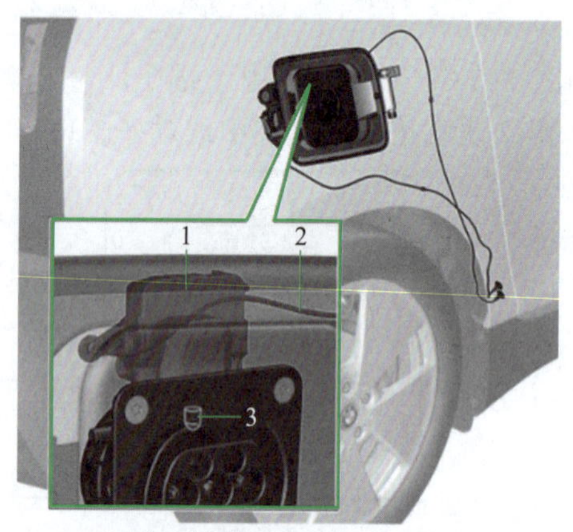

1—锁止充电插头的电动驱动装置；2—充电插头防潮保护盖应急开锁的拉线；3—锁钩

图 5-20 宝马 i3 充电插头锁止组件

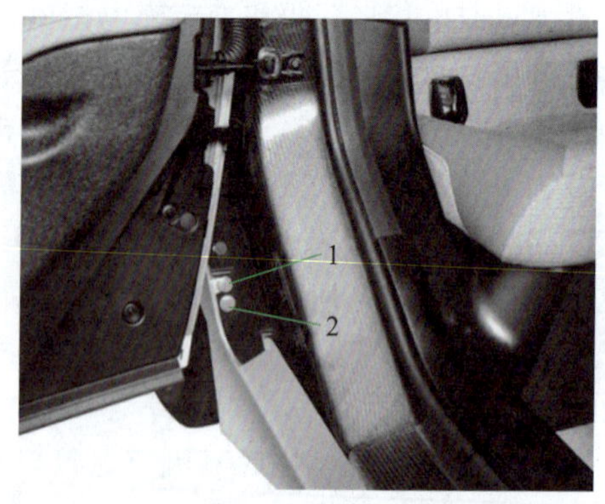

1—用于充电接口盖应急开锁的按钮；2—用于充电插头防潮保护盖应急开锁的按钮；

图 5-21 宝马 i3 应急开锁按钮

二、新能源汽车的充电方式

微课 新能源汽车充电方法

新能源汽车的充电方式主要有快速充电（直流快充）和常规充电（交流慢充）。

直流快充主要是通过充电站的充电桩将直流高压电直接通过直流充电口给动力电池充电。

交流慢充主要是通过家用电源插头和交流充电桩接入交流充电口，通过车载充电机将 220 V 交流电转化为 330 V 直流电（以比亚迪 e6 为例）给动力电池充电。

在一些特定的情况下，可以为新能源汽车更换已经充满电的动力电池，更换下来的动力电池再单独充电备用。

1. 直流快充

直流快充是以较大的直流电流在电动汽车停车的 20 min 至 2 h 内，为其提供短时间充电服务，一般充电电流为 150 ~ 400 A。快充模式的优点是充电时间短。但是，快充也存在它的缺点。

长期快充会降低动力电池使用寿命。由于受电池技术影响，目前电动汽车使用最多的就是锂电池。锂元素是比钠还要活跃的金属元素之一，快充易使锂元素太过活跃，从而使电池中的电解液发生沉淀，产生气泡，也就是平常人们所看到的电池身上易凸起的“小包”，摸上去有感觉发热等情况，甚至导致电池爆炸等安全事故，因此充电电流不宜过大。

电动汽车充电快慢与充电器功率、电池充电特性和温度等紧密相关。在当前电池技术水平下，即使快充也需要 30 min 才能充电到电池容量的 80%，超过 80% 后，为保护电池安全，充电电流必须变小，充电到电池容量 100% 的时间将较长。此外，在冬天气温较低时，要求对充电电池充电电流变小，充电时间会变得更长。

2. 交流慢充

动力电池在放电终止后，应立即充电（在特殊情况下也不应超过 24 h）。交流充电电流相当低，约为 15 A。常规的充电方法都采用小电流的恒压或恒流充电，一般充电时间为 5 ~ 8 h。交流慢充方式是利用车载充电机，接 220 V 交流电进行充电即可。

（1）交流慢充适用情况：① 用户对电动汽车的行驶里程要求相对较低，车辆行驶里程能满足用户 1 天使用需要，利用晚间停驶时间可以完成充电；② 充电电流和功率比较小，因此在居民区、停车场和公共充电站都可以进行充电；③ 规模较大的集中充电站，能够同时为多辆电动乘用车提供停车场地并进行充电。

（2）交流慢充优点：① 尽管充电时间较长，但因为充电所需功率和电流的额定值并不关键，因此充电器成本和安装成本比较低；② 电动汽车依靠充电桩可以在夜间用电低谷充电（北京电网峰谷差达 40%），有利于改善电网运行质量，减少电网为平衡峰谷差投入的费用，可以说基本上不增加电网的负荷，汽车使用者和电网双赢；③ 可提高充电效率和延长电池的使用寿命。与直流快充相反，交流慢充的充电电流小，有利于提高充电效率和延长电池的使用寿命。

交流慢充模式的主要缺点是充电时间过长，难以满足车辆紧急使用的需求。此外，我国城市的建筑密度也无法满足电动汽车对充电桩的需求，我国城市建筑结构以高楼为主，地面停车场数量有限，会造成有的车充不上电。这种充电模式通常适用于续驶里程大的电动汽车，可满足车辆一天的行驶需要，仅仅利用晚间停驶时间进行充电的情况。

3. 更换电池方式

充电难、充电时间长等问题一直困扰着新能源汽车用户。北汽新能源与北京石油签订战略合作协议，利用加油站场地资源建设换电站，并首先应用于北汽新能源电动出租车，如图 5-22 所示。

图 5-22 北汽新能源电动出租车换电服务

北汽新能源开发的 C50EB 换电出租车换一块充满电的电池仅需要 3 min，而且换一次电池可以行驶 200 km，不仅可以提高驾驶人的运营效率，还可以实现出租车的双班运营，提高出租车公司的效益。

直接更换电动汽车的动力电池时需要考虑的是：由于动力电池质量较大，对更换电池的专业化要求较高，需要配备专业人员借助专业设备来快速完成电池的更换、充电和维护。

采用这种方式具有如下优点：

（1）电动汽车用户可租用充满电的动力电池，替换需要充电的动力电池，有利于提高车辆使用效率，也提高了用户使用的方便性和快捷性。

（2）对替换下来的动力电池可以利用用电低谷时段进行充电，降低了充电成本，提高了车辆运行经济性。

（3）从另一个侧面来看，也解决了充电时间乃至蓄存电荷量、电池质量、续驶里程不足及价格高等难题。

（4）可以及时发现动力电池中单体电池的故障，对于动力电池的维护工作具有积极意义，动力电池放电深度的降低也将有利于提高动力电池的寿命。

应用这种方式面临的主要问题是：动力电池与电动汽车的标准化；电动汽车的设计改进、充电站的建设和管理，以及动力电池的流通管理等。

三、充电注意事项

1. 充电电源选择注意事项

微课

新能源汽车充电

电动汽车的逐步普及已是不争的事实，然而目前充电和续驶里程问题是电动汽车推广普及的主要瓶颈。电动汽车车主在给电动汽车选择充电电源时需要注意以下事项。

目前国家电网正在规划充电站，由于工程量大，投入成本高、周期长，加上充电时间长，车位少，充电站覆盖点少等导致车主无法方便地给自己的电动汽车进行充电。因此，有的车主就会在家里拉出线缆，私自改造充电接口给电动汽车充电，这种方式存在安全隐患。

由于技术和工艺的限制，目前电动汽车车载充电器功率都比较小，一般为 3 kW 左右，采用 220 V 家用电充电的电流在 16 A 左右，而一般情况下入户电流最大不超过 16 A，因此家用电缆容易因过载而引起火灾。

建议车主使用充电桩进行充电，因为充电桩能根据供电电源的容量自动限制车载充电器的充电功率，并能在出现故障后安全可靠切断电源，避免火灾等事故发生。国家标准不建议在没有充电桩的情况下进行充电，更是禁止在没有充电桩的情况下采用三相工业用电进行充电。目前电动汽车充电市场并未完善，充电手段参差不齐，直接将充电枪插到家用电上充电的现象也并不少见。电动汽车车主需要注意的是，如不按照国家标准或不按照电动汽车用户手册推荐的充电方式进行充电，那么出事故后车主是不能得到相关权利保护的。针对这种情况，目前很多新能源汽车厂家都会为购买新能源汽车的车主标配充电桩，车主可以在小区里申请安装充电柱给汽车充电。

2. 充电时的注意事项

（1）混合动力汽车上插有充电电缆时不要加油，与易燃品保持充足安全距离，否则未按规定插入或拔出充电电缆时存在因燃油燃烧等原因导致人员受伤或物品损坏的危险。

（2）通过家用插座为高电压动力电池充电会导致插座上出现较高持续负荷。因此必须遵守以下说明。

① 不要使用延长电缆和插线板，如图 5-23 所示。

图 5-23　延长电缆和插线板

② 充电结束后，首先拔出车上的充电插头，然后再拔出充电桩上的充电插头。

③ 避免被绊倒压住充电电缆和插座以及增加充电电缆和插座机械负荷。

④ 不要将充电插头插在损坏的插座上。

⑤ 不要使用已经损坏的充电电缆。

⑥ 为动力电池充电时，充电插头和充电电缆可能会变热。如果已经过热，则充电插座不适合或充电电缆已损坏，应立即中止充电并让电气专业人员进行检查。

⑦ 反复出现充电故障或中断情况时，应立即联系具有资质的维修人员。

⑧ 不要用手指或物体接触插头触点区域。

⑨ 切勿自行维修或改动充电电缆。

⑩ 清洁前，将充电电缆两侧均从插座中拔出，注意不要将充电电缆浸入液体内。

⑪ 充电期间，不允许进行自动洗车。

⑫ 仅在经过电气专业人员检查的插座上进行充电。

⑬ 在不了解的基础设施/插座上充电时，遵守用户手册内的特殊说明。在车上将充电电流设置为“较低”。

四、充电状态识别

插电式混合动力汽车与纯电动汽车充电时可以通过充电接口的充电指示灯、220 V 家用移动充电包的集成式电缆箱指示灯、充电桩（机）用户操作界面或按钮指示灯等进行充电状态的识别。

1. 充电接口的充电指示灯

充电接口的充电指示灯通常是单个 LED 指示灯和 C 形光导纤维 LED 指示灯。

奇瑞 S15EV 采用了单个 LED 指示灯，位于充电接口下方，打开充电接口盖就可以看到，如图 5-24 所示。

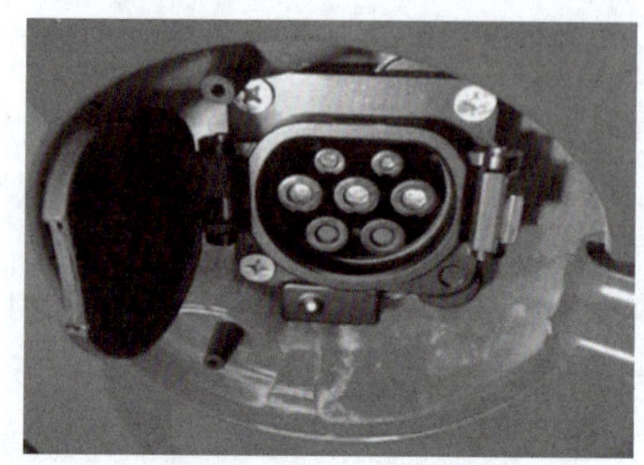

图 5-24　充电状态指示灯

充电状态指示灯闪烁方式见表 5-7。

表 5-7　充电状态指示灯闪烁方式

序号	充电状态	指示灯状态
1	正在充电	红灯常亮
2	满电	绿灯常亮
3	充电暂停	黄灯常亮
4	故障	不亮

宝马插电式混合动力汽车与纯电动汽车有一个 C 形光导纤维围绕在车辆充电接口周围，通过其可显示出充电状态，同时，光导纤维还用作充电接口定向照明。

充电接口定向照明装置用于在插上和拔下充电电缆时为驾驶人提供方向引导。充电接口盖打开后，两个 LED 就会发出白光，如图 5-25 所示，当其识别出正确插入的充电插头后，就会关闭定向照明装置并显示初始化状态。

正确插入充电插头后就会立即开始初始化，初始化阶段最长持续 10 s。期间，LED 显示频率为 1 Hz，显示黄色闪烁灯光，如图 5-26 所示。成功进行初始化后可开始为动力电池充电。

LED 显示蓝色闪烁灯光，表示目前处于动力电池充电过程，如图 5-27 所示。

图 5-25　定向照明状态指示灯（白光）

图 5-26　初始化状态指示灯（黄光）

图片
定向照明状态指示灯（白光）

图片
初始化状态指示灯（黄光）

充电结束时，LED 显示绿色持续亮起灯光，表示动力电池充电状态为“已完全充电”，如图 5-28 所示。

图 5-27　正常充电状态指示灯（蓝光）

图 5-28　充电结束状态指示灯（绿光）

图片
正常充电状态指示灯（蓝光）

图片
充电结束状态指示灯（绿光）

如果在充电过程中出现故障，LED 就会显示红色闪烁灯光表示相关状态，如图 5-29 所示。

图 5-29　充电时故障状态指示灯（红光）

图片
充电时故障状态指示灯（红光）

2. 220 V 移动充电包集成式电缆箱指示灯

220 V 家用移动充电包集成式电缆箱指示灯如图 5-30 所示。各指示灯状态定义见表 5-8。

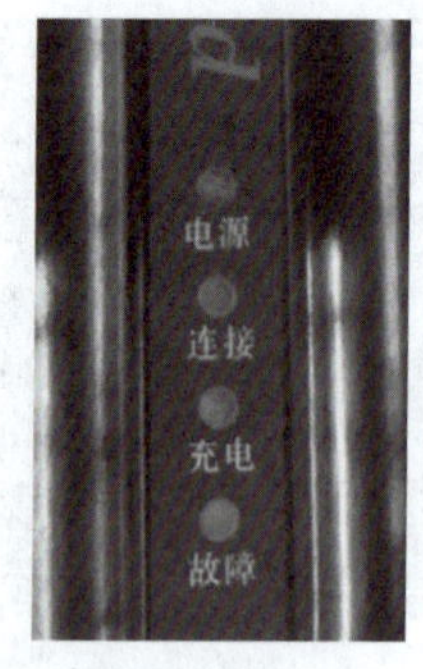

图 5-30 移动充电包集成式电缆箱指示灯

表 5-8 移动充电包集成式电缆箱指示灯状态定义

指示灯	状态说明
电源状态灯（正面第 1 个）	绿灯常亮——充电线连接家用插座正常并且有电
连接状态灯（正面第 2 个）	绿灯常亮——充电枪与车辆插座连接正常
充电状态灯（正面第 3 个）	黄灯闪烁——设备正在为电动汽车充电 黄灯常亮——电动汽车充满电状态
故障状态灯（正面第 4 个）	常亮/闪烁——故障状态

拓展迁移

无线充电标准制定：中国走在最前沿

无线充电是继交流充电、直流充电和换电之后的一种新的充电技术，无线充电技术通过在停车位等地面安装发生装置，在整车底盘位置安装接收装置，依靠电磁转换原理，将电能传输至整车的电池内。无线充电如图 5-31 所示。与以充电桩为代表的有线插拔方式相比，无线充电更具有安全性与可靠性。

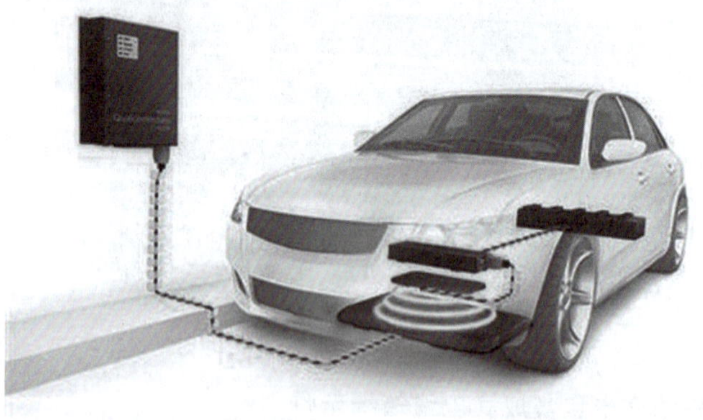

图 5-31 无线充电

目前无线充电技术主要有电磁感应式、磁场共振式、电场耦合式和无线电波式四种基本方式。在2019年，我国各大科研机构联合，创新性地提出了基于双边LCC拓扑的汽车无线充电技术，在进行多次研讨之后，2020年、2021年我国陆续发布GB/T 38775系列标准。这标志着在电动汽车无线充电领域，我国的标准制定走在了世界前列。在无线充电这一领域，中国国标是世界首发，具有前瞻性，为我国无线充电技术商业化落地奠定了重要的基础。

复习巩固

1. 选择题。

(1) 直接影响电动汽车百公里耗电量的因素是（　　）。

A. 车辆工况　　B. 车辆高度

C. 车辆宽度　　D. 电池充电速度

(2) 设一辆电动汽车电池容量为80 kW·h，使用220 V交流电源给该电动汽车充电，其充电功率每小时最大6 kW，请问在理想状态下充满电约需要多少h？（　　）

A. 20.5　　B. 13.3　　C. 18.5　　D. 9.5

(3) 下列哪个挡位是制动能量回收挡。（　　）

A. D挡　　B. N挡　　C. B挡　　D. R挡

(4) 下列哪个标识代表纯电动汽车？（　　）

A. PHEV　　B. EV　　C. HEV　　D. CNG

(5) 在实际充电时，下列哪个选项不是影响充电时间的因素？（　　）

A. 电池容量　　B. 车身质量

C. 电池材料　　D. 充电桩功率

2. 判断题。

(1) 影响电动汽车动力电池续航时间的因素还有充电桩功率的大小。（　　）

(2) 选用直流充电要比交流充电所用的时间要长些。（　　）

(3) 电动汽车驱动电机功率的关键在于驱动电机的特性。（　　）

(4) 充电期间，不允许进行自动洗车。（　　）

(5) Ready灯亮，表示车辆已经高压上电，可以行驶。（　　）

3. 请写出表5-9中指示灯的名称。

表5-9　指示灯图案及名称

图案	指示灯名称
Ready	

续表

图案	指示灯名称
HV	

4. 新能源汽车在充电时有哪些注意事项？
5. 直流快充和交流慢充有哪些优缺点？
6. 纯电动汽车的驾驶方法与燃油汽车有哪些区别？

学习思考

1. 学习自评

请同学们结合个人学习情况，按照完全掌握、部分掌握和没掌握三个等级进行自我学习评价。

	完全掌握	部分掌握	没掌握
（1）新能源汽车性能参数	□	□	□
（2）新能源汽车正确使用	□	□	□
（3）新能源汽车安全充电	□	□	□

2. 个人收获及思考

同学们通过对本单元的学习，在知识、技能与素质方面都有什么收获呢？是否还存在什么问题？思考一下，记录下来吧！

（1）知识：

____

____

____

（2）技能：

____

____

____

（3）素质：

____

____

____

（4）存在问题：

____

____

____

单元六

新能源汽车安全维护

新能源汽车不同于传统燃油汽车，由于所使用的技术不同，系统当中存在着高压电，如果在使用过程或者某些售后服务环节不采取必要的预防措施，就很有可能导致触电事故的发生，而发生高压电触电事故对人体造成的危害非常大，因此，我们必须要熟悉新能源汽车的高压电系统，掌握新能源汽车的用电安全，并且能够对新能源汽车进行专业的维护。

学习指引

本单元主要学习新能源汽车的安全维护，学习思维导图如图 6-1 所示。

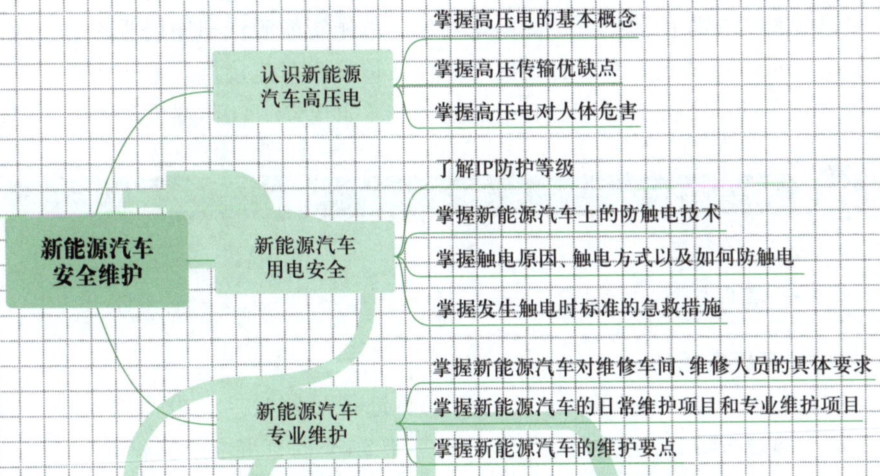

- **新能源汽车安全维护**
  - 认识新能源汽车高压电
    - 掌握高压电的基本概念
    - 掌握高压传输优缺点
    - 掌握高压电对人体危害
  - 新能源汽车用电安全
    - 了解IP防护等级
    - 掌握新能源汽车上的防触电技术
    - 掌握触电原因、触电方式以及如何防触电
    - 掌握发生触电时标准的急救措施
  - 新能源汽车专业维护
    - 掌握新能源汽车对维修车间、维修人员的具体要求
    - 掌握新能源汽车的日常维护项目和专业维护项目
    - 掌握新能源汽车的维护要点

图 6-1　新能源汽车安全维护学习思维导图

主题 1 认识新能源汽车高压电

课堂导入

小部件大产业——新能源汽车高压连接器

连接器是完成信号转接、能量传递的重要功能元件，在两个器件、组件、系统之间进行光和信号传递、电流传输时都需要功能与结构相匹配的连接器，因此连接器是构成整个电子装备所必需的基础元件。新能源汽车中，高压连接器是极其重要的元件，在三电系统、高压系统、充电设施上均有应用。

由于高压连接器产品的质量和精度直接影响到连接器的电气、机械、环境等性能，进而影响新能源汽车的行车安全，因此高压连接器的质量和制造精度要求比较高，属于连接器领域中附加价值较高的中高端产品。高压连接器如图 6-2 所示。

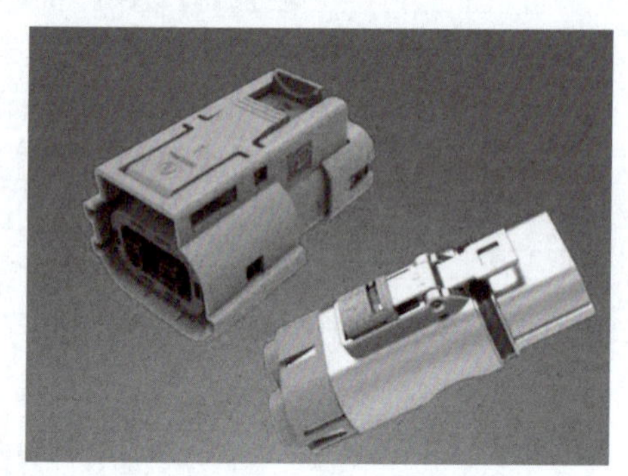

图 6-2 高压连接器

我国连接器经过多年技术积累，以及在新能源汽车的提前布局，无论是在设计能力还是自动化生产能力方面，已经满足新能源汽车连接器所要求的技术水平。在满足下游厂商国产化和技术能力积累足够两大条件的前提下，国内厂商已经占领新能源汽车连接器的制高点，在这个新的领域实现弯道超车，打破国外厂商在传统汽车连接器的垄断地位。目前国内能批量供货的高压连接器厂商有中航光电、永贵电器、江苏瑞可达等。

学习内容

一、高压电

1. 高压电标准

GB/T 2900. 50—2008 中对电压范围进行了定义。在电力系统中，通常高于 1 kV、低于 330 kV 的交流电压，大于等于 8 kV 的直流电压就属于高压电。

但是电动汽车中的电压标准和电力系统中的电压标准还是有区别的，由于电动汽车的特殊性，我国对电动汽车安全方面也制定了相应的标准，最重要的标准就是 2020 年 5 月 12 日发布，2021 年 1 月 1 日开始执行的，由工业和信息化部制定的 GB 18384—2020《电动汽车安全要求》，此标准代替原 GB/T 18384—2015《电动汽车安全要求》系列标准，重点关注电动汽车在静止、充电以及正常运行等情况下的诸多特殊安全性能，比如高压防护、整车防水安全、电池电化学安全等，并规定了电动汽车的电气安全和功能安全要求。

在 GB 18384—2020《电动汽车安全要求》中，对电动汽车的工作电压等级进行了划分，见表 6-1。考虑到空气的湿度和人体在不同工作环境下的电阻，根据不同电压等级可能对人体产生的伤害和危险程度不同，在电动汽车中将车辆电压按照类型和数值分为 A、B 两个安全级别。对于 A 级电压，不需要进行触电防护，而对于任何 B 级电压电路中的带电部件，都应为接触人员提供相应的防护。也就是说，只要直流电压在 60 V 以上，交流电压在 30 V 以上，就存在一定的安全隐患，就需要为接触人员提供相应的防护。

表 6-1　电动汽车的工作电压等级

工作电压（V）	直流	交流
A 级	$0<U\leqslant 60$	$0<U\leqslant 30$
B 级	$60<U\leqslant 1\,500$	$30<U\leqslant 1000$

交流电压在人体内产生交流电，会促使肌肉组织和心脏产生颤动，交流电压的频率越低，危险性越高。交流电会触发心室纤维性颤动，如果不进行急救极易致命。

2. 高压传输作用

在电能传输过程中，通常采用高压输电方式进行传输，高压输电是发电厂用变压器将发电机输出的电压升压后传输的一种方式，采用高压输电是因为在相同输电功率的情况下，电压越高电流就越小，高压输电能降低输电时的电流，从而降低因电流过大产生的热损耗和降低远距离输电的材料成本。

二、高压电伤害

高压传输虽然有降低损耗等优点，但是人体如果接触高压电会引起触电，会对人体造成一定的伤害。人体触电部位不一样，会导致不同的触电影响，皮肤和带电部件接触时可能导致电流进入和流出处的皮肤烧伤；胸腔触电会导致膈膜痉挛、呼吸停止、心脏停止跳动；肌肉触电会导致肌痉挛，也就是肌肉抽筋；而当电流通过心脏时，心室颤动会引起心搏骤停。人体不同部位触电影响如图 6-3 所示。

微课

高压电的危害

根据欧姆定律可知，当电阻一定时，电压越大，电流就越大，电流过大，会对人体造成伤害，电流对人体的伤害主要包括电击伤害、电伤、电磁伤害等。

1. 电击伤害

电击伤害是指电流通过人体，破坏人体心脏、肺及神经系统的正常功能的一种伤害。人体也存在电阻，而且人体各个部位之间的电阻值是不同的，具体见表 6-2。

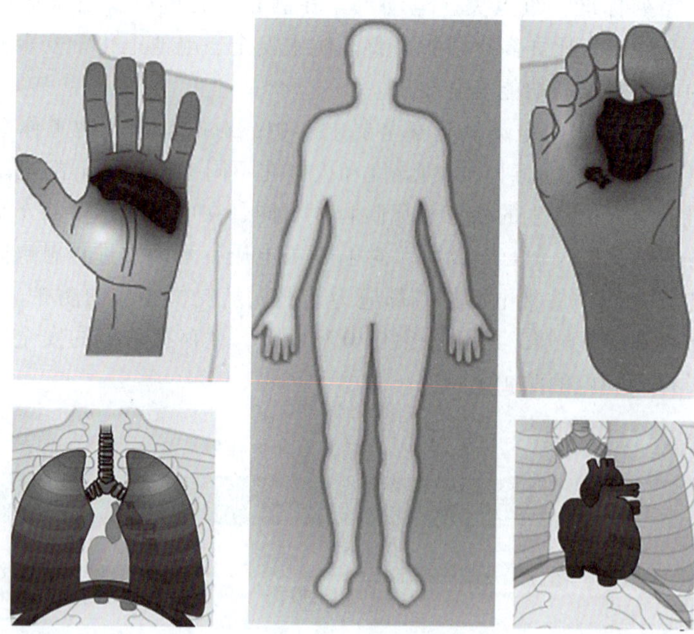

图 6-3 人体不同部位触电影响

表 6-2 人体不同部位间电阻值

电流路径	电阻值
手—手	1 000 Ω
手—脚	750 Ω
双手—脚	500 Ω
手—胸	450 Ω
双手—胸	230 Ω
双手—脚底	300 Ω

例如，手和脚之间的电阻值是 750 Ω，如果手和脚接触 360 V 的电压，就会形成 480 mA 的电流。

当发生触电事故时，流经人体的电流值越大，电击伤害的严重程度就越大。除了电流值大小，电击伤害的严重程度也和电流流过人体的时间相关，时间越长，电击伤害的严重程度就越大。

图 6-4 所示为电击伤害程度与电流大小、电流流过人体时间的关系图。图中横坐标代表流经人体的电流值，纵坐标代表电流流过人体的时间，由图中坐标可知，在区域 1 位置，当电流在 0.1～0.5 mA 范围之内时，对人体是没有影响的；而随着电流值和电流流经人体时间的增加，在区域 2 位置，人体就会有疼痛、麻木等感觉；而到了区域 3 位置，就会出现肌肉痉挛、呼吸困难、心律不齐等症状；当达到区域 4 位置时，就会出现心室颤抖、心脏停止跳动等情况。

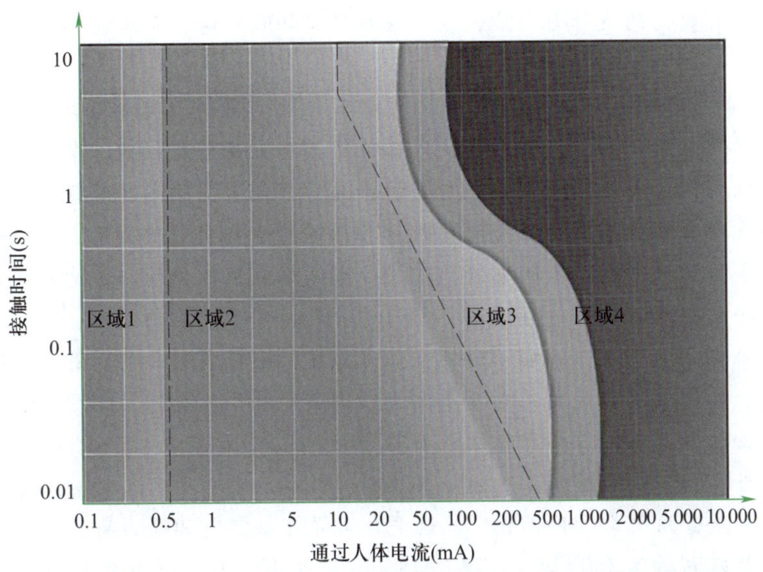

图 6-4 电击伤害程度关系图

2. 电伤

电伤是指电流的热效应、化学效应和机械效应对人体的伤害，主要是指电弧烧伤、熔化金属溅出烫伤等。电伤多见于肌肉外部，而且往往在肌肤上留下难以愈合的伤痕。

3. 电磁伤害

电磁伤害是指在高频磁场的作用下，人体会出现头晕、乏力、记忆力减退、失眠、多梦等神经系统症状。

除此之外，在新能源汽车中，当动力电池充电过量、短路、外部过热时，都有可能导致失火；动力电池中的电解质一般都具有腐蚀性；新能源汽车中的电动驱动装置功率一般较高，所用驱动电机工作时会有较强的磁场，这种磁场由永久磁铁或电磁铁产生，可能影响医疗电子设备尤其是心脏起搏器的功能。

拓展迁移

800 V 高压系统

800 V 高压系统，通常指整车高压电气系统电压达到 550 ~ 930 V 的系统，统称 800 V 系统，其以低成本和高效率受到国内外众多品牌的青睐。国外的现代起亚、大众、奔驰、宝马等，国内的比亚迪、吉利、极狐、广汽、小鹏等品牌均重点布局 800 V 高压平台。

800 V 高压系统的典型特征在于电压平台。快充技术的核心在于提高整车充电功率，要提高整车充电功率，技术手段上要么加大充电电流要么提高充电电压，充电电流加大意味着更粗更重的线束、更多的发热量以及更多附属设备瓶颈，而充电电压提升则有更大的设计自由度，这直接推动了400 V电压平台向800 V电压平台转换。

800 V高压系统较400 V高压系统有以下优势。第一，充电功率能做到更高，消除充电时间焦虑。第二，快充系统成本低。第三，充电损耗低。第四，车辆行驶环节能耗低，同等电池容量下实现更长的续驶里程或者同等续驶里程下可以实现电池容量削减以及总成本降低。与此同时，在用电功率相同的前提下，电压等级的提高还将减小高压线束上传输的电流，这将缩减高压线束的截面积，达到降低线束质量、节省安装空间的效果。

2019年4月保时捷Taycan Turbo S全球首发，全球首款800 V高压系统纯电动车型诞生。性能上，其最大充电功率可达320 kW，即一般120 kW快充桩的2～3倍；其高压动力电池，前驱动电机，后驱动电机，车载充电机和PTC部件均采用了800 V电压平台，如图6-5所示。2020年12月2日，现代汽车集团全球首发了全新电动汽车专用平台“E-GMP”，该平台同样可以实现800 V高压系统功能。性能上，最大充电功率350 kW，支持仅18 min使电池由10%充电到80%。全部部件包括高压动力电池，前驱动电机，后驱动电机，电池加热器，座舱加热器以及高压空调，均采用了800 V电压平台。奔驰的EVA平台、通用的第三代纯电动平台、捷豹路虎的电气化平台，也都纷纷选择了800 V作为车辆的运行电压。此外，虽然MEB平台的车型才上市不久，但大众也迫不及待地提出了Trinity项目，预计将于2026年应用800 V超充技术。

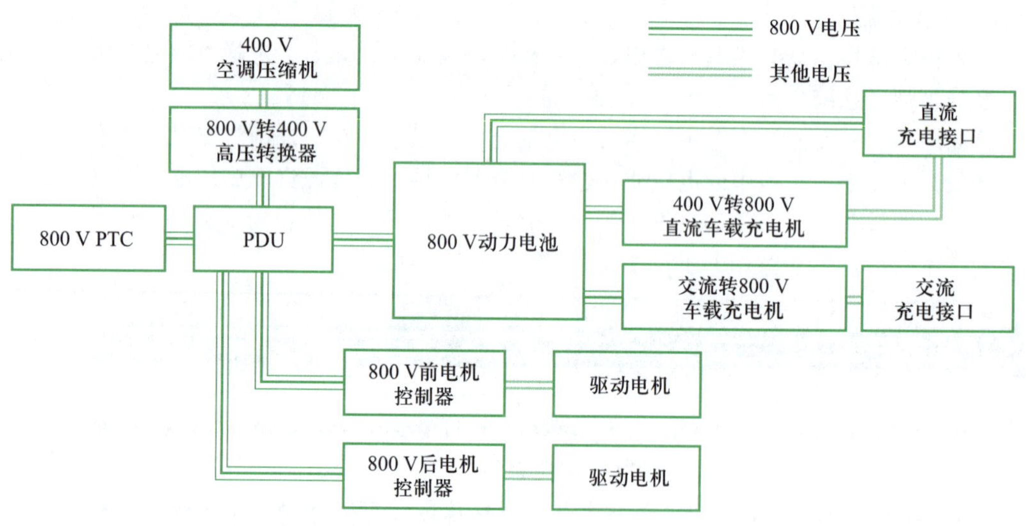

图6-5 保时捷Taycan高压架构

国内方面，比亚迪是较早布局相关技术的厂商。借助高压IGBT方案，比亚迪将e平台旗下车型的电压提升至了600 V以上，如比亚迪海豹、唐EV更是达到了700 V。此前专注于增程式方案的理想汽车，也计划在高压纯电动平台上推出多款纯电动车型，通过对400 kW充电桩的支持，实现10 min提升300～500 km续驶里程的补能速度。

当然，电压的提高，意味着三电系统、核心高压部件、电池安全等需要重新开发设计，以及高压充电网络从无到有的布局建设，目前距离产品的普及还有很长一段距离要走。但就像快充技术改变了大家使用智能手机的习惯，新能源汽车高电压平台技术的落地也会对新能源汽车产品的技术走向和使用体验产生巨大的影响。

主题 2 新能源汽车用电安全

课堂导入

新能源汽车用电安全成为共识

近日，应急管理部公布了 2022 年第一季度新能源汽车火灾数据为 640 起，同比上升 32%，平均每日超 7 起火灾。分析起火原因，主要包括电池部件老化、外部碰撞、高温天气、电池热失控、高负荷、未安全用电等。其中，未安全用电、碰撞起火因素所导致的火灾占一半以上，目前，大部分新能源汽车的动力电池安装于车辆底部，存在一定的安全隐患，在碰撞后也不易察觉，火灾起势快，危险性很高。随着新能源汽车保有量逐渐增多、电池能量密度持续提升、电压逐渐升高，电池安全、用电安全问题已超越续驶里程等，成为消费者最为关切的问题。

我国在政策方面对新能源汽车、动力电池的安全标准升级，行业监管趋严。比如，目前执行的《电动汽车用动力蓄电池安全要求》中提出了电池热失控后系统必须在 5 min 内不起火不爆炸等一系列强制性标准要求。工信部发布 2022 年汽车标准化工作要点时也提出，启动电动汽车动力蓄电池安全相关标准修订工作，进一步提升动力蓄电池热失控报警和安全防护水平，新能源汽车、动力电池行业对安全性的要求将逐步提升。新能源汽车电池安全、用电安全已经成为行业、企业共识，也成为车企除续驶里程和快充之外的新一轮宣传点。

学习内容

一、新能源汽车防触电技术

新能源汽车高压部件主要包括：整车橙色高压线束、动力电池、高压配电箱、车载充电器、电机控制器总成、DC/DC 变换器、空调驱动器总成、驱动电机总成、电动压缩机总成、电加热芯体 PTC 等。为了防止触电，新能源汽车在设计上采取了很多防触电措施及技术，例如绝缘保护、高压互锁、断电开关、高压元器件外壳接地、高压零部件维修提示、高压线路橙色警告颜色等。

1. IP 防护等级

在讨论新能源汽车的技术尤其是动力电池技术时，我们常常会听到“防护等级达到 IP67 以上”等说法。那么 IP 防护等级代表的是什么呢？

IP 防护等级是一种安全防护等级，它定义了物品对液体和固体颗粒的保护能力，并展现了物品的防尘防水能力。如图 6-6 所示，IP 防护等级是由两个数字所组成，第 1 个数字表示电器防尘、防止外物侵入的等级，工具、人的手指等非绝缘部件均不可接触到电器之内带电部分，以免发生触电，第 2 个数字表示电器防湿气、防水浸入的密闭程度。无论防尘或防水，均以 0 为起始，其中防尘能力用 0 ~ 6 表示，而防水用 0 ~ 8 表示，数值越大，表明防护等级越高。

图 6-6　IP 防护等级

资料
IP 防护等级

IP 防护等级是指电气设备外壳对异物侵入的防护等级，按标准规定的检验方法，确定外壳对人接近危险部件、防止固体异物进入或液体进入所提供的保护程度。不要求规定特征数字时，由字母“X”代替（如果两个字母都省略则用“XX”表示）。例如，如图 6-7 所示，如果防护等级大于或者等于 IP2X，例如 IP3X、IP4X 等，指的是该电器可以防止直径大于 12 mm 的固体异物侵入，如果未绝缘部件（例如手指，未绝缘螺钉旋具）直径小于 12 mm，就会存在一定触电危险。

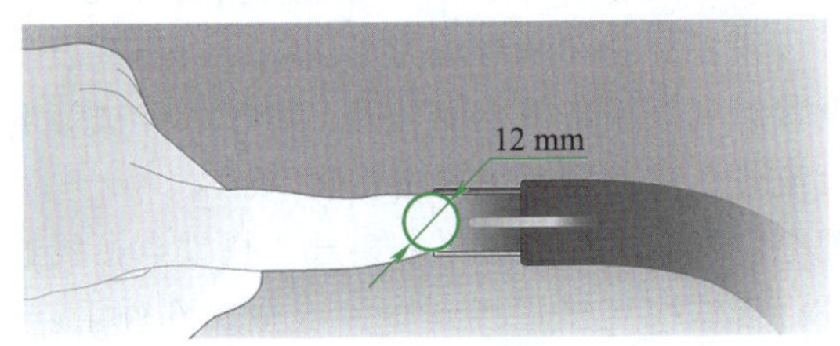

图 6-7　IP 防护等级

2. 绝缘保护

绝缘保护指使用不导电的物质将带电体隔离或包裹起来，从而防止触电的一种安全措施，良好的绝缘保护是保证电气设备与线路的安全运行，防止人身触电事故发生的最基本、最可靠的保护策略。新能源汽车主要有基本绝缘、附加绝缘、双重绝缘、加强绝缘四种绝缘保护。

基本绝缘是带电部件上对防触电（在没有故障的状态下）起基本保护作用的绝缘。附加绝缘是为了在基本绝缘故障情况下防止触电，在基本绝缘之外使用的独立绝缘。图 6-8 所示的高压电缆导线绝缘保护中，展示了基本绝缘和附加绝缘的区别。

双重绝缘是同时具有基本绝缘和附加绝缘的绝缘。例如，一根电源线有基本绝缘，如果再套一层纤维管或热缩管，那么增加的这一层绝缘叫作附加绝缘，两种绝缘保护合在一起叫作双重绝缘。

加强绝缘是提供相当于双重绝缘保护程度的带电部件上的绝缘结构。绝缘结构并不意味着必须是同类材料，它可以由几种不同于基本绝缘或附加绝缘那样能够单独使用的绝缘层组成，加强绝缘从形式上看是一层绝缘，但本质上相当于双重绝缘的功能。加强绝缘在新能源汽车上的应用很多，比如动力电池的外壳、电动汽车的交流充电插座等都属于加强绝缘。

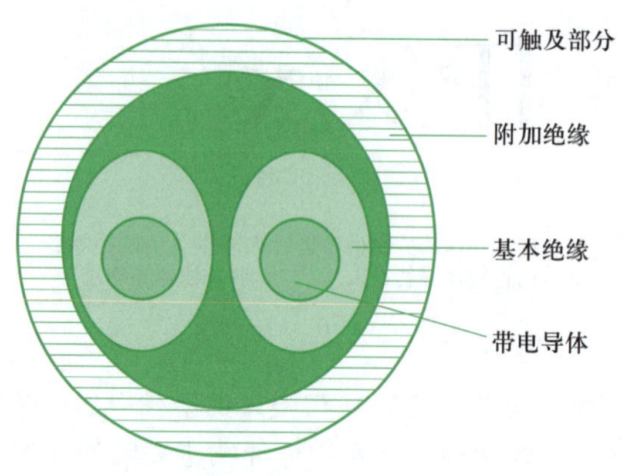

图 6-8 高压电缆导线绝缘保护

3. 电位均衡

新能源汽车中各个高压部件采用搭铁连接，保证各个高压部件电位均衡，搭铁的电阻值不超过 0.1 Ω。搭铁线连接是将直流电气设备外壳与车辆底盘直接连接。采用等电位联结后，该设备外壳和车身地为相同电位，当该设备正极发生对外壳漏电故障时，即使人员接触到该设备带电的外壳，由于人体被等电位连接线短路，因此不会有危险的电流流过，从而避免了电击伤害。

电动汽车中实现电位均衡主要通过搭铁实现，搭铁点接线通常有一个螺母或螺柱，通过螺母或螺柱将搭铁线直接连接到车体或金属部件上。图 6-9 所示为新能源汽车驱动电机的搭铁连接。

图 6-9 驱动电机搭铁连接

4. 高压互锁

新能源汽车的高压互锁装置，英文简称 HVIL（Hazardous Voltage Interlock Loop），是一项非常重要的防护措施，新能源汽车的高压部件（及其接插件）都应有高压互锁装置。这个系统的作用是使用 12 V 的小电流来确认整个高压电气系统的完整性及连续性，确认整车所有的高压部件和线束接插件都安装到位，无短路或断路的情况。当控制器检测到 HVIL 回路断开或者完整性受到破坏时，判断车辆系统是否存在风险，然后根据车辆当时的具体情况，启动不同的必要的安全措施。常见的安全措施如下。

（1）故障报警。通过仪表警告灯、警告声等形式提醒驾驶人注意车辆情况，尽早将车辆送至专业维修点检测，避免发生安全事故。

（2）切断高压电输出。当车辆处于停止状态，当控制器检测到 HVIL 断开，除了进行必要的警告外，还会直接切断高压电输出，使车辆无法起动，最大限度地保障乘客及车辆安全。

（3）降低高压输出功率。当车辆处于行驶状态，控制器检测到 HVIL 断开，直接切断高压电输出会产生严重的、不可控的后果。这时候，系统除了通过必要的警告灯、警告声提醒驾驶人外，还会强制降低驱动电机的输出功率，强制降低车速，使车辆始终处于低速的运行状态，给驾驶人足够的时间和机会寻找合适的地点停车。驾驶人停车后，系统会直接切断高压电输出，用以保障乘客及车辆安全。

高压互锁设计大多是集成在高压线束插接件上，即在高压线束插接件上，另外增加一组低压回路用于检测 HVIL 的回路完整性，如图 6-10、图 6-11 所示。

图 6-10 高压线束插接件上的高压互锁端子

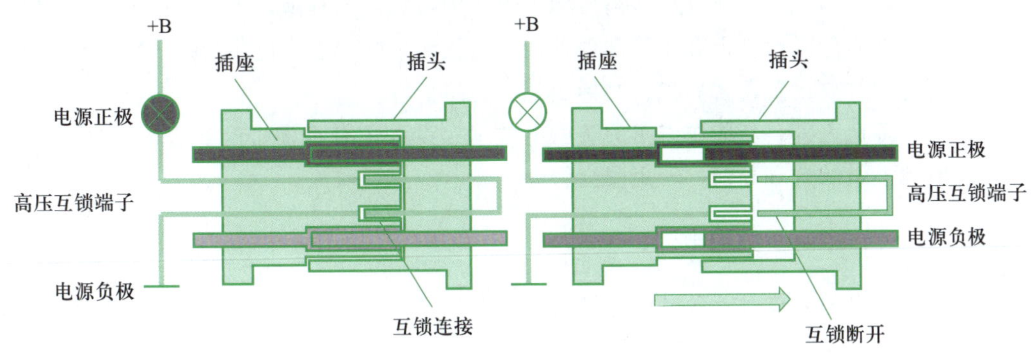

图 6-11 高压互锁

5. 断电开关

断电开关也称为紧急维修开关、急停开关或者维修开关，用于新能源汽车在紧急情况下或者车辆维修时断开高压电系统，起到安全保护作用，是新能源汽车防触电的代表技术之一。维修开关一般是通过断开高压电源的正极或者是动力电池总成高压回路来实现安全保护作用的。

不同的车型，断电开关的安装位置存在较大差异，安装位置包括：车辆前机舱、车厢中部扶手箱、储物箱、动力电池总成上方、行李舱等，不同车辆需要根据维修手册进行查找，图 6-12 所示为几种常见车型断电开关的安装位置。

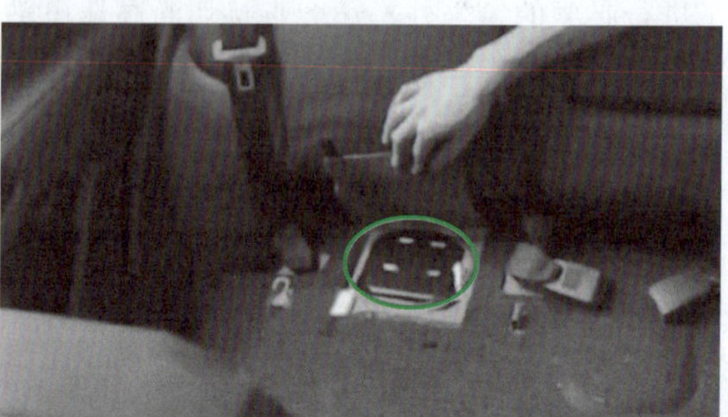

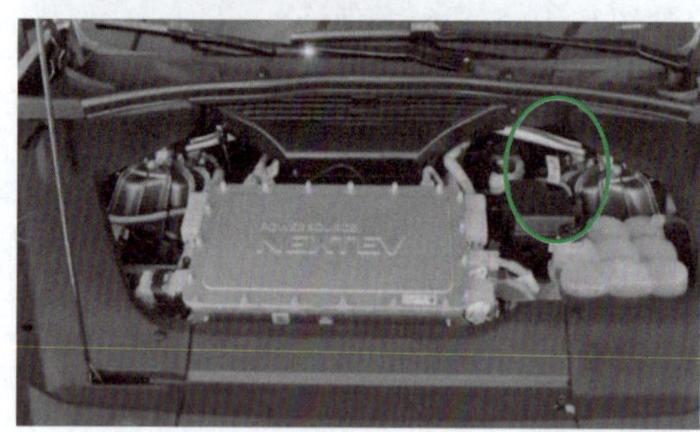

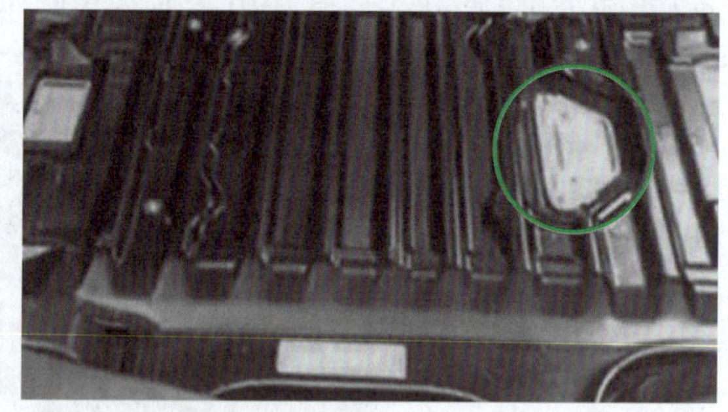

图 6-12　几种常见车型断电开关的安装位置

6. 高压标识

新能源汽车上还有许多高压标识，作为防触电的提醒。如图 6-13、图6-14 所示，在新能源汽车上高压零部件外面的高压线束必须以橙色作为标识，对高电压的所有组件要设置警告标识，并标出相应的防护等级。

除此之外，新能源汽车的防触电技术、设计还有很多，例如碰撞后自动断电、电池能量的合理分配、转矩安全管理、充电安全管理等。

二、如何避免触电

触电是人体触及带电体、带电体与人体之间电弧放电时，电流经过人体流入大地或是进入其他导体构成回路的现象。

1. 触电原因

在新能源汽车使用和维护过程中发生触电，一般有两大类原因，一是人为因

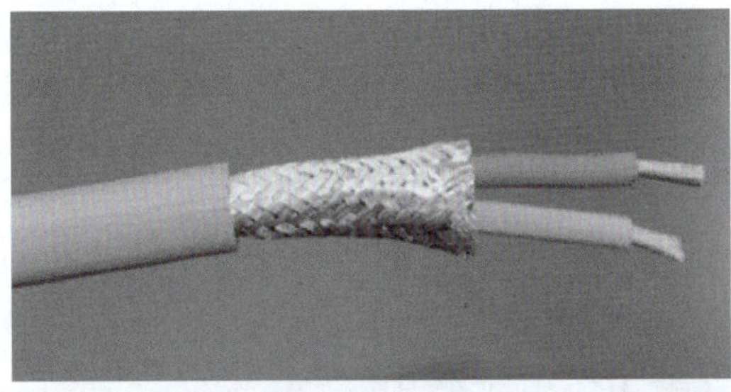
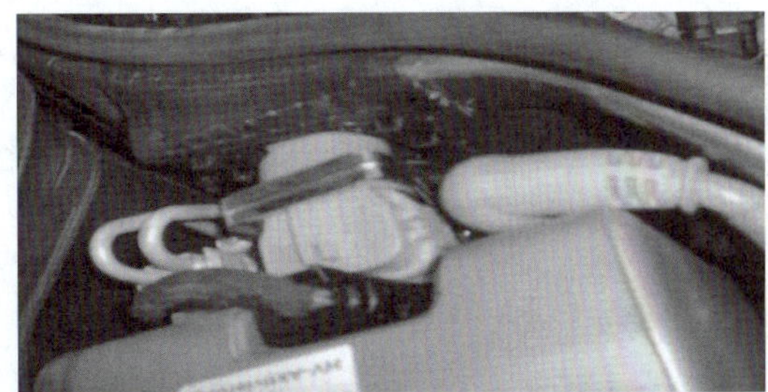

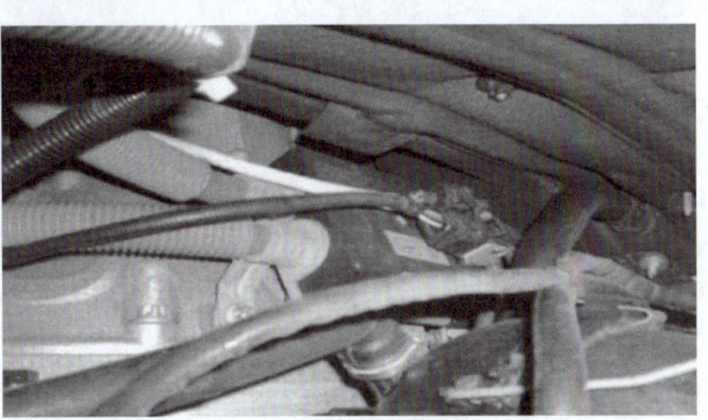

图 6-13　橙色高压线标识

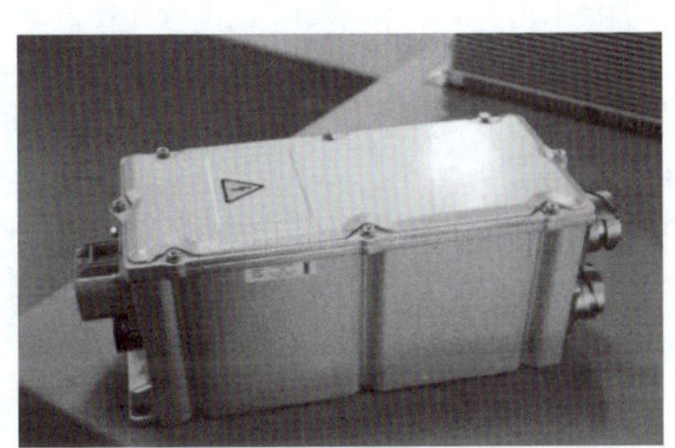

图 6-14　高压组件警告标识

素，主要是由于人们对电气危险的认识不足、缺乏相应的技能、不遵守劝告和指示、未使用个人防护设备或者使用不适当的设备等原因造成的。二是材料因素，主要是某些材料出现绝缘故障、安全设备故障、机械保护故障等，如图 6-15 所示。

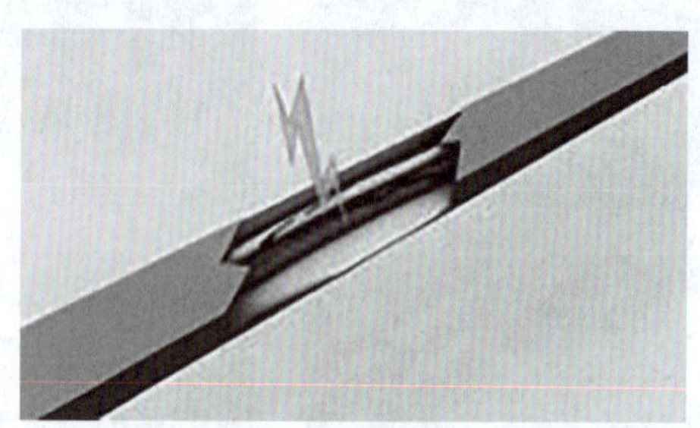

图 6-15　材料因素引起触电

2. 触电方式

触电主要有三种方式，分别为直接接触触电、间接接触触电和无接触触电，如图 6-16 所示。

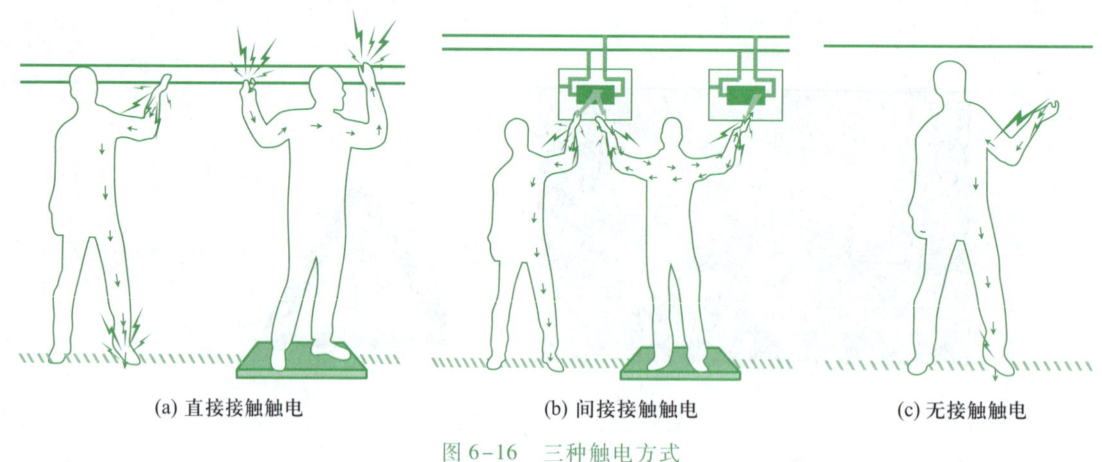

(a) 直接接触触电　(b) 间接接触触电　(c) 无接触触电

图 6-16　三种触电方式

直接接触触电是指人体直接接触到带电体或者是人体过分的接近带电体而发生的触电现象。间接接触触电是指人体触及正常情况下不带电的设备外壳或金属结构，而因故障意外带电发生的触电现象。有时候无接触，但是接近带电电路的有源部分时，也可能会导致触电。

3. 防触电措施

在使用或者维护新能源汽车时，一定要掌握新能源汽车的防触电技术，注意橙色高压标识，遵守高压警告标识，了解触电原因和触电方式，如果一定要对这些部件进行维护时，需要做好防护措施，并按照新能源汽车厂家的具体要求执行。在检修新能源汽车时，需要佩戴绝缘手套、防护眼镜、穿绝缘鞋等个人防护装备，注意绝缘胶垫、隔离措施、绝缘袋、绝缘屏等集体防护设备的使用，这样才可以避免触电，如图 6-17 所示。

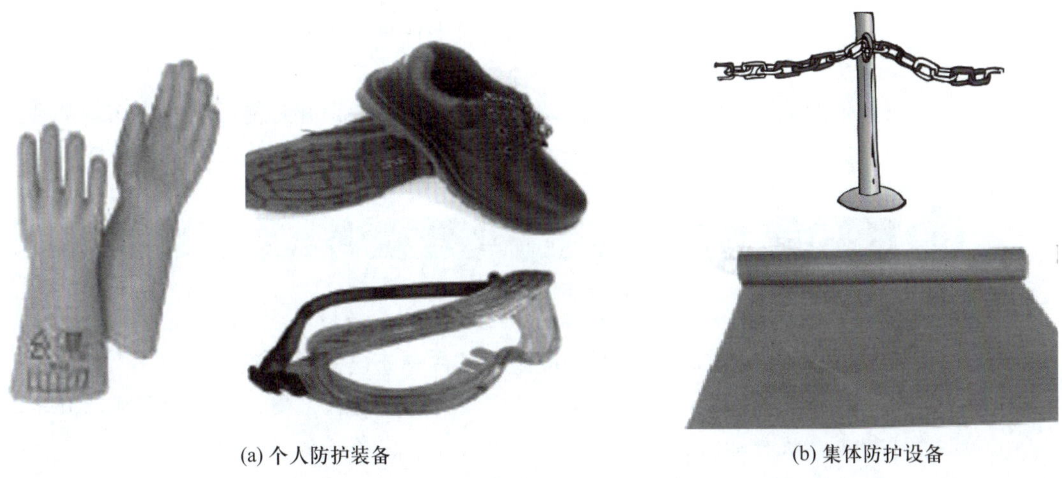

(a) 个人防护装备　　(b) 集体防护设备

图 6-17 触电防护装备及设备

三、触电急救措施

微课

触电急救措施

当我们发现有人在使用或者维修新能源汽车过程中发生触电，应该怎么处理？是生命第一、不顾一切第一时间上去抢救触电者？还是第一时间拨打急救电话等待救援？发生触电时标准的急救措施主要有四个步骤，分别是防护、检查、报警、急救。

1. 防护

防护作为发现有人触电时应对步骤中的第一步是非常重要的。如果没有进行相应的防护，或者在防护前没有考虑周全，可能会导致更多人受伤，并使触电情况恶化。当触电发生时，我们不只要防护触电者，还要防护施救者以及周围的人。

正确的做法应该是第一时间消除事故发生的原因，也就是直接切断电源，或者确保借助安全的切断系统切断电源，例如：紧急切断系统、开关、断路器、隔离插头或移除熔断器。如果无法切断电源，应当使用绝缘棒等绝缘物品将触电者从触电位置移开。移开过程中应注意施救者和周围人的安全，防止其他人再次触电。

2. 检查

当将触电者移至安全位置后，进入急救措施的第二个步骤：检查。对触电者进行良好的检查可以作为分析是否有必要开展急救的依据，也有助于应急机构有序地开展行动。检查触电者主要检查的项目包括：

(1) 伤者是否在流血？

(2) 伤者是否有明显的烧伤痕迹？

(3) 伤者是否意识清醒？

(4) 如伤者意识清醒，他/她是否呼吸正常？

3. 报警

检查后，进入急救措施的第三个步骤：报警。根据现场情况，拨打合适的电话号码（120、119）向紧急救助机构求助。同时通知紧急救助机构事故发生的准确位置、事故类型、伤者数量、对伤者进行简单检查的结果等情况。

4. 急救

急救是触电发生后的第四个步骤，如果伤者有意识并且能呼吸，将伤者翻到正常姿态。如果伤者不能呼吸，按压心脏进行心肺复苏，增加伤者存活的概率。

拓展迁移

东风标致 E2008 纯电动汽车断电操作流程

要保障新能源汽车的用电安全，一定要养成良好的习惯，在维护新能源汽车时要遵守警告、执行标准，严格按照新能源汽车厂家的具体操作流程去执行，下面介绍东风标致 E2008 纯电动汽车标准断电流程。

操作所需防护物品及检测设备包括：绝缘垫、绝缘袋、警告标识、封锁卡片、安全挂锁、绝缘手套、护目镜、安全帽、绝缘鞋、绝缘测试仪、举升机。

1. 将车辆停放在新能源汽车专用维修工位

如图 6-18 所示，维修人员必须佩戴必要可靠的安全防护用品，必须用警戒栏或绝缘屏隔离工作区域（图 6-18“c”处），填写封锁卡片并将其放在车辆风窗玻璃上（图 6-18“b”处），将警告标识放在车辆和工作区域（图 6-18“a”处），将车辆变速杆置于 N 挡，开启驻车制动，打开行李舱门。

图 6-18 车辆停放在新能源汽车专用维修工位

2. 断开低压蓄电池并确认

将车辆熄火，关闭点火开关，等待 5 min 车辆进入休眠状态，关闭充电接口盖并用贴纸贴住。断开维修开关插头，用安全锁锁住维修开关插头，使其保持断开状态，如图 6-19 所示。断开低压蓄电池正极端子，保持断电至少 2 min。

检查并确认断开的正极电缆和车身搭铁之间无电压，将电缆的端子放入绝缘袋内。

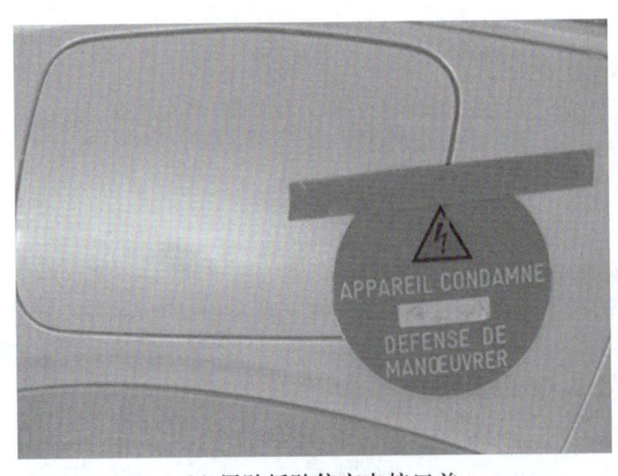

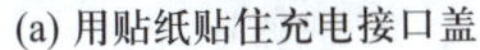

(a) 用贴纸贴住充电接口盖　　(b) 用安全锁锁住维修开关插头

图 6-19　低压蓄电池电气分离和锁止

3. 断开动力电池并确认

举升车辆，从车辆底部断开动力电池前部插接器接头（图 6-20“a”处），用绝缘垫或者绝缘胶带隔开底座。检查并确认动力电池前部线束接头两个端子和动力电池前部插接器端子之间不存在电压，并使用绝缘垫或者绝缘袋保护线束接头和插接器端子。

随后，依次断开电动空调压缩机接头、车载充电器接头、三合一控制器总成的三根线接头，检查并确认端子之间没有电压。

图 6-20　断开动力电池前部插接器接头

可以看出，新能源汽车的断电有规范的流程，维修人员在进行相应操作时，必须遵守流程要求，并佩戴必要可靠的安全防护用品。禁止未经培训的人员进行新能源汽车高压部分的拆装与检修，避免发生安全事故。

主题3 新能源汽车专业维护

课堂导入

靠技能改变人生的郭子旭

2021年7月，中央电视台专题采访了一位18岁的汽车类专业学生，这名学生叫郭子旭，家住安徽省阜阳市，家庭条件比较艰苦，但是郭子旭从小对汽车有着浓厚兴趣，一直想在汽车领域有所发展。秉持着对汽车技术的浓厚兴趣以及以技能回报父母、改善家庭生活的强烈愿望，郭子旭在学习中刻苦钻研，勤于思考，在自身的不懈努力下，他不仅在必修课上名列前茅，还主动选择多门选修课来提升自己的知识储备，加上每日的刻苦实训，提升动手实践能力，他快速掌握了汽车方面的专业技能，先后两次参加中国技能大赛全国新能源汽车关键技术技能大赛，并荣获汽车装调工轻量化项目一等奖。现在他已经是汽车装调方面的高级技师，可以说是这个领域的拔尖人才。

回首郭子旭的技能成才之路，有努力有汗水，有温暖有感动，有矢志不渝的梦想，更有鼓舞人心的力量。

学习内容

一、新能源汽车维修车间和维修人员的要求

为确保维修人员人身安全，避免违规操作引起安全事故，新能源汽车厂家有严格的维修车间的技术规范和维修人员的操作标准，避免发生安全事故。

1. 维修车间

微课

专业维修车间的技术规范与作业安全

因为新能源汽车的检测维修不同于传统燃油汽车，因此新能源汽车维修车间有必要的技术规范，如图6-21、图6-22、图6-23所示。具体要求如下。

（1）设立专用维修工位，保持工作环境干净且通风良好，远离易燃物。

（2）一般情况下，新能源汽车质量较传统燃油汽车要大，专用维修工位上要使用专用举升机，一般承重至少要2 t，特殊车型要使用承重在3.5 t以上的举升机。

（3）采用安全隔离措施，使用警戒栏隔离非维修作业人员，并设立高压警示牌，以警示相关人员。

（4）在维修工位上，需要将新能源汽车维修安全规范贴在墙上。

（5）在新能源汽车专用维修工位配备地线接口。

（6）维修工位地面需要铺设绝缘地坪漆或者绝缘地垫。

图 6-21 维修工位地面铺设绝缘地坪漆或者绝缘地垫

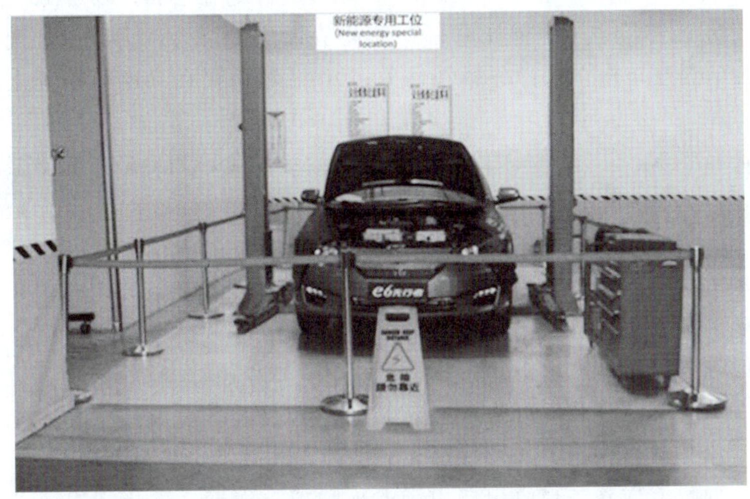

图 6-22 比亚迪新能源汽车专用维修工位

图 6-23 上汽大众新能源汽车专用维修工位

(7) 维修场地指定位置配备二氧化碳灭火器或磷酸铵盐类干粉灭火器，严禁使用水灭火器。

(8) 安装专用的交流充电桩。

2. 维修人员

为了保障维修过程中的操作安全，避免发生安全事故，对于新能源汽车的维修人员，行业企业对其有严格的要求，具体表现如下。

（1）岗位认知：① 了解维修岗位资质要求；② 掌握岗位任务和技术职责；③ 了解岗位作业权限和活动权限。

（2）知识要求：① 了解有关职业安全和事故预防的法律规定和规范；② 了解采用高电压技术车辆的设计原理；③ 了解电气系统的危险性；④ 了解高电压系统安全作业规范。

（3）技能要求：① 能够断开新能源汽车的高电压系统；② 能够确定系统断电；③ 能够防止高电压系统重新激活；④ 能够进行绝缘检测；⑤ 能够重新激活高电压系统；⑥ 能够给动力电池充电；⑦ 能够在断电的混合动力系统和配备高电压系统的其他车辆上，独立执行一般性任务；⑧ 能够承担在高电压系统上作业的所有技术职责。

（4）资质要求：① 低压电工操作证；② 经过企业培训合格并取得维修资格。

二、新能源汽车的维护项目

新能源汽车的维护，主要涉及两个方面，一是新能源汽车的日常维护，二是新能源汽车的专业维护。

1. 新能源汽车的日常维护

微课

新能源汽车的日常维护

（1）行车前安全检查。

① 进行车辆外部检查。环车检查车辆外部有无异常，车身下部有无滴漏现象。

② 进行前机舱检查。检查电线电缆有无松散、破损、老化现象，是否固定牢靠；检查发电机表面是否清洁、干燥、固定牢靠，发电机传动带有无松弛老化现象；检查电机冷却系统有无泄漏，冷却液液位是否正常，如果发现冷却液液位异常，不可随意添加冷却液，应及时到专业维修店进行进一步检查。所有前机舱内项目检查完毕后应关闭前机舱盖。

③ 检查充电插孔，充电插孔应洁净、密封良好。

④ 进入车内检查仪表。首先检查仪表显示是否正常，是否指示准确；其次检查仪表显示屏，如果发现故障报警指示灯亮起，应及时联系专业维修人员进行检查和处理；最后检查动力电池剩余电量，发现电量不足时，应及时充电。

（2）行车中安全检查。

车辆行驶中，应注意观察车辆仪表显示屏的工作状况，若发现故障报警信息应及时停车检查，并联系专业维修人员。

（3）行车后安全检查。

行车后，应检查动力电池剩余电量，发现电量不足时，应及时充电；下车后，检查车门车窗是否完全关闭，车锁应完好、有效。

2. 新能源汽车的专业维护

对于新能源汽车，不同企业、不同汽车品牌都有自己的常规专业维护项目。

图 6-24 所示为上汽大众新能源 BEV 车型常规保养项目结果信息表。

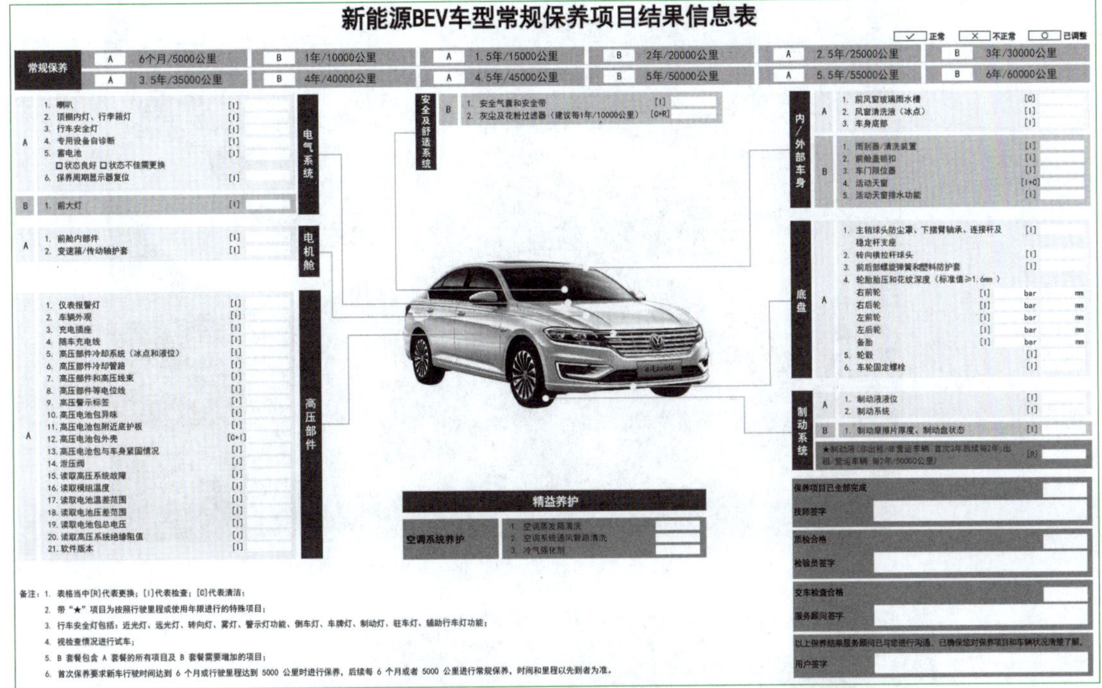

新能源BEV车型常规保养项目结果信息表

☑ 正常　☒ 不正常　○ 已调整

常规保养											
A	6个月/5000公里	B	1年/10000公里	A	1.5年/15000公里	B	2年/20000公里	A	2.5年/25000公里	B	3年/30000公里
A	3.5年/35000公里	B	4年/40000公里	A	4.5年/45000公里	B	5年/50000公里	A	5.5年/55000公里	B	6年/60000公里

电气系统

套餐	项目	代码
A	1. 喇叭	[I]
A	2. 顶棚内灯、行李箱灯	[I]
A	3. 行车安全灯	[I]
A	4. 专用设备自诊断	[I]
A	5. 蓄电池 □状态良好 □状态不佳需更换	[I]
A	6. 保养周期显示器复位	[I]
B	1. 前大灯	[I]

电机舱

套餐	项目	代码
A	1. 前舱内部件	[I]
A	2. 变速箱/传动轴护套	[I]

高压部件

套餐	项目	代码
A	1. 仪表报警灯	[I]
A	2. 车辆外观	[I]
A	3. 充电插座	[I]
A	4. 随车充电线	[I]
A	5. 高压部件冷却系统（冰点和液位）	[I]
A	6. 高压部件冷却管路	[I]
A	7. 高压部件和高压线束	[I]
A	8. 高压部件等电位线	[I]
A	9. 高压警示标签	[I]
A	10. 高压电池包异味	[I]
A	11. 高压电池包附近底护板	[I]
A	12. 高压电池包外壳	[C+I]
A	13. 高压电池包与车身紧固情况	[I]
A	14. 泄压阀	[I]
A	15. 读取高压系统故障	[I]
A	16. 读取模组温度	[I]
A	17. 读取电池温差范围	[I]
A	18. 读取电池压差范围	[I]
A	19. 读取电池包总电压	[I]
A	20. 读取高压系统绝缘阻值	[I]
A	21. 软件版本	[I]

安全及舒适系统

套餐	项目	代码
B	1. 安全气囊和安全带	[I]
B	2. 灰尘及花粉过滤器（建议每1年/10000公里）	[C+R]

内/外部车身

套餐	项目	代码
A	1. 前风窗玻璃雨水槽	[C]
A	2. 风窗清洗液（冰点）	[I]
A	3. 车身底部	[I]
B	1. 雨刮器/清洗装置	[I]
B	2. 前舱盖锁扣	[I]
B	3. 车门限位器	[I]
B	4. 活动天窗	[I+C]
B	5. 活动天窗排水功能	[I]

底盘

套餐	项目	代码		
A	1. 主销球头防尘罩、下摆臂轴承、连接杆及稳定杆支座	[I]		
A	2. 转向横拉杆球头	[I]		
A	3. 前后部螺旋弹簧和塑料防护套	[I]		
A	4. 轮胎胎压和花纹深度（标准值≥1.6mm）			
A	右前轮	[I]	bar	mm
A	右后轮	[I]	bar	mm
A	左前轮	[I]	bar	mm
A	左后轮	[I]	bar	mm
A	备胎	[I]	bar	mm
A	5. 轮毂	[I]		
A	6. 车轮固定螺栓	[I]		

制动系统

套餐	项目	代码
A	1. 制动液液位	[I]
A	2. 制动系统	[I]
B	1. 制动摩擦片厚度、制动盘状态	[I]
	★制动液（非出租/非营运车辆：首次3年后续每2年，出租/营运车辆：每2年/50000公里）	[R]

精益养护

空调系统养护	
	1. 空调蒸发箱清洗
	2. 空调系统通风管路清洗
	3. 冷气强化剂

保养项目已全部完成

技师签字

质检合格

检验员签字

交车检查合格

服务顾问签字

以上保养结果服务顾问已与您进行沟通，已确保您对保养项目和车辆状况清楚了解。

用户签字

备注：1. 表格当中[R]代表更换；[I]代表检查；[C]代表清洁；
2. 带“★”项目为按照行驶里程或使用年限进行的特殊项目；
3. 行车安全灯包括：近光灯、远光灯、转向灯、雾灯、警示灯功能、倒车灯、车牌灯、制动灯、驻车灯、辅助行车灯功能；
4. 视检查情况进行试车；
5. B 套餐包含 A 套餐的所有项目及 B 套餐需要增加的项目；
6. 首次保养要求新车行驶时间达到 6 个月或行驶里程达到 5000 公里时进行保养，后续每 6 个月或者 5000 公里进行常规保养，时间和里程以先到者为准。

图 6-24　上汽大众新能源 BEV 车型常规保养项目结果信息表

以下以上汽大众新能源 BEV 车型为例介绍新能源汽车的专业维护保养项目。上汽大众新能源 BEV 车型的保养周期为：首次保养要求新车行驶里程达到 5 000 km 或行驶时间达到一年，后续每行驶 10 000 km 或每满 1 年进行保养。

新能源汽车的专业维护作业项目

（1）仪表报警灯检查。

检查仪表是否有高压故障报警灯亮起。用诊断仪读取故障码信息，并排除故障。

（2）车辆外观检查。

检查车辆是否有明显碰撞痕迹。环绕车辆一圈，检查车辆外观是否有明显碰撞痕迹，特别是车辆侧面和后部。要特别注意对车辆碰撞位置对应的高压电池壳体进行仔细检查，检查高压电池壳体是否有破损、裂纹、变形等。

（3）高压部件冷却系统检查。

检查冷却液液位和冰点，必要时补充原装冷却液。如图 6-25 所示，如果冷却液液位低于中线（图 6-25 中 7）位置，检查冷却液冰点，检查冷却系统密封性，检测是否泄漏，方可补充冷却液。加注冷却液液位至 Max（图 6-25 中 4）位置，安装新的铅封（图 6-25 中 1），张贴警示标签（图 6-25 中 3）。

（4）高压部件和高压线束检查。

如图 6-26 所示，检查高压线束外表有无损坏、有无异常变形；检查插接件连接有无异常，有无异常变色发黑现象。

（5）高压部件等电位线检查。

检查电动空调压缩机、高压电池等高压部件的电位线是否固定牢靠，有无锈蚀。

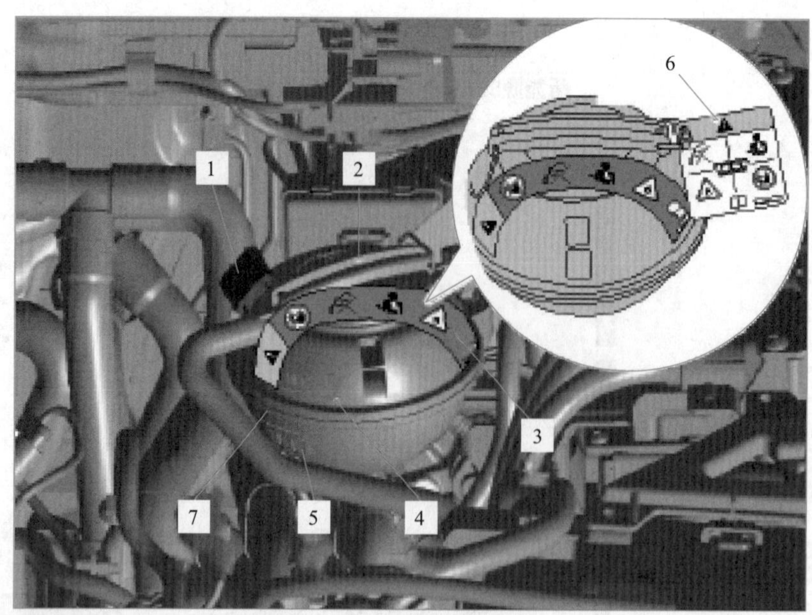

图 6-25 高压部件冷却系统检查

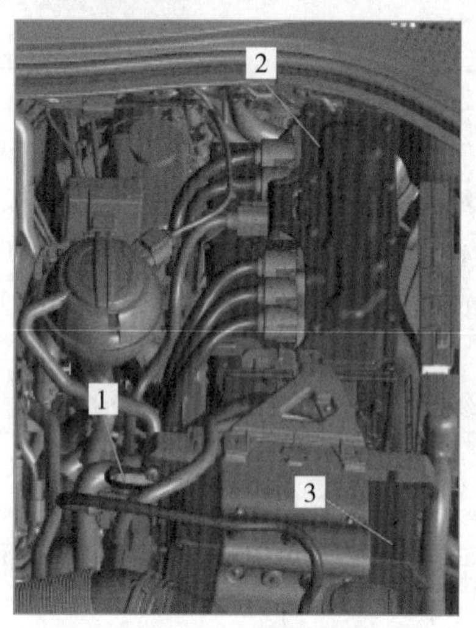

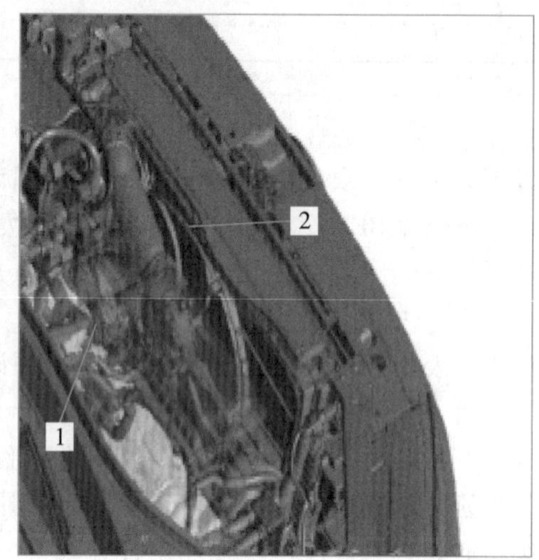

图 6-26 高压部件、高压线束检查

（6）充电插座检查。

打开车辆前部充电接口盖板，检查盖板内侧的标签贴纸是否存在；检查充电插座区域是否损坏，表面是否有污物，必要时进行清洁，如图 6-27 所示。

（7）随车充电线检查。

如图 6-28 所示，从行李舱中取出随车充电器，检查充电器充电线是否有破损，充电线两端插头是否有烧蚀痕迹；检查充电插头机械锁止功能，按压充电插头上的按钮，将充电插头（图 6-28 中 1）插入到车辆交流充电插座（图 6-28 中 2）上；松开充电插头上的按钮，用手轻轻地沿箭头方向拉动，此时充电插头应被锁止而无法拔出；再次按下充电插头上的按钮，充电插头应可从充电插座上拔出。

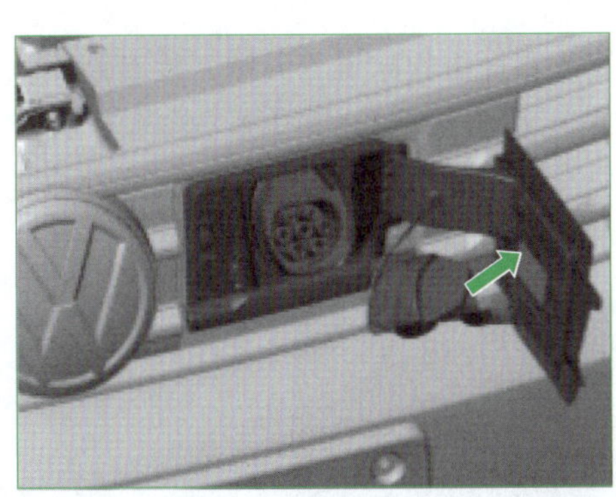

图 6-27　充电插座检查

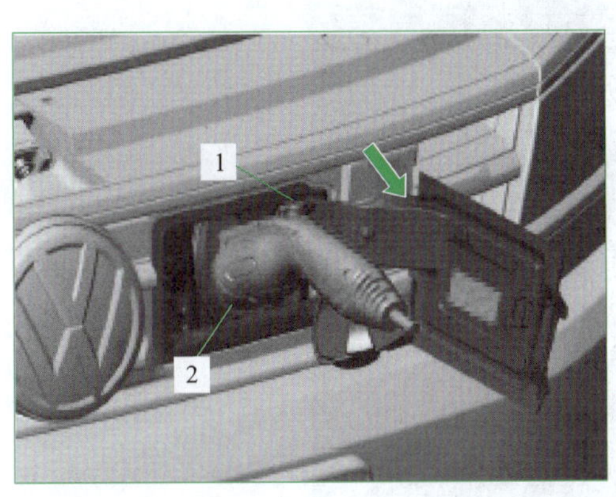

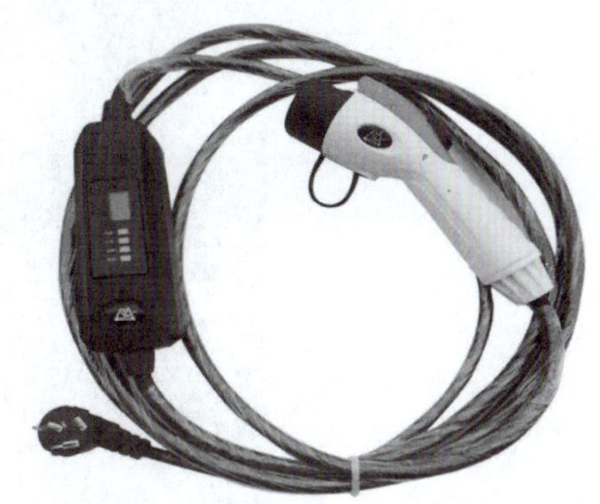

图 6-28　随车充电线检查

（8）高压警示标签检查。

所有的高压部件上都有警示标签，执行保养工作时注意不要损坏或弄脏高压部件上的警示标签；在进行保养工作时，仅对可视范围内的高压部件警示标签进行检查；检查高压部件上是否存在高压警示标签且表面清晰。图 6-29 所示为部分高压警示标签。

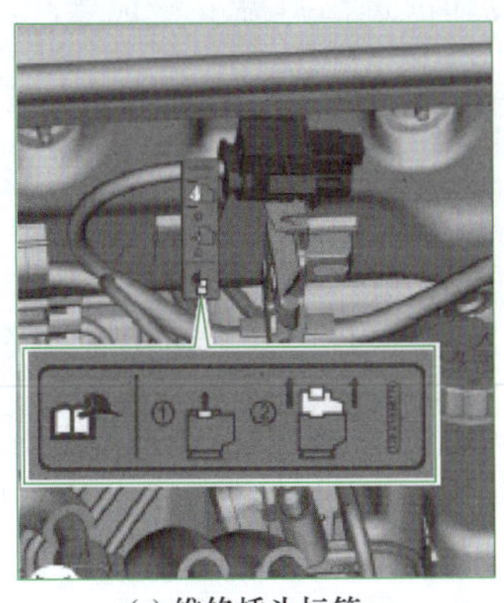

(a) 维修插头标签

(b) 驱动电机侧面的标签

(c) 充电装置侧面的标签

图 6-29　部分高压警示标签

（9）高压动力电池检查。

检查高压动力电池周围是否有刺激性气味和烧焦的味道等异味；检查高压电池护板是否有异常变形、凹陷及破损；清洁高压动力电池外壳污物，检查是否有变形、裂纹、凹陷及破损等情况；检查高压动力电池与车身紧固螺栓是否有松动。高压动力电池检查如图 6-30 所示。

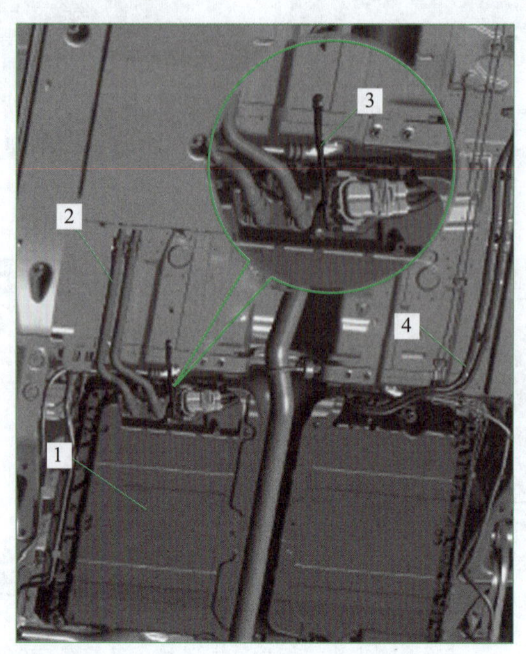

图 6-30 高压动力电池检查

（10）读取高压系统故障。

用诊断设备检查高压系统控制器是否有故障信息；读取电池温差范围：检查静态的电池温差是否符合要求；读取电池压差范围：检查静态的电池压差是否符合要求；读取动力电池总电压：检查总电压是否符合要求；读取高压系统绝缘阻值：检查高压系统绝缘阻值是否符合要求；读取高压电池冷却液进出口温度：检查冷却液温度是否在正常范围内。

三、新能源汽车维护要点

1. 维修人员需要佩戴安全防护装备

安全防护装备包括：绝缘手套（需要准备防高压电工手套以及防电池电解液的耐酸碱手套两种）、绝缘鞋、绝缘胶垫、绝缘外套和防护眼镜等，安全防护装备耐压等级必须大于 1 000 V。

2. 必须遵守操作规范

断开连接，防止高电压系统再激活，确定系统断电，接地和短路，遮盖或阻隔临近的带电部件。

3. 操作注意事项

（1）所有橙色的电缆都可能带有危及生命安全的高电压。

（2）不能直接对高电压元件喷水或者使用高压清洗液冲洗。

（3）不能在高电压连接线上使用机油、油脂、接触喷雾等。

（4）在高电压带电部件附近作业前，必须先将系统断电。

（5）在焊接、使用材料切割工具或者锋利工具作业之前，必须先将系统断电。

（6）所有断开的高电压连接线必须采取防尘和防潮措施。

（7）合理使用高压电池诊断盒、充电接口适配器、混合动力测量模块、温度测量仪、蓄电池剪式举升平台和高压诊断适配器等专用工具。

拓展迁移

上汽大众高压电技术维修人员资质与职责

微课

新能源汽车的专业维护

上汽大众高压电技术维修人员有三个资质等级，分别是：电气设备接触人员（EIP）、高压电技师（HVT）、高压电专家（HVE），各自的工作职责如图 6-31 所示。企业技术人员只有获得高压电认证资质等级中的一个，才可以在高电压汽车上进行相关操作。如果不满足以上任何资质，是不允许对高电压车辆进行任何操作的，包括和高电压系统无关的一般维护工作。

授权作业范围

EIP（电气设备接触人员）	HVT(高压电技师)	HVE(高压电专家)
		• 高压电系统的断电操作(通过任何手段) • 维修高压电蓄电池
	• 经认可的高压电系统断电操作 • 高压电蓄电池的分类 • 高压电蓄电池的拆卸/组装	• 经认可的高压电系统断电操作 • 高压电蓄电池的分类 • 高压电蓄电池的拆卸/组装
• 不涉及高压电系统的一般车辆维修 • 按照指示进行经确认的断开高压系统作业	• 不涉及高压电系统的一般车辆维修 • 按照指示进行经确认的断开高压系统作业	• 不涉及高压电系统的一般车辆维修 • 按照指示进行经确认的断开高压系统作业

图 6-31 资质等级和工作职责

高压电技师（HVT）和高压电专家（HVE）还必须参加安监局电工培训并获得低压电工操作证。表 6-4 所示为上汽大众高压电技术维修人员职责范围。

表 6-4 上汽大众高压电技术维修人员职责范围

人员资质	国家资质	职责范围
电气设备接触人员（EIP）	—	▶允许进行汽车上的一般操作和保养； ▶任务包括进行以下售后服务操作：更换 12 V 蓄电池、更换车轮； ▶受 HVT 委托，允许在不带电压的高电压系统上进行机械操作

续表

人员资质	国家资质	职责范围
高压电技师（HVT）	低压电工操作证	▶允许诊断汽车有无电压或切断汽车电压并防止重新接通； ▶允许将员工培训为 EIP 并委托其在高电压系统上进行操作； ▶在高电压系统上进行故障查询
高压电专家（HVE）	低压电工操作证	▶HVT 的所有工作职责； ▶若不能切断汽车电压，则在高电压系统上进行带电状态下的操作

复习巩固

1. 选择题。

（1）新能源汽车维修工位的地面需要铺设（　　）或者（　　）。

A. 绝缘地坪漆　　B. 绝缘地垫

C. 普通地垫　　D. 不需要铺设任何东西

（2）低压电工操作证是经过（　　）培训获取。

A. 企业　　B. 学校

C. 职业高中　　D. 安监局

2. IP 防护等级中的第一、二个数字分别表示＿＿＿＿＿＿和＿＿＿＿＿＿。

3. 发生触电主要有＿＿＿＿、＿＿＿＿和＿＿＿＿三种方式。

4. 上汽大众高压电技术维修人员的三个资质等级分别是：＿＿＿＿＿、＿＿＿＿＿和＿＿＿＿＿。

5. 维修人员在进行新能源车辆维护操作时需要佩戴安全防护装备，安全防护装备包括：＿＿＿＿、＿＿＿＿、＿＿＿＿、＿＿＿＿和＿＿＿＿。

6. 判断题。

（1）电击是指电流通过人体，破坏人体心脏、肺及神经系统的正常功能的一种伤害。（　　）

（2）根据欧姆定律可知，当电阻一定时，电压越大，电流就越大。电流过大，会对人体造成伤害。（　　）

（3）绝缘保护指使用不导电的物质将带电体隔离或包裹起来，以防止触电的一种安全措施。（　　）

（4）电位均衡的作用是使用 12 V 的小电流来确认整个高压电气系统的完整性及连续性。（　　）

（5）当我们发现有人在使用或者维修新能源汽车过程中发生触电，应该不顾一切第一时间上去抢救触电者。（　　）

(6) 无接触不可能会导致触电。 (　　)

(7) 驾驶人可以对新能源汽车进行专业维护。 (　　)

(8) 车辆行驶中，应注意观察车辆仪表显示屏的工作状况，若发现故障报警信息应及时停车检查，并联系专业维修人员。 (　　)

(9) 不能直接对高电压元件喷水或者使用高压清洗液冲洗。 (　　)

(10) 为了保证足够的润滑，需要在高电压连接线上涂抹机油、油脂或者接触喷雾等物质。 (　　)

7. 简述高压电传输的优点。

8. 简述 800 V 高压技术平台的优点。

9. 简述触电后标准的急救措施。

10. 简述当系统检测到高压互锁回路断开或是完整性受到破坏时，采用的安全措施。

学习思考

1. 学习自评

请同学们结合个人学习情况，按照完全掌握、部分掌握和没掌握三个等级进行自我学习评价。

	完全掌握	部分掌握	没掌握
(1) 高压电传输优点	□	□	□
(2) 高压电伤害	□	□	□
(3) 新能源汽车防触电技术	□	□	□
(4) 如何避免触电	□	□	□
(5) 触电急救措施	□	□	□
(6) 新能源汽车维修车间和维修人员的要求	□	□	□
(7) 新能源汽车的维护项目	□	□	□
(8) 新能源汽车的维护要点	□	□	□

2. 个人收获及思考

同学们通过对本单元的学习，在知识、技能与素质方面都有什么收获呢？是否还存在什么问题？思考一下，记录下来吧！

(1) 知识：

___

___

___

（2）技能：

（3）素质：

（4）存在问题：

单元七

新能源汽车应用展望

经过多年发展，我国在新能源汽车研发、制造和应用领域均取得了巨大进步。公共平台技术方面，建立了新能源汽车标准体系和整车、电池、电机测试平台。整车技术方面，实现了新能源汽车续驶里程、可靠性、安全性等方面的提高。应用场景方面，新能源汽车也已经从单纯的城区通勤应用，逐步发展到城际之间的中长途运输，将来随着智慧公路的逐步推广，新能源汽车与智能网联汽车还将融入整个智能交通系统（ITS）当中，届时将真正实现人—车—路—城的有机融合，服务于未来的出行需求。

我国汽车技术发展的社会愿景与发展目标包括：① 能源环境友好共生。汽车低碳化技术水平持续提升，汽车产业的发展能够与我国的能源、环境战略目标相适应，为建设绿色、低碳、能源与环境和谐共生社会做出应有贡献。② 安全高效智慧出行。以汽车为核心枢纽，实现汽车产业与绿色能源、智能交通、智慧城市深度融合的智能共享出行，大幅度减少交通事故，提升出行效率，同时降低出行能耗和排放。③ 数字经济融合发展。汽车产业与大数据、物联网、云计算等新技术深度融合，驱动汽车研发、生产、销售、服务等关键环节变革，数字经济引领汽车产业转型升级新机遇，打造汽车产业高质量发展新动力。④ 和谐健康汽车社会。汽车所带来的能耗、资源、环境、交通拥堵和安全问题得到解决，汽车与人、其他交通工具、道路及城市协调发展，构建零事故、零环境负荷、高出行效率、高出行自由度的和谐健康汽车社会。汽车技术的发展愿景如图 7-1 所示。

视频

新能源汽车概论课程视频

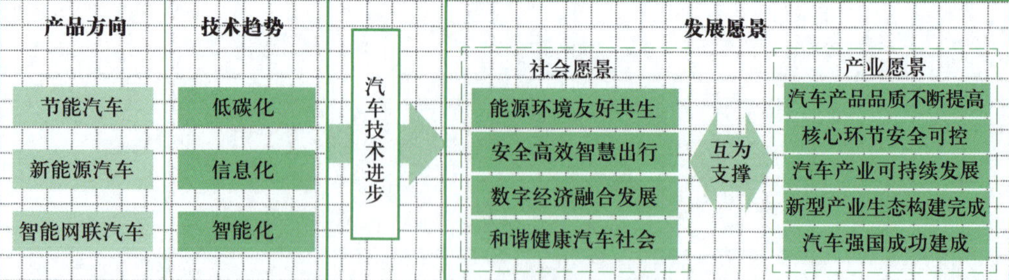

图 7-1　汽车技术的发展愿景

学习指引

本单元主要学习新能源汽车的应用场景及前景展望，学习思维导图如图 7-2 所示。

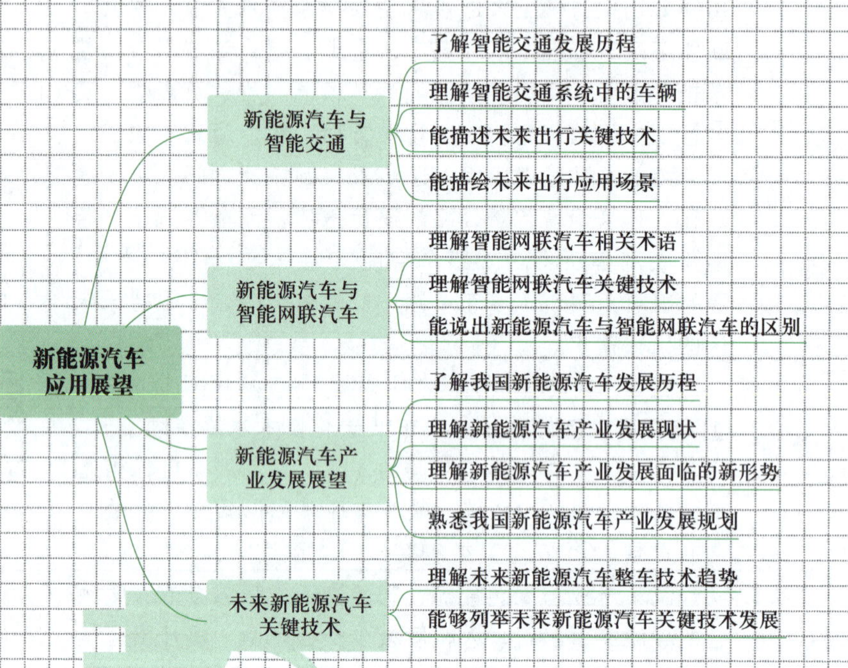

图 7-2　新能源汽车应用展望学习思维导图

主题 1　新能源汽车与智能交通

课堂导入

未来的交通是什么样子

未来是什么样子呢？相信每个人都有过对未来的畅想，这也催生了大量科幻文学，当然也包括未来的交通出行。著名科幻小说作家艾萨克·阿西莫夫在 1964 年预言五十年后，人们会花更多的精力设计带有“机器大脑”的交通工具，设置完目的地即可自动抵达，不会被人类的慢反应干扰。我国著名作家叶永烈先生在《小灵通漫游未来》系列中预想未来拥有着连小孩都能轻松驾驶的水滴型智能汽车（图 7-3），可以自动躲避障碍……如今，前人们的畅想已经逐步变为现实，先进的智能化交通出行已经近在眼前。

图 7-3　小说中未来的水滴型智能汽车概念图

学习内容

近年来，我国在交通领域取得了辉煌的发展成果，随着道路基础设施的不断完善，新能源汽车应用范围愈加广泛。根据交通运输部数据，截至 2021 年底，全国公路总里程 528.07 万千米，比上年末增加 8.26 万千米，其中高速公路里程 16.91 万千米，增加 0.81 万千米；在车辆推广应用方面，截至 2021 年底，全国机动车保有量达 3.95 亿辆，其中汽车 3.02 亿辆，新能源汽车 784 万辆。

作为交通系统中的重要组成部分，汽车与交通系统间的关系密不可分，尤其对于新能源汽车而言，其智能化、网联化的发展方向更加清晰，这也为落实智慧交通应用场景提供了基础。“十四五”规划纲要将智慧交通作为数字经济的重点应用场景，《新能源汽车产业发展规划（2021—2035 年）》同样明确提出汽车带动交通、信息通信基础设施改造升级，促进交通体系和城市运行智能化水平提升，引导建立面向未来的新能源汽车与智慧能源、智能交通融合的创新平台。可以看出，国家对于新能源汽车未来的期待绝不仅限于汽车，而是以一业带百业，推动通信、能源、交通、智能制造、大数据等战略性新兴产业链升级，引领城市数字化升级，促进区域经济高质量发展。同时，从技术应用逻辑来看，“车路云一体化”协同的智能驾驶系统落地必将减少道路事故、提升运行效率、孵化新的智慧交通业态，促进形成优质交通服务供给，提升社会治理能力。

一、智能交通发展历程

智能交通系统（Intelligent Transportation System，简称 ITS）是未来交通系统的发展方向。它是将先进的信息技术、计算机处理技术、数据通信技术、传感器技术、人工智能、运筹学等有效地集成运用于整个地面交通管理系统而建立的一种在大范围内、全方位发挥作用的，实时、准确、高效的综合交通运输管理系统。它随着车联网技术的发展而不断发展。

ITS 源自交通信息化和交通工程。1994 年在法国巴黎召开的第一届 ITS 大会上首次提出了这个概念。在 1995 年我国高速公路建设初期，中国公路学会专家刘以成对智能交通系统（ITS）发展提出了明确建议：ITS 是公路交通 21 世纪前半叶将实现的方向性技术；必须紧密跟踪，积极开展工作；交通部门是组织者；要建立专门研究机构；利用经济杠杆，组织各有关方面进行国内外的协作研究。交通运输部《公路、水运交通科技发展目标：“九五”计划及 2010 年长远规划》对 ITS 的表述和安排，总目标是到 2020 年，形成以高新技术为主体的公路技术体系，并逐步建设智能公路运输系统；主要研究方向是交通控制系统、驾驶人信息系统、车辆调度与导驶系统、车辆安全系统、收费管理系统，并且实现以高新技术为手段，特别要在信息技术、计算机技术、微电子技术、声光电技术、智能化公路技术等方面取得重大进展和突破。

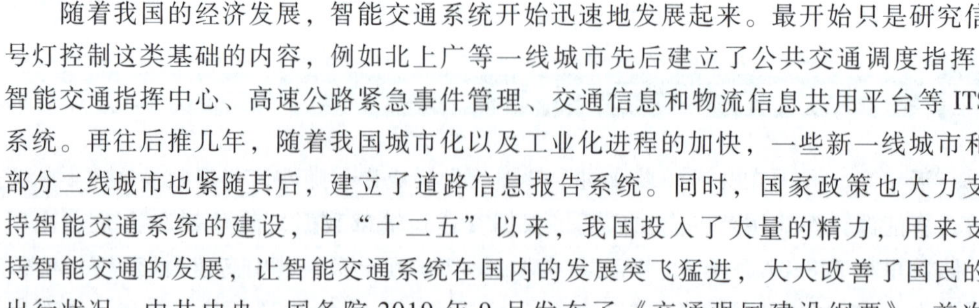

随着我国的经济发展，智能交通系统开始迅速地发展起来。最开始只是研究信号灯控制这类基础的内容，例如北上广等一线城市先后建立了公共交通调度指挥、智能交通指挥中心、高速公路紧急事件管理、交通信息和物流信息共用平台等 ITS 系统。再往后推几年，随着我国城市化以及工业化进程的加快，一些新一线城市和部分二线城市也紧随其后，建立了道路信息报告系统。同时，国家政策也大力支持智能交通系统的建设，自“十二五”以来，我国投入了大量的精力，用来支持智能交通的发展，让智能交通系统在国内的发展突飞猛进，大大改善了国民的出行状况。中共中央、国务院 2019 年 9 月发布了《交通强国建设纲要》，首次

微课

智能交通系统（ITS）

将智能交通系统发展过程中的主要内容与新一代基础设施建设、智能化载运工具、人性化的服务系统等建设结合到一起，对新一代通信和信息技术的应用也进行了充分的考虑，《交通强国建设纲要》可以说给智能交通系统的发展打开了崭新的一页。

二、智能交通系统中的车辆

未来的ITS，将5G网络、大数据、云计算、人工智能、物联网等技术整合应用，实现人—车—路—网—城的协同，打造“零事故、零排放、零拥堵”的未来城市出行，构建出未来智慧城市中智能交通的雏形。其中，交通工具将以电动化为根基，在以绿色化、智能化、网联化、共享化为特征的跨界融合浪潮中，汽车产业已成为这场变革的战略中心。未来的汽车将成为服务于人类便捷出行与智能生活的移动终端。智能汽车是ITS的载体，是智慧城市里物联网、互联网、能源网的节点；而智路，则是连接车和城的重要桥梁，将智能汽车、智慧城市连接起来。智慧城市则构建城市交通运营监控中心，系统性解决城市交通出行问题，提升城市管理能效。

在智能交通系统中，车辆是最重要的组成元素之一。而目前汽车产业的发展，正向着电动化、智能化与网联化方向前进。智能汽车的发展主要分三大路线，第一是持续推进单车智能化，第二是以车联网技术为核心推动车辆网联化之后的交通应用，第三是结合网联和智能的优势开展以车路协同为目标的车—路—云联合优化控制。我国走车路协同路线，坚持技术突破和商业化应用双轮驱动，为智能网联汽车与新能源汽车提供新的发展机遇（智能网联汽车将在本单元主题2中详细阐述）。当前车路协同的产业应用还处于预警和信息提供方面的简单应用阶段，端边云联合优化控制还处于测试阶段。虽然完全自动驾驶车辆普及的难度还很高，但是在局部应用场景下则可以逐步走向商业化，从而实现从技术研发到产品供应的飞跃。

国务院办公厅印发的《新能源汽车产业发展规划（2021—2035年）》（以下简称规划）也确立了发展愿景。规划提出在十四五期间要打造国家级新能源汽车和智能网联汽车产业基地，高度自动驾驶汽车实现限定区域和特定场景商业化应用。当然对于大多数人而言，可能更加期望智能汽车得到广泛的应用而不仅仅局限于特定场景，这一愿景的实现可能要再晚一些，高度自动驾驶汽车实现规模化应用可能在2035年得到实现。当然这一切的发展都需要智能交通系统的协助。在智能交通系统的加持下，新能源汽车的优势将更加明显，真正实现人—车—路—云平台的有机融合。

智能交通系统的未来发展趋势是自主式交通系统，即在没有足够的人类监督的情况下，可在变化的、不可预测的交通环境中“理性地行动”，或能在经验中学习，利用数据提升系统性能。自主式交通系统是由智能运载工具、智慧基础设施和云端智能交通组成，具有感知、交互、学习和执行能力，是一种协调完成单体智能、群体协同和整体优化的交通系统。

三、未来出行关键技术

在人类出行的漫长探索中，“出行效率”“出行安全”“出行成本”和“资源配置”一直是人们的关注重点。步入 21 世纪，人类文明已经跨入了智能化、数字化、网络化的时代。在新一轮技术革命驱动下，人类出行正在经历一场前所未有的深刻变革。5G 通信、大数据、云计算、物联网、人工智能等技术正在重塑我们未来的出行方式。在这一历史性变革中，新能源汽车与智能网联汽车等新一代汽车将扮演极为重要的角色。

未来出行将重点关注车与 X 互联、缓解拥堵、减少事故、信息安全、降低成本、新能源等关键问题。基于此，共享出行、自动驾驶、智能网联、新能源四大手段将构成未来出行的行业格局。未来出行需要解决的关键问题如图 7-4 所示。智能交通系统中的未来出行展望如图 7-5 所示。

微课
未来出行模式

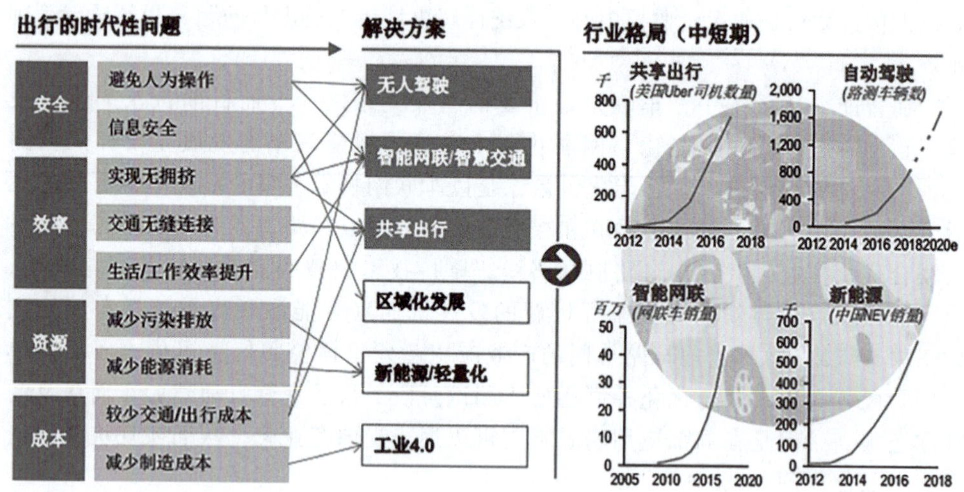

图 7-4 未来出行需要解决的关键问题

自动驾驶、V2X、交通管控等成熟度较低的核心控制点将直接影响到未来智能交通生态的实现。在自动驾驶层面，L4 级以上自动驾驶当前依然存在软硬件技术、成本、供需匹配和政策完善等方面的瓶颈。在 V2X 层面，当前依然存在 V2V（车—车通信）与 V2I（车—基础设施通信）博弈，前者需要车端建立规模优势并明确商业模式，后者需要政府强势推动政策落地和基建投资，应根据所属的本地条件进行选择。

在交通管控方面，未来将基于自动驾驶和 V2X 技术，协调车辆在道路行驶的路径，实现流量引导和管控优化，减少拥堵和排放，提升安全性。未来的主要功能将集中于“车辆利用率优化”“道路交叉口预警”“信号灯配时”“V2V 控制”与“流量预测和引导”等方面。交通管控与未来出行如图 7-6 所示。

效率

> 替代人类司机，以实时性、可控性和互通性优势**提升车辆调配效率、停车效率和交通管控效率**
> 省去驾驶任务的人类获得充分时间在车内实现**生活、工作效率提升**

成本

> **司机成本**得以削减，出行服务使用率提升使车辆流动性增强，释放城市空间，**降低停车成本**；更高的车辆利用率将电池成本降到传统燃油以下，凸显**新能源充换电优势**
> 自动驾驶的高频软件更迭刺激OTA发展，降低维修保养、换代升级等**车后服务的成本**

安全

> 比人类驾驶更具理性、高精确度，**减少人为操作事故发生**可能；通过智能交通提高车辆系统协调性，进一步预防事故发生
> 从驾驶任务中解脱的驾驶人**无需担心车内交互服务的安全隐患**

环境

> 自动驾驶汽车联入智能交通系统平台后，统一的协调管控减少道路拥堵，从而**降低汽车**发动机**排放带来的空气污染**
> 自动驾驶刺激电动汽车利用率，**燃油排放引起的环境污染得以缓解**

体验

> 自动驾驶替代人类司机后，由司机引发的服务不达标问题消失，**乘车满意度和私密性提升**
> 自动驾驶使得车内交互服务的重要性更高、操作空间更广，**更丰富的功能和内容将提升用户的交互体验**

图 7-5 智能交通系统下的未来出行

 优化交通流量  减少能源消耗  提升交通安全性

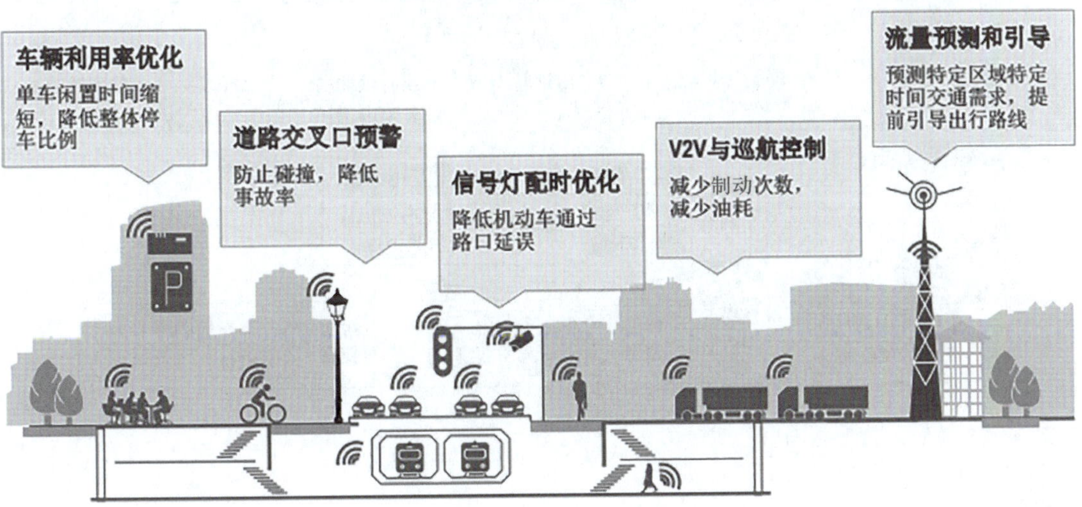

图 7-6 交通管控与未来出行

最后，从数据和竞争的视角来看，未来的智能交通将成为对人口和终端控制权的争夺，以及对标准和商业变现能力的争夺。从 2000 年以来对汽车远程服务提供商（Telematics Service Provider，简称 TSP）的争夺，到如今对车载信息操作系统的争夺，背后不变的是对数据、人口的掌握。另外，自动驾驶与网联方兴未艾，存在

多个尚未统一的行业标准（包括硬件、算法、通信协议、地图等）。数据竞争将是行业未来发展重要的关键领域。

四、未来出行应用场景展望

人们的出行习惯和出行行为正在急剧变化，交通出行的未来也将面临巨大变化。就重塑交通的因素而言，新技术的发展将提供新的出行解决方案；政策法规为新出行解决方案合理引进创造必要的条件，推动可持续创新；用户的期望值也随着提供给他们的出行模式和服务组合的增多而提高，并且这种趋势可能会持续下去。

未来出行将以自动驾驶下的出行和物流服务为核心（核心出行层），并向交通服务、信息服务、车后及能源服务（辅助层）辐射。未来智能交通出行的产业生态如图 7-7 所示，涵盖了自动驾驶服务、交通网联、车辆制造、车辆拥有、车后市场、能源服务、车载娱乐等领域。值得强调的是，在四大手段中，自动驾驶是重构未来出行格局的核心。

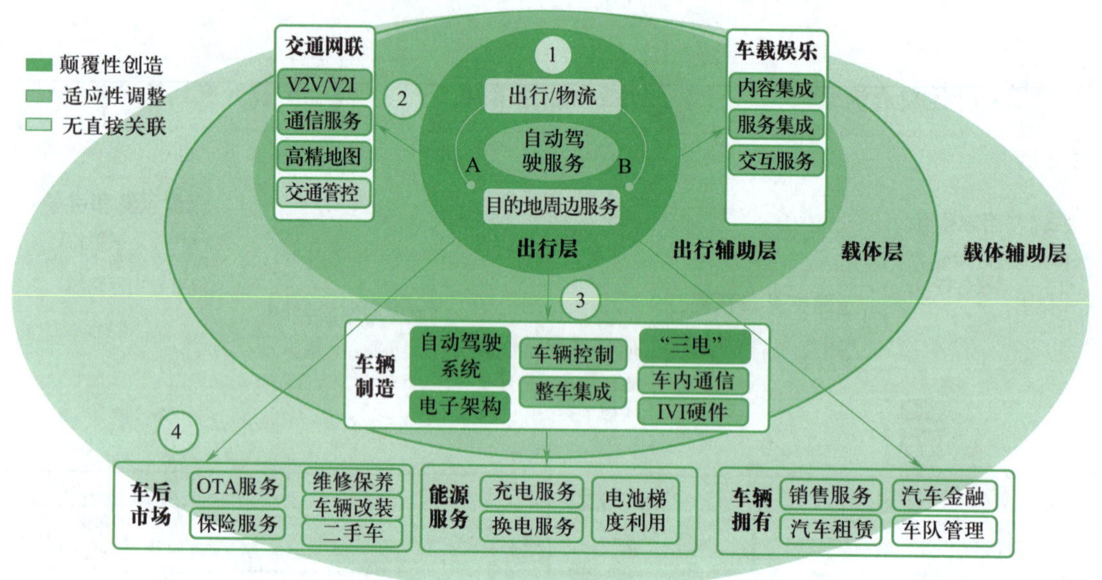

图 7-7 未来出行的产业生态

总体来说，以自动驾驶为核心的出行/物流服务，将从“私家车出行”“共享客运接驳”“货运物流”三大“场景群”出发，实现渐进式落地（图 7-8）。同时，各国由于需求、社会、政策、技术、道路等因素的差异较大，可能导致其在共享车队自动驾驶和私家车的自动驾驶等细化场景的实现时间和方式等方面出现不同。

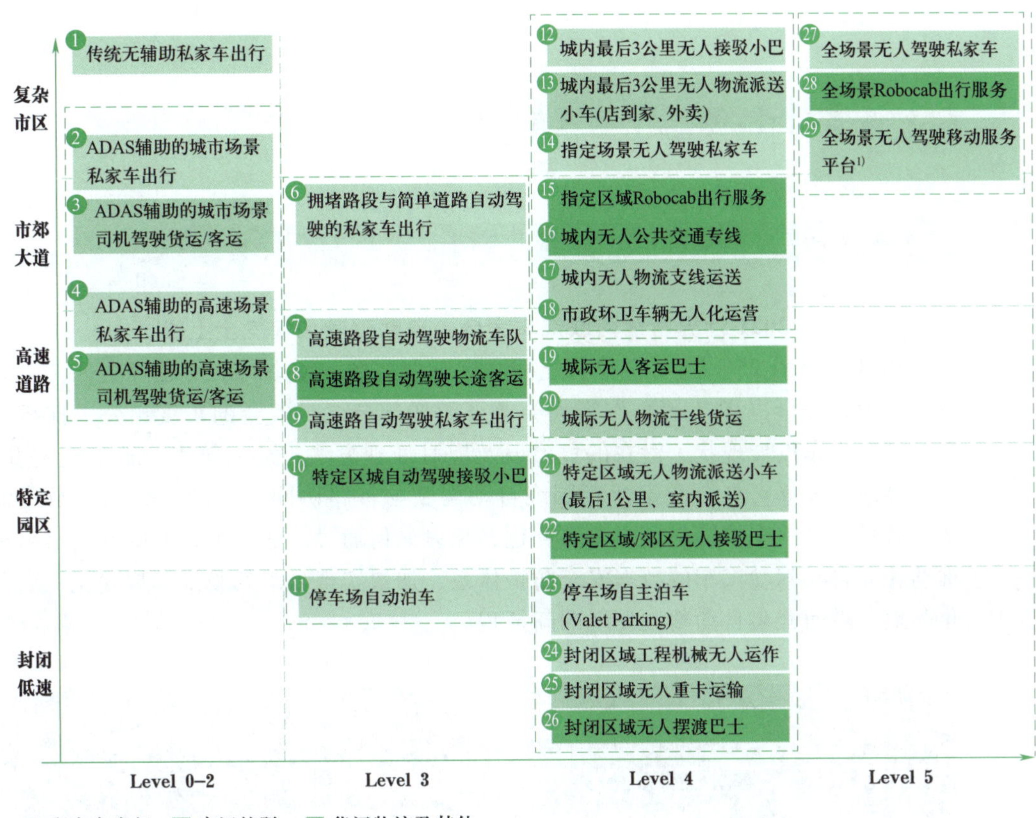

图 7-8　未来出行的场景应用

拓展迁移

“车联网”和“智能网联汽车”是一回事吗

车联网的概念源于物联网，即车辆物联网，是以行驶中的车辆为信息感知对象，借助新一代信息通信技术，实现车与车、人、路、服务平台之间的网络连接，提升车辆整体的智能驾驶水平，为用户提供安全、舒适、智能、高效的驾驶感受与交通服务，同时提高交通运行效率，提升社会交通服务的智能化水平。

而智能网联汽车，是指车联网与智能车辆的有机联合，是搭载先进的车载传感器、控制器、执行器等装置，并融合现代通信与网络、人工智能等技术，实现车与人、路、后台等智能信息交换共享，具备复杂环境感知、智能决策、协同控制等功能，可实现安全、舒适、节能、高效行驶，并最终可替代人来操作的新一代汽车。

主题2 新能源汽车与智能网联汽车

课堂导入

2021 世界智能网联汽车大会：自动驾驶如何安全上路

2021 年 9 月 25—28 日世界智能网联汽车大会在北京举行。主题峰会四：自动驾驶与道路安全（图 7-9）作为大会重要组成部分，从安全的角度出发，探析了智能网联汽车发展现状、潜在的危险以及应对处理方法，从而筑牢行业安全之基，推动高质量发展。与会专家学者围绕自动驾驶与车路协同、自动驾驶汽车数据安全、软件定义汽车持续创新等热点问题，探讨如何通过产业链上各方的共同努力来推动建立自动驾驶汽车的数据安全防护体系，加快实现自动驾驶汽车规模化、商业化落地，进而开启自动驾驶发展的新征程。

图 7-9 2021 世界智能网联汽车大会主题峰会四

学习内容

一、智能网联汽车相关术语

当前，以智能化、网联化为重要特征的全球新一轮科技革命和产业变革正蓬勃兴起，人工智能（Artificial Intelligence，简称 AI）与新一代信息技术的快速发展将推动人类生活方式发生深刻变化，智能网联汽车应运而生。智能网联汽车与交通系统、能源体系、城市运行和社会生活紧密结合，承载了我国经济战略转型、重点突破和构建未来创新性社会的重要使命。

1. 智能网联汽车

2017 年 12 月，由工业和信息化部、国家标准委员会共同制定的《国家车联网产业标准体系建设指南》明确了智能网联汽车的定义。智能网联汽车（Intelligent Connected Vehicle，简称 ICV），是指搭载先进的车载传感器、控制器、执行器等装置，融合现代通信与网络、人工智能等技术，实现车与 X（车、路、人、云等）智能信息交换、共享，具备复杂环境感知、智能决策、协同控制等功能，可实现“安全、高效、舒适、节能”行驶，并最终可实现替代人来操作的新一代汽车。

2. 无人驾驶汽车

无人驾驶汽车是指通过车载环境感知系统感知道路环境（如道路状况、车辆位置、障碍物信息等），自动规划和识别行车路线并控制车辆到达预定目标的智能汽车。它是传感器、计算机、人工智能、无线通信、导航定位、模式识别、机器视觉、智能控制等多种先进技术融合的综合体，是汽车智能化、网联化发展的终极目标。

3. 车联网

车联网（Internet of Vehicle，简称 IOV）是以车内网、车际网和车载移动互联网为基础，按照约定的体系架构及其通信协议和数据交互标准，实现 V2X（V 指 Vehicle，车辆；X 代表车、路、行人及应用业务平台等）无线通信和信息交换，以实现智能化交通管理、智能动态信息服务和车辆智能化控制的一体化网络，是物联网技术在智能交通系统领域的延伸，如图 7-10 所示。车联网的终极目标是智能交通。

智能网联汽车既是车联网的重要组成部分，也是智能交通系统的核心组成部分，是两者的交集。智能网联汽车是车联网体系的一个节点，通过车载信息终端实现与车、路、行人、应用业务平台等之间的无线通信和信息交换。智能网联汽车聚焦点在车上，发展重点是提高汽车的安全性，其终极目标是无人驾驶汽车。车联网是智能网联汽车最重要的载体，只有充分利用互联技术才能保障智能网联汽车真正拥有充分的智能和互联。车联网的聚焦点是建立一个宏大的交通体系，发展重点是给汽车提供各种信息服务。由此可见，智能网联汽车与车联网应该协同发展，最终成为无人驾驶汽车，实现更高层次的智能交通系统。ITS、IOV 与智能网联汽车之间的关系如图 7-11 所示。

二、智能网联汽车技术解析

1. 智能网联汽车的技术架构

智能网联汽车包括智能化和网联化两个技术层面，智能化侧重于自动驾驶的实现，网联化侧重于车辆的网联通信技术，通常将其技术架构划分为“三横两纵”。

“三横”是指智能网联汽车主要涉及的车辆/设施关键技术、信息交互关键技术和基础支撑关键技术，“两纵”是指支撑智能网联汽车发展的车载平台和基础设施，如图 7-12 所示。

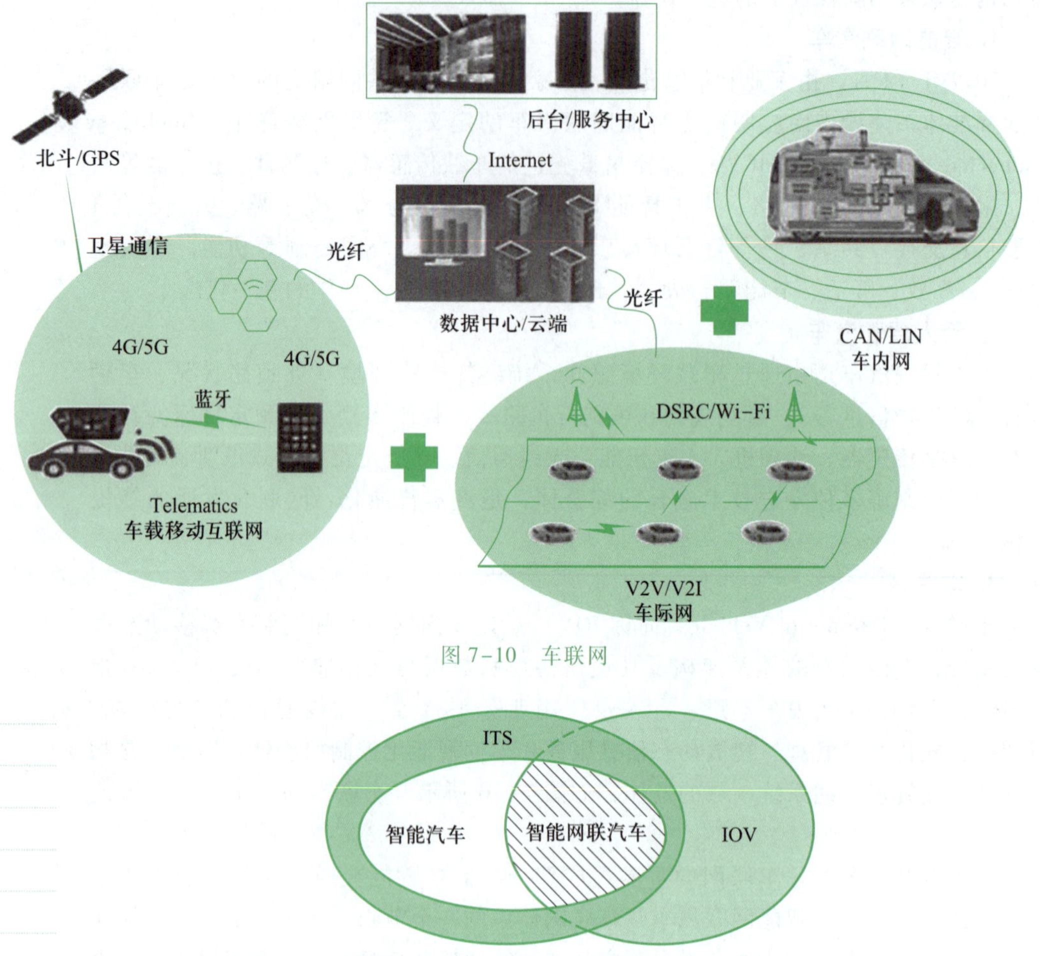

图 7-10　车联网

图 7-11　ITS、IOV 与智能网联汽车的关系

2. 智能网联汽车的系统构成

智能网联汽车一般由环境感知层、智能决策层和控制执行层组成，如图 7-13 所示。

（1）环境感知层。其主要功能是通过车载环境感知技术（如视觉传感器、雷达、高精度定位与导航等）、车内网技术、4G/5G 及 V2X 无线通信技术等，实现对车内与车外（如道路、车辆和行人等）静态、动态信息的提取与收集，并向智能决策层输送信息。它是智能网联汽车各项功能实现的前提和基础。

（2）智能决策层。其主要功能是接收环境感知层的信息并进行分析、处理，决策自动驾驶行为。智能决策层可以根据识别到的道路、车辆、行人、交通标志和交通信号等，理解驾驶环境，分析、判断并决策车辆需要采取的驾驶模式和将要执行的操作，并向车辆控制执行层输送指令。它是智能网联汽车各项功能得以实现的核心。

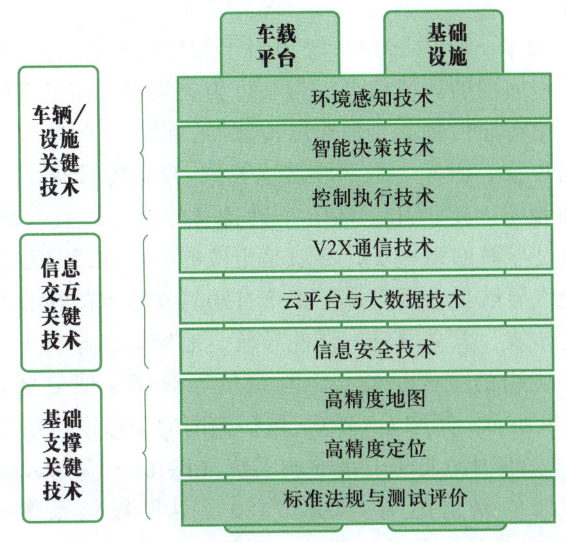

图 7-12 智能网联汽车“三横两纵”技术架构

图 7-13 智能网联汽车的系统构成

（3）控制执行层。其主要功能是根据智能决策层的指令来控制车辆，并通过交互系统向驾乘人员提供道路交通信息、安全信息、娱乐信息、救援信息、商务办公、在线消费等信息与服务，提供安全驾驶、舒适驾乘和智能交互等功能。控制执行层主要通过车辆线控（驱动、转向、制动等）和车身电子电器（车门、车灯、仪表）等，实现车辆的自动控制以及人机交互。

3. 智能网联汽车关键技术

根据功能划分，智能网联汽车主要的关键技术包括环境感知、定位导航、无线通信、自动驾驶等。

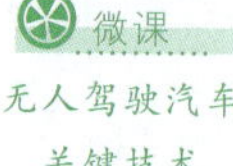

无人驾驶汽车关键技术

（1）环境感知技术。环境感知系统相当于智能网联汽车的眼和耳，车辆通过它来感知自身状况和周围的环境信息，为其行为决策提供信息支持。环境感知系统主要传感器包括车轮转速传感器、加速度传感器、微机械陀螺仪、转向盘转角传感器、雷达（包括超声波、激光、毫米波雷达等）、视觉传感器等。

（2）定位导航技术。定位用于确定车辆自身的地理位置，导航用于引导车辆到达目的地。定位是导航的第一步，导航是定位的一个连续过程，导航涉及路径规划和决策引导。定位导航技术可以说是整个自动驾驶技术的核心。定位导航方法有无线电导航、卫星导航、天文导航、惯性导航、地形辅助导航等，其中卫星定位导航是智能网联汽车应用的主要手段。卫星定位导航即全球卫星导航系统（Global Navigation Satellite System，简称 GNSS），包括美国的全球定位系统（Global Position System，简称 GPS）、中国的北斗卫星导航系统（BeiDou Navigation Satellite System，简称 BDS）、俄罗斯的格洛纳斯（GLONASS）卫星导航系统和欧盟的伽利略（GALILEO）卫星导航系统，目前应用的终端都是多模多系统融合。

（3）无线通信技术。其主要功能是实现各种数据和信息的传输，分为短距离无线通信和长距离无线通信。目前应用比较广泛的短距离无线通信技术包括蓝牙、ZigBee、Wi-Fi、UWB、60 GHz、RFID、NFC 等；远距离无线通信技术包括移动通信技术（4G/5G 技术等）、微波通信技术、卫星通信技术等，在智能网联汽车上应用的主要是 4G/5G 技术。

微课

辅助驾驶、自动驾驶与无人驾驶

（4）自动驾驶技术。自动驾驶是智能网联汽车智能化的重要目标。美国机动车工程师协会（Society of Automotive Engineers，简称 SAE）将自动驾驶技术划分为 L0 ~ L5 共六个等级，见表 7-1。L0 代表没有自动驾驶加入的传统人类驾驶，L1 ~ L5 则随自动驾驶的技术配置和成熟程度进行了分级，分别为辅助驾驶、部分自动驾驶、条件自动驾驶、高度自动驾驶、完全自动驾驶。L5 的自动驾驶技术等级也称为“无人驾驶”。2020 年 3 月 9 日，工业和信息化部公布了《汽车驾驶自动化分级》推荐性国家标准，将自动驾驶汽车根据 5 个要素划分为 0 ~ 5 共 6 个不同等级，见表 7-2。

表 7-1 SAE 的自动驾驶等级划分

分级		名称	定义	转向和变速操作	监控驾驶环境	极端驾驶情况的应对	系统作用范围
NHTSA	SAE						
0	L0	无自动化	人类驾驶人完成所有的驾驶操作，系统只起到警告和辅助的作用	人类驾驶人	人类驾驶人	人类驾驶人	无
1	L1	辅助驾驶	辅助系统完成转向或变速中的一项操作，其他所有驾驶操作由人类驾驶人完成	人类驾驶人或系统	人类驾驶人	人类驾驶人	部分

续表

分级 NHTSA	分级 SAE	名称	定义	转向和变速操作	监控驾驶环境	极端驾驶情况的应对	系统作用范围
2	L2	部分自动化	辅助系统完成转向和变速两项操作，其他所有驾驶操作由人类驾驶人完成	系统	人类驾驶人	人类驾驶人	部分
3	L3	有条件自动化	自动驾驶系统完成所有驾驶操作，需要人类驾驶人恰当应答系统的请求	系统	系统	人类驾驶人	部分
4	L4	高度自动化	自动驾驶系统完成所有驾驶操作，不一定需要人类驾驶人恰当应答系统的请求	系统	系统	系统	部分
	L5	完全自动化	自动驾驶系统达到人类驾驶水平，可处理任何道路和环境的驾驶情况	系统	系统	系统	全部

表 7-2　我国自动驾驶等级划分

分级	名称	车辆横向和纵向运动控制	目标和事件探测与响应	动态驾驶任务接管	设计运行条件
0 级	应急辅助	驾驶人	驾驶人及系统	驾驶人	有限制
1 级	部分驾驶辅助	驾驶人和系统	驾驶人及系统	驾驶人	有限制
2 级	组合驾驶辅助	系统	驾驶人及系统	驾驶人	有限制
3 级	有条件自动驾驶	系统	系统	动态驾驶任务接管用户（接管后成为驾驶人）	有限制
4 级	高度自动驾驶	系统	系统	系统	有限制
5 级	完全自动驾驶	系统	系统	系统	无限制*

* 排除商业和法规因素限制

三、新能源汽车与智能网联汽车的区别

首先，新能源汽车与智能网联汽车的技术特性及追求有差别。智能网联汽车，特别是自动驾驶汽车，主要研究的是硬件/软件取代人驾驶的技术，而新能源汽车主要研究的是电力取代传统化石燃料的技术。但二者都是前瞻性的技术，就目前汽车技术发展看，二者会结合出现在汽车上，共同代表着汽车的发展方向，新能源汽车解决清洁出行的问题，无人驾驶解决轻松出行的问题。从政策与应用层面来看，新能源汽车无疑会比无人驾驶汽车普及更快一些。智能网联汽车具有明显的跨界和跨越发展的特征，这些问题新能源汽车也同样存在，智能网联汽车的发展与新能源汽车的发展并不冲突，事实上各自的发展也影响着对方的进程，从这个层面上讲，

微课

无人驾驶与新能源汽车的关系

两者是互为“解码器”，未来的发展必将走向融合。对于电动化、网联化、智能化的互融协同发展，电动平台是智能网联系统的最佳载体，未来汽车不仅是交通工具，更具有智能空间的功能，智能驾驶水平也将越来越高。

智能网联汽车产业链长，全面涵盖了轻量化材料、车联网、自动驾驶等重大方向。我国智能网联汽车产业发展愿景是实现汽车强国伟大目标，使汽车产业朝着有益于文明进步、可持续的道路发展，满足人民对美好出行生活的需求，具体体现在以下几个方面。① 安全：大幅降低交通事故数量和伤亡人数。② 效率：显著提升交通出行和城市运行效率。③ 节能减排：有效降低道路交通能源消耗和污染物排放。④ 舒适和便捷：提高驾驶舒适性，解放驾驶人。⑤ 人性化：使老年人、残障人士等都拥有驾乘出行的权利。

拓展迁移

你了解 ADAS 吗

先进驾驶辅助系统（Advanced Driver Assistant Systems，简称 ADAS）当前已经在量产车上得到较为广泛的应用。ADAS 利用安装在车上的多种传感器，在汽车行驶过程中随时感应周围的环境、收集数据，进行静态、动态物体的辨识、侦测与追踪，并结合导航仪地图数据，进行系统的运算与分析，从而预先让驾驶人察觉到可能发生的危险，有效增加汽车驾驶的舒适性和安全性。初级的 ADAS 以被动式报警为主，当车辆检测到潜在危险时，会发出警报提醒驾驶人注意异常的车辆或道路情况。对于最新的 ADAS 技术来说，主动式干预已较为普遍。目前，汽车上应用较多的驾驶辅助技术如图 7-14 所示。

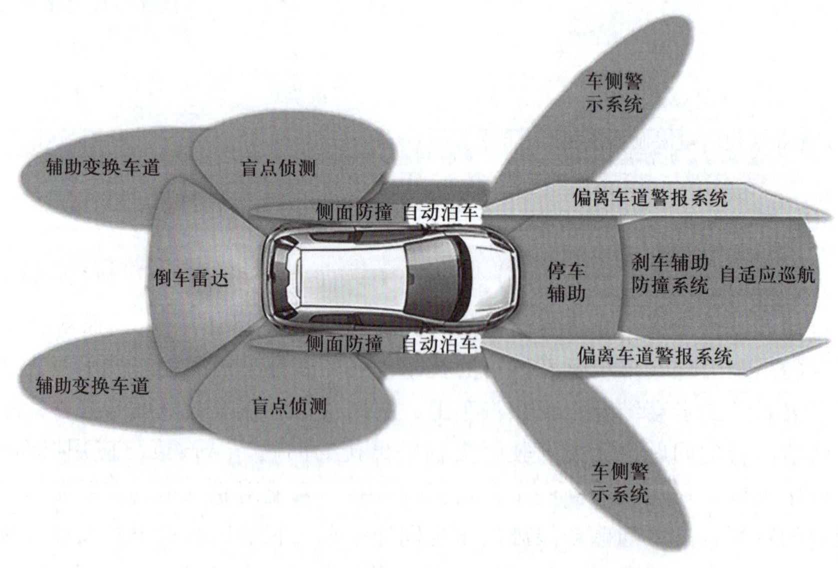

图 7-14　应用较多的驾驶辅助技术

图片
应用较多的驾驶辅助技术

辅助驾驶处于自动驾驶技术等级的 L1 和 L2 阶段，L1 阶段车辆开始介入制动与转向其中一项控制，分担驾驶人的工作，主要有自适应巡航（Adaptive Cruise Control，简称 ACC）、车道保持功能（Lane Keep Assist，简称 LKA）、紧急制动刹车（Automatic Emergency Braking，简称 AEB）等功能。L2 阶段车辆开始接管纵向与横向的多个控制，驾驶操作由系统完成，但驾驶人仍然要保持在驾驶状态，以便随时接管车辆。L2 阶段与 L1 阶段的不同在于，横向和纵向系统需要高度融合。

主题3 新能源汽车产业发展展望

课堂导入

我国新能源汽车产销量连续8年位居世界第一

近十年来，我国深入推进实施新能源汽车国家战略，强化顶层设计和创新驱动，产业发展从小到大、从弱到强，成为引领全球汽车产业转型升级的重要力量。从产销规模看，新能源汽车保有量从2012年底的2万辆，大幅攀升到2022年底的1 310万辆。自2015年起，我国新能源汽车产销量连续8年位居世界第一。从技术水平角度看，行业企业掌握了基于正向开发的底层控制技术，动力电池单体能量密度相比2012年提高了1.3倍，价格下降了80%。从企业品牌情况看，2022年全球十大新能源汽车畅销车型中，中国品牌占据七款。动力电池出货量前十的企业当中，中国企业占有六席。从配套环境看，截至2021年底，中国累计建成充电桩521万个，换电站1 973座，形成了全球最大的充换电网络。新能源汽车产业链如图7-15所示。

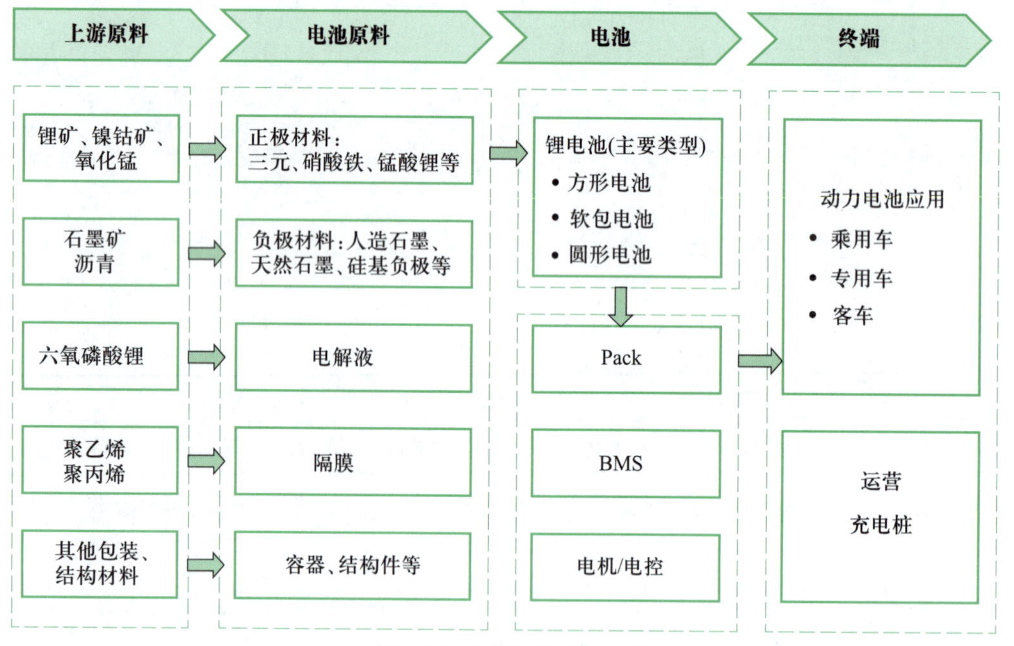

图7-15 新能源汽车产业链

学习内容

发展新能源汽车，是我国由汽车大国迈向汽车强国的必由之路。自2012年国务院发布实施《节能与新能源汽车产业发展规划（2012—2020 年）》以来，我国新能源汽车产业发展取得了举世瞩目的成就，成为引领世界汽车产业转型的重要力量。当前，全球新一轮科技革命和产业变革蓬勃发展，汽车与能源、交通、信息通信等领域加速融合，推动汽车产品形态、交通出行模式、能源消费结构和社会运行方式发生深刻变革，新能源汽车产业面临前所未有的发展机遇，如图 7-16 所示。

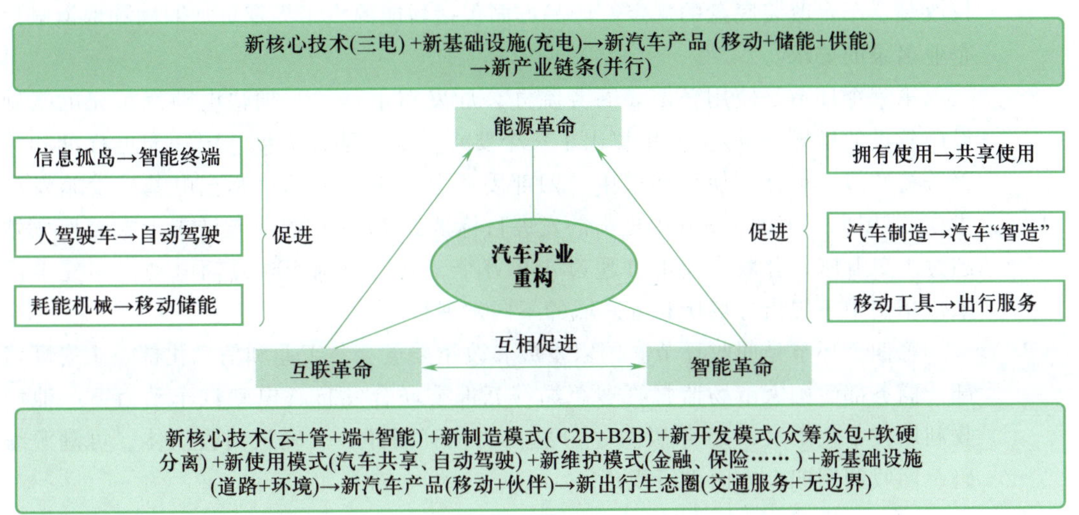

图 7-16　能源、互联、智能革命驱动汽车产业深刻变革

一、我国新能源汽车产业发展历程

1. 发展阶段

从政策层面看，我国新能源汽车产业的发展经历了三个阶段：

第一阶段是科技战略阶段（1996—2008），我国从 1995 年开始启动电动汽车国家重大科技产业工程，到“十五”“十一五”期间，分别进行了电动汽车重大专项和节能与新能源汽车重大专项的推进。到 2008 年的时候，新能源汽车被首次列入《政府工作报告》当中。

第二阶段是产业战略阶段（2009—2012），主要从 2009 年发展十城千辆示范工程，目标是在三年左右的时间内，在我国重点推进十个城市的电动汽车发展，每个城市每年发展一千辆电动汽车，这个规划直到 2012 年，最终完成 2.7 万辆。

第三阶段是国家战略阶段（2012 至今），新能源汽车发展上升到国家战略的层面上。国家层面不断出台各种政策法规与电动汽车的标准，力求实现从汽车大国到汽车强国的转型升级。

2. 重点政策

我国新能源汽车行业管理框架分为四个环节：研发、生产、使用、回收，这四个环节是新能源汽车发展的四个不可或缺的组成部分。

第一个环节是研发环节。科学技术部发布的《国家重点研发计划新能源汽车重点专项实施方案》提到，发展六大技术方向、19 个重点项目，六大技术方向包括：三电技术、电动智能技术、纯电、混合动力以及燃料电池技术等，19 个重点项目分别融入六大技术方向。

第二个环节是生产环节。工业和信息化部在 2016 年 8 月发布了《新能源汽车生产企业及产品准入管理规定》，其中规定，企业和产品应分别满足企业和产品的相应条件，企业方面包括准入主体更加严格、强调全生命的周期监督和取消车企授权改装、车企改装底盘的规定。产品方面包括新能源汽车界定更加明确和取消电池企业名录的要求。

第三个环节是使用环节。国务院办公厅发布了《关于加快电动汽车充电基础设施建设的指导意见》。其中提出了三个要求，加大建设力度、统一充电标准和完善扶持政策。另外，使用环节中，四部委联合发布《电动汽车充电基础设施发展指南（2015—2020）》，其中提出的发展目标是到 2020 年需要新增集中式充换电站超过 1.2 万座，分散式充电桩超过 480 万个，满足全国 500 万辆电动汽车充电需求。指南中还提出分场所和分区域的不同发展目标。

第四个环节是回收环节。国家发展和改革委员会、工业和信息化部、生态环境部、商务部、国家市场监督管理总局等五部委联合发布《电动汽车动力蓄电池回收利用技术政策（2015 年版）》，分别在明确管理环节、确认回收主体、可溯源编码、回收利用四个方面进行规范。

二、我国新能源汽车产业发展现状

微课

我国新能源汽车发展现状

1. 产销量连续 8 年世界第一

2018 年以来，我国新能源汽车已迈入百万辆市场时代。2022 年我国新能源汽车产销量分别为 705.8 万辆和 688.7 万辆，分别同比增长为 96.9% 和 93.4%。累计建设各类充电基础设施 521 万个，成为全球新能源汽车最大的市场。图 7-17、图 7-18 显示了 2011—2021 年中国新能源汽车的产量、销量及增长情况。

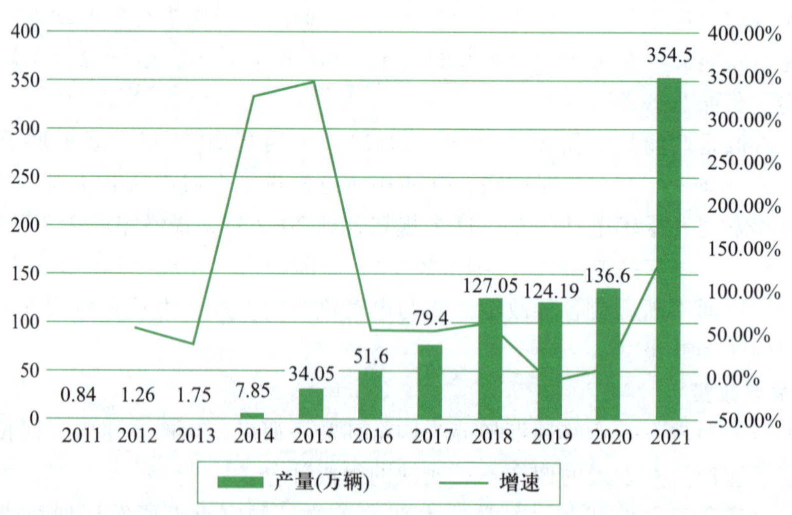

图 7-17　2011—2021 年我国新能源汽车的产量

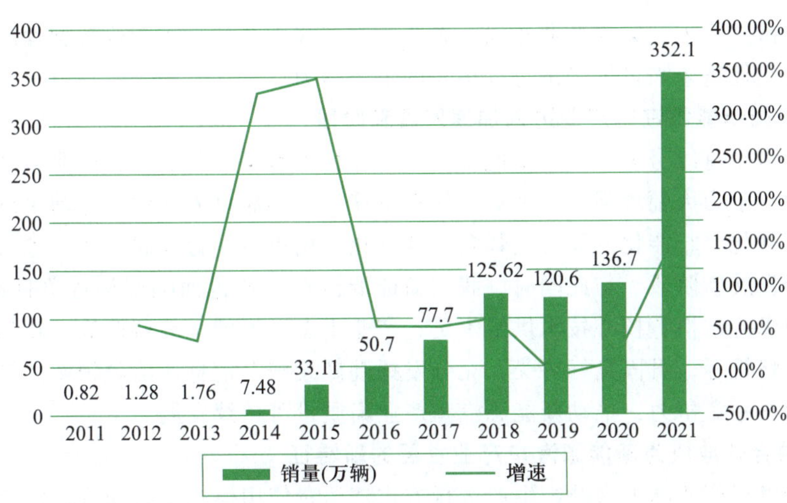

图 7-18 2011—2021 年我国新能源汽车的销量

2. 整体技术达到国际先进水平

（1）纯电动汽车技术水平和产品竞争力全面提升。当前，纯电动汽车（EV）进入到全新平台开发新阶段，逐步实现部件协同化、整车轻量化、整车架构高效化。通过代际升级，整车能耗、续驶里程、智能化应用等综合性能实现全面进步，产品竞争力显著提高。动力电池技术水平和产业规模进入世界前列，竞争优势逐渐显现。驱动电机在功率密度、系统集成度、电机最高效率和转速、绕组制造工艺、冷却散热技术等方面持续进步。充电网络初步满足新能源汽车发展需要。

（2）插电式混合动力汽车相关技术性能提前实现目标。插电式混合动力汽车（PHEV）能耗水平提前达标。自主研发出不同的机电耦合构型。插电式混合动力关键技术取得突破。目前多采用分体/简单集成，持续质量功率密度为 0.8 ~1 kW/kg，系统最高效率达到 92%。

（3）氢燃料电池汽车加快进入示范导入期。燃料电池客车技术进步显著，氢消耗量从 8.5 kg/100 kg 降低至 7.0 kg/100 kg。与国外相比，我国商用车采用电—电混合技术路线，在续驶里程及整车成本方面有明显优势，但耐久性等性能指标与国外有一定差距。

三、新能源汽车产业发展面临的新形势

1. 新能源汽车为世界经济发展注入新动能

电动化、网联化、智能化、共享化正在成为汽车产业的发展潮流和趋势。新能源汽车融汇新能源、新材料和互联网、大数据、人工智能等多种变革性技术，推动汽车从单纯交通工具向移动智能终端、储能单元和数字空间转变，带动能源交通、信息通信基础设施改造跃升，有效促进能源消费结构优化、智能交通体系和智慧城市建设。近年来，主要汽车大国纷纷加强战略谋划、强化政策支持，跨国汽车企业

微课

新能源汽车产业发展面临的新形势

相继加大研发投入、完善产业布局，新能源汽车成为全球汽车产业转型发展的主要力量，也是促进未来世界经济持续增长的重要动力。

2. 我国新能源汽车产业进入加速发展新阶段

经过多年持续努力，我国新能源汽车产业技术水平显著提升、产业体系日趋完善、企业竞争力大幅增强，产销量、保有量连续多年居世界首位，电动化跻身世界前列，网联化、智能化发展势头强劲，共享化应用市场孕育兴起，产业进入叠加交汇、融合发展新阶段。与此同时，我国新能源汽车产业也面临市场竞争日益加剧、发展动力亟待转换、核心技术供给不足、产业生态尚不健全等新形势、新问题。必须抢抓战略机遇，巩固良好势头，充分发挥基础设施、信息通信等领域优势，不断提升产业核心竞争力，推动新能源汽车产业高质量可持续发展。

3. 融合开放成为新能源汽车产业发展的新特征

随着汽车产业动力来源、生产运行方式、消费使用模式全面变革，新能源汽车产业生态正由零部件、整车研发生产及营销服务企业之间的链式关系，逐步演变成汽车、能源、交通、信息通信等多领域多主体参与的网状生态。相互赋能、协同发展成为各类市场主体发展壮大的内在需求，跨行业跨领域融合创新和更加开放包容的国际合作成为新能源汽车产业发展的时代特征，极大地增强了产业发展动力，激发了市场活力，推动形成互融共生、合作共赢的产业发展新格局。

四、我国新能源汽车产业发展规划

1. 发展思路

2019 年 10 月，《新能源汽车产业发展规划（2021—2035 年）》（以下简称《规划》）发布，规划了未来 15 年新能源汽车产业发展的总体蓝图。

微课

我国新能源汽车产业发展规划

《规划》提出的总体思路为：坚持创新、协调、绿色、开放、共享的发展理念，以深化供给侧结构性改革为主线，坚持电动化、网联化、智能化、共享化发展方向，深入实施发展新能源汽车的国家战略，以融合创新为重点，突破关键核心技术，提升产业基础能力，构建新型产业生态，完善基础设施体系，优化产业发展环境，推动我国新能源汽车产业高质量发展，实现汽车产业由大变强。

《规划》还提出了新能源汽车产业发展应该坚持市场主导、创新驱动、协调推进、开放发展四项基本原则。力争经过十五年持续努力，新能源汽车关键核心技术取得重大突破、融合发展协调高效、产业生态健全完善，纯电动乘用车成为主流，燃料电池商用车实现规模化应用，高度自动驾驶智能网联汽车趋于普及，我国进入世界汽车强国行列。

2. 关键领域

（1）安全问题。随着电动汽车越来越多地投放到市场上，它的安全性问题理应摆到一个重要的位置。在电动汽车安全性上，国家的监管包括：准入、生产销售和使用三个环节。准入环节，建立完善标准体系，包括加快发布并实施《电动客车安全技术条件》《电动汽车远程监控》；加快《电子管理系统技术条件》《动力电池编码》等标准的修订。在生产销售环节，要求生产企业做好产品一致性的监管。在使用环节，要推动包括中央政府和地方的三级监管平台，要不断提高企业的售后能力。

（2）加快推动电池核心技术的突破。第一，大力发展燃料电池技术。在新能源汽车推广财政支持补贴上面，燃料电池汽车一直没有退坡，因为它的技术难度很高，它的核心技术是质子交换膜等相关技术。第二，围绕安全技术发展新一代高性能动力电池。这包含两方面的含义。第一个方面的含义是对于现有电池能量密度的提高，同时把成本进一步降低。第二个方面的含义是发展新一代电池，比如说固态电池、空气电池等新一类的动力电池。四部委联合发布的《促进汽车动力电池产业发展行动方案》中明确提出发展汽车动力电池的发展目标、重点任务和保障措施，加快动力电池创新中心建设，面向行业共性需求，通过协同技术、装备、人才、资金等各类资源，实施锂电升级工程，加快动力电池革命性突破。

（3）加快充电基础设施的建设。为了满足大量投放到市场上的电动车后期使用和维护上的要求，在新建小区的停车位都要 100% 设立充电桩。要求充电标准做到协调性、统一性和一致性，比如说各个企业的电动汽车都要能在充电桩上充电。

3. 汽车产业发展愿景

（1）产品品质不断提高。持续提升汽车产品的安全性、经济性、动力性、舒适性、可靠性、耐久性，使我国汽车产品质量控制能力和智能化水平逐步达到世界先进水平，全面提高消费者对于汽车产品的综合感受和满意程度。

（2）核心环节安全可控。突破基础软件、基础元器件以及高端制造和检测装备等基础共性瓶颈技术，攻关车控操作系统、车规级芯片等产业关键环节，布局汽车前瞻领域，实现产业链关键环节的自主可控。

（3）汽车产业可持续发展。推动汽车制造、使用直至报废全生命周期的低碳化，同时通过更高效、节约的汽车使用模式，提高车辆利用率，确保产业能够在能源、环境承载范围内实现绿色发展。

（4）新型产业生态构建完成。汽车成为跨界融合、协同创新的关键载体，与相关产业深度融合。汽车产业从以车辆为核心的链式结构，转变为以消费者为中心的协同创新、跨界合作、开放包容的新型网状汽车产业生态。

（5）汽车强国战略目标全面实现。实现汽车电动化、智能化、共享化技术的全球引领，形成一批具有较强国际竞争力的跨国公司和产业集群，把我国成功建设成为汽车强国。

拓展迁移

武汉打造国内最大 5G 车路协同自动驾驶示范区

随着首批 42 辆自动驾驶出租车启动试运营，在武汉西南通顺河河湾处，国家新能源与智能网联汽车基地正加紧建设。这是我国最大的 5G 车路协同自动驾驶示范区，也是国内建成的首个基于大规模商用 5G 的车联网，计划开放测试道路

159 km，全域笼罩“5G+北斗”高精度定位系统，可实现远程驾驶、车路协同，是真正进行5G自动驾驶的商业化应用。

以国家新能源与智能网联汽车基地为焦点，“中国车谷”已聚集几十家自动驾驶汽车产业链上下游企业，自动驾驶产业“生态圈”显现雏形。目前，武汉经开区已吸引东风、一汽、百度、海梁科技、深兰科技、AutoX等11类企业的自动驾驶车辆前来进行测试，在全球范围内率先实现智能网联汽车道路测试车辆载人载物商业化试运营。

与此同时，武汉经开区抢抓5G“新基建”战略新机遇，加速推进封闭测试场建设，打造极限测试道、柔性化广场、长直线门路、环形路口、模拟高速、极端天气环境测试区等几十个子项，已满足数百个场景测试需求，推动中国下一代汽车产业走在全球前列。

主题 4　未来新能源汽车关键技术

课堂导入

新能源汽车与碳中和的未来

在碳达峰、碳中和背景下，我国新能源汽车产业迎来发展机遇。政策方面，中央和地方政府在支持充电桩等新能源汽车配套基础建设方面持续出台政策，增强新能源汽车用车便利性；同时，完善新能源汽车的车辆购置税减免等减税降费政策，降低购车成本，鼓励公共交通企业、私家车使用者购买新能源汽车。供给端方面，动力电池产量的增加和价格的降低、新能源汽车车型的多样化以及充电基础设施的完善都助力新能源汽车行业发展。需求端方面，消费者对新能源汽车的接受度的不断提高也促进新能源汽车行业发展。

如果将“3060 目标”（“3060 目标”是指我国二氧化碳排放力争于 2030 年前达到峰值，努力争取 2060 年前实现碳中和的目标）比作一条扁担，那么扁担的一端担的是以风光电为主的非化石能源，另一端担的是以纯电动为主的新能源汽车。一根扁担担两头，要实现“3060 目标”，新能源和新能源汽车这对“一担挑”潜力巨大、能力巨大、责任巨大。

学习内容

如图 7-19 所示，新能源汽车关键技术包括了节能、轻量化、智能制造、动力电池、电驱动总成、充电基础设施等诸多方面，但是从未来发展来看，又可以聚焦

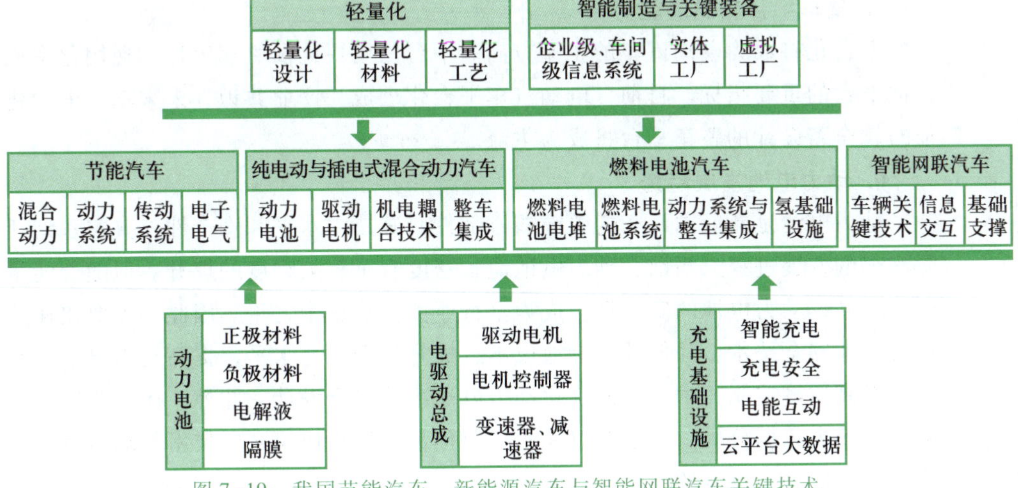

图 7-19　我国节能汽车、新能源汽车与智能网联汽车关键技术

于底盘集成化、动力系统关键技术、无线电池管理系统、智能网联技术等关键技术领域的发展，这些关键技术在将来会对新能源汽车的健康和可持续发展起着更加重要的作用。

一、整车技术趋势

1. 能耗水平发展趋势

产业规模的扩大带动产业技术不断成熟，整车能耗不断降低。近年来我国电动汽车平均能耗不断下降，轿车综合工况电耗从 2016 年的 15.3 kW · h/100 km 降低到 2019 年的 12.8 kW · h/100 km，SUV 综合工况电耗从 2016 年的 17.8 kW · h/100 km 降低到 2019 年的 14.9 kW · h/100 km。未来电动汽车的能耗水平还将进一步降低。

2. 续驶里程发展趋势

未来随着国家新基建政策的导入，新能源汽车的充电基础设施将大规模普及，加上快速充电、换电技术的应用，一味追求长续驶里程的现象将会淡化，续驶里程逐步趋向理性合理的区间，接近燃油汽车。

3. 充换电技术发展趋势

充电技术未来将以慢充为主、快充为辅、部分场景应用换电模式的方向发展，无线充电技术应用比例将逐步提升。相关统计表明，用户理想的快充时间为 0.5 ~ 1 h。未来无线充电将向着大功率方向发展，换电模式在特定应用场景正在成为新趋势。

4. 整车轻量化发展趋势

轻量化技术在新能源汽车上的应用需求更加迫切。在新材料方面，超高强度钢、铝合金、镁合金及碳纤维材料的应用将逐渐增多；在新工艺方面，热压成型、内高压成型、辊压等将会成为主流；新材料、新工艺的应用将推动车辆结构的拓扑优化，从而进一步减轻车辆的质量。

5. 整车平台化发展趋势

平台化将成为电动汽车的主流方向。平台的模块化及可兼容性、通用化率成为评估平台的重要指标。目前，电动汽车平台化已成为产业共识，未来基于电动化特征的、全新设计的整车平台将成为主流。

6. 动力电池发展趋势

动力电池是新能源汽车的关键核心部件，其技术水平和安全性一直关系到新能源汽车的发展进程。当前，动力电池能量密度有了较大程度的提升。但随着能量密度的提升，动力电池的安全性已成为全行业关注的重中之重。因此，需要快速迭代动力电池安全技术，降低动力电池成本，提升安全工艺水平，提高动力电池循环寿命，提高质量控制技术，全面优化动力电池系统安全设计。此外，还需要通过动力电池系统大数据分析，加强对故障的提前预警；优化快速充电技术与动力电池健康管理；拓展动力电池的环境适应性。

7. 热管理发展趋缓

液体冷却技术、热管理一体化、热泵空调及余热回收等技术将成为未来新能源汽车热管理的发展趋势。新能源汽车液体冷却技术将成为主流。主流热管理技术逐渐将由动力电池转向整车集成一体化；热泵系统将成为新能源汽车热管理系统的重要发展方向；随着驱动电机功率密度的持续提升，针对驱动电机内部的主发热区进行定向冷却将是未来技术发展的重要方向。

8. 电子电器发展趋势

下一代电子电器架构将实现物理上的独立分布及逻辑上的集中管理，并实现更复杂的协同控制策略。随着汽车不断向电气化、智能化、网联化、共享化方向发展，汽车电子电器架构将更加复杂。未来，域控制器将逐渐被车载计算机替代，从而实现更为集中的逻辑管理。逻辑上的集中管理可简化主干通信线束，增强控制器之间的资源共享，布置架构更简单，从而降低开发成本。

在内部通信方面，控制器局域网络（CAN）总线将不再能满足汽车通信速度的要求。由于同时支持基于互联网的汽车应用及 V2X 的通信，以太网将成为未来汽车的主要通信技术。在外部通信方面，随着汽车远程应用软件的增多，5G 技术将为汽车智能化、网联化提供信息基础。

二、关键技术发展

1. 底盘系统平台高度集成化

新能源汽车中，无论是燃料电池汽车还是电动汽车，底盘从油改电平台发展到纯电动平台，再发展出滑板式底盘平台，集成度和模块化程度也越来越高。目前欧美有多家企业开发出各自不同的产品定位和应用领域；国内也有相关科技公司为车企、出行平台等提供车型定义、设计、开发和生产服务。底盘模块化可响应未来多元化的市场需求，大幅提高汽车产业产品供给速度。滑板式底盘可以理解为利用非承载车身结构，配置线控系统（转向系统、制动系统等），将动力电池与底盘进行一体化设计和制造。新能源汽车采用滑板式底盘具有以下独特的优势。

（1）底盘与车身的分体开发可以有效节约开发成本，缩短开发周期，给造车提供更多可能。

（2）底盘采用全线控技术，使得行驶系统、转向系统、传动系统、制动系统高度集成，机械结构大幅简化，极大节省车内空间。没有机械部件的束缚，在相同的尺寸下，通过滑板式底盘可以获得更多的车内空间。

当然，作为一项新生事物，新能源汽车滑板式底盘的发展也面临着以下一些挑战。

（1）滑板式底盘的生产需要一体化压铸技术，而一体化压铸存在一些无法避免的缺点，如维修难度大，通用性差等。压铸集成度高意味着拓展性差，这和滑板式底盘可扩展、个性化的需求显然是矛盾的。

（2）滑板式底盘匹配能力还需要提升，否则不同产品定义的车、不同定价区间的车匹配后的性价比较差。

滑板式底盘的多应用车型场景如图 7-20 所示。

图 7-20 滑板式底盘的多应用车型场景

底盘工程作为整车的基础，在前端影响用户体验，在后端决定商业效率。随着滑板式底盘技术的逐步成熟，能将高品质的新能源汽车以更低的成本带入寻常百姓家。

2. 钠离子电池技术逐步成熟

宁德时代公开发布的新一代钠离子动力电池，在多个方面拥有较好的性能。钠离子电池电芯单体能量密度达到 160 W · h/kg，接近磷酸铁锂电池的 180 W · h/kg；在常温下充电 15 min，电量可达 80%，具备快充功能；零下 20 ℃ 低温的环境下，仍然有 90% 以上的放电保持率。按照宁德时代的规划，钠离子电池将于 2023 年形成基本产业链。同时第二代钠离子电池能量密度预计做到 200 W · h/kg 以上。钠离子电池相比锂离子电池的材料成本降幅高达 30% ~40%，其中成本优势主要由正极材料和集流体结构部分贡献。但是，由于钠离子电池上下游产业链尚未完善，产业链仍处于前期阶段，全球主要的钠离子电池研发和生产企业电池体系各具特点，其中正极技术路线分化明显，层状过渡金属氧化物、阴离子化合物和普鲁士蓝类化合物均有采用。短期内由于钠离子电池产业化程度较低，钠离子电池材料成本的优势并没有得到充分体现。预计未来通过正极材料的改性，钠离子电池性能有望继续提升，正极材料成熟度有望显著提升，同时通过规模化生产，钠离子正极材料成本将出现较大的下降。

钠离子电池从技术角度来说，完全具备作为动力储能手段的化学特性。从预期成本来说，比现有锂离子电池的成本优势更加显著，并且在安全性和高低温性能方面都有优势。但是还需要国家和企业的大力推广，完善整个产业链体系才能最大限度发挥其成本优势。钠离子电池工作原理如图 7-21 所示。

3. 无线电池管理系统成为发展趋势

无线电池管理系统（wBMS）是采用无线通信技术，将原来繁杂的电池的整套

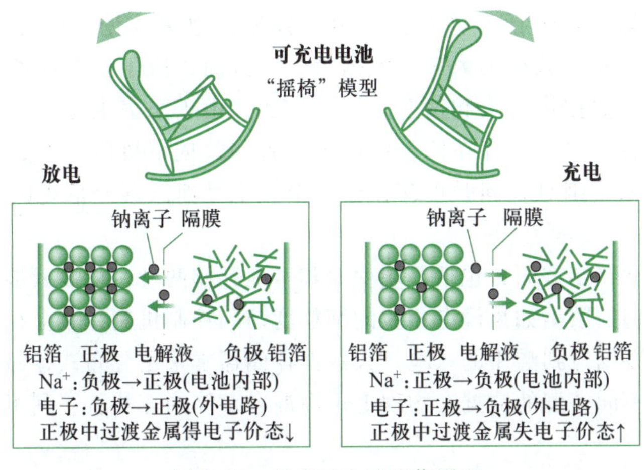

图 7-21　钠离子电池工作原理

系统划分成一个大脑和若干智能节点，智能节点布置在每一个电池模组中间，随时查看电池的电量、发热、故障等情况，然后通过短程无线通信技术进行优化管理，保证每个模组单独最优、整体目标最优，整体的安全潜能和效率潜能都被激发出来。无线电池管理系统的电动平台可减少 90% 的线束，减重的同时增加了体积能量密度，提升了续驶里程，带来更低的故障率，大幅简化电池包的生产工艺，同时兼顾了电池回收时的梯次利用。它使用无线通信去协同管理每个电芯和电池模组的表现，不仅使电池系统的管理变得更精准实时，同时在电池的布局和配置上也可以更轻松灵活。无线电池管理系统示意图如图 7-22 所示。

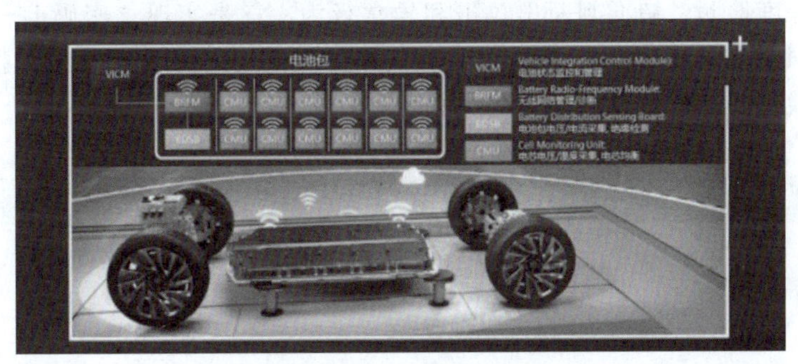

图 7-22　无线电池管理系统示意图

无线电池管理系统的底层架构支持软件功能的更新，而且电芯日后升级方便。此外，智能电子架构增加了远程升级功能，无线电池管理系统可以像智能手机一样进行软件更新。当电池包从车辆上取下，无线管理系统使得电池梯次利用时不需多少重新设计即可简单便捷二次利用。

4. 数据安全技术日益重要

新能源汽车的智能化水平越来越高，而其智能驾驶技术源于深度学习神经网络框架下的人工智能，其发展依赖于交通大数据的浇灌和喂养。现阶段智能网联汽车采集的数据主要包括车辆数据、用户数据、地图数据、位置数据、视觉数据、路况数据、业务数据和第三方数据等。一方面，由于采集设备损坏或安全机制不健全会导致数据被污染和伪造。另一方面，由于采集主体众多、采集方式不一、采集数据种类多样，存在监管手段不完善和数据审核机制不健全的问题。这不仅给监管带来了困难，同时也存在公民个人隐私泄露甚至危害国家公共安全的风险。

具体到数据存储方面，包括云端存储和本地存储两种，但以云端存储为主。云平台对不同级别的数据如果没有相应的细粒度访问控制机制，就会存在访问权限过大，从而导致数据遭到滥用的风险。大数据存储通常采用分布式存储技术，往往对于不同级别、不同类型的数据在物理上采用混合存储的方式，不利于进行分类隔离和分级防护。

在政策法规方面，我国《网络安全法》对数据安全、个人信息保护等问题做出了规定，行业数据安全相关法规和指导性文件也在逐步落地。但我国现有的智能网联汽车数据保护立法体系还处于逐步建立及完善阶段，尚不能够完全满足智能网联汽车产业迅速发展的需要。因此，企业绝不能仅仅将数据看成迭代自身技术产品的工具。维护数据安全是任何一家科技企业应当烙印心中的一道“红线”，应该严格遵守所在国家有关主管部门要求，满足所在国家运营产生的数据不得出境的要求。

在具体技术方面，一是实现“区块链+智能网联汽车”技术融合，结合零知识证明、同态加密、可信多方计算等技术，加强对产业链上各环节参与者的管理，推动数据开放共享体系建设，保障数据安全合规使用。二是实现入侵检测和防护技术创新，通过将多层网络防护和多重检测技术结合，实时对智能网联数据传输的网络流量进行深度检测，精准判断出攻击和异常行为。三是实现“密码上车”技术突破，研发国产密码轻量化低延迟使用技术，通过前装安全密码模块或选择国密算法在智能网联各个环节提升数据安全防护能力。

拓展迁移

新能源汽车供应链的发展走向何方

虽然我国新能源汽车正在高速发展且进入世界领先梯队，但是在新能源汽车供应链中，关键零部件的对外依存度依旧成为了制约我国新能源汽车向更高质量发展的重要因素，尤其在以绝缘栅双极型晶体管（Insulated Gate Bipolar Transistor，简称 IGBT）为代表的汽车芯片领域，我国的技术实力同欧美先进国家存在着一定差距。在未来的新能源汽车供应链发展中，应更加注意新能源汽车供应链的稳定性，并积极考虑存在供应中断风险时，新能源汽车制造商能对于多种供货渠道做出恰当的选择。对新能源汽车核心零部件的技术攻关和成本优化仍需加强。

复习巩固

1. 在人类出行的漫长探索中，____________、____________和____________一直是人们的关注重点。

2. 智能网联汽车技术架构的“三横”是指____________、____________和____________，“两纵”是指____________________和____________________。

3. 智能网联汽车一般由____________、____________和____________三部分组成。

4. 目前，应用比较广泛的全球卫星导航系统包括____________、____________、____________和____________。

5. 名词解释。

(1) 智能交通系统 ITS：

(2) 智能网联汽车 ICV：

(3) 车联网 IOV：

6. 选择题。

(1) 在构建未来出行四大手段中，(　　) 是重构未来出行格局的核心。

A. 共享出行　　B. 无人驾驶　　C. 智能网联　　D. 新能源

(2) 根据自动驾驶技术等级划分，完全自动驾驶技术等级也称为“无人驾驶”，属于 (　　) 级别。

A. L3　　B. L4　　C. L5　　D. L6

7. 判断题。

(1) 无人驾驶、自动驾驶、辅助驾驶其实是一回事。　(　　)

(2) ID 平台是大众汽车公司全新的纯电动汽车平台。　(　　)

8. 补全图 7-23 智能网联汽车系统中的部件名称。

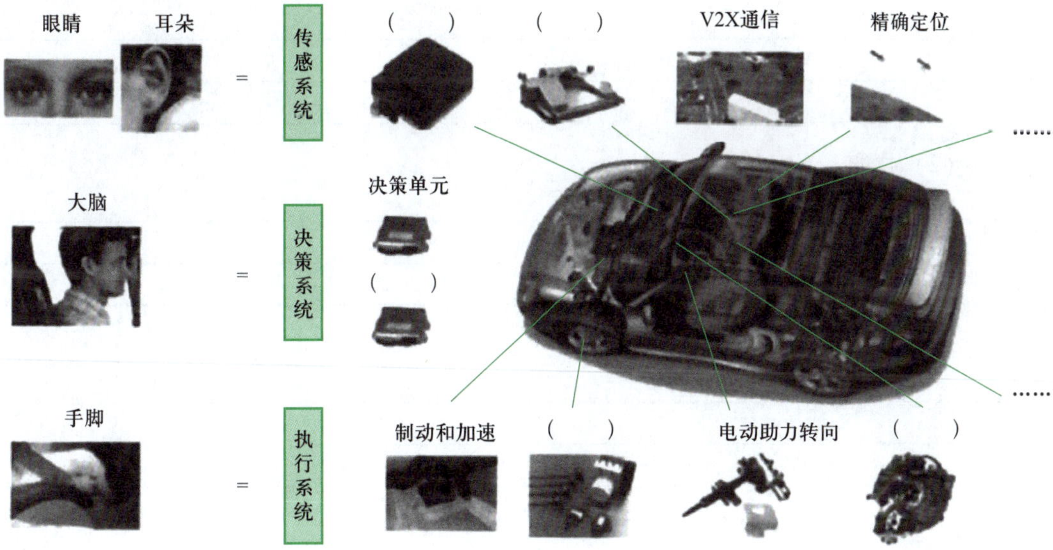

眼睛　耳朵　=　传感系统　(　　)　(　　)　V2X通信　精确定位　……

大脑　=　决策系统　决策单元　(　　)

手脚　=　执行系统　制动和加速　(　　)　电动助力转向　(　　)　……

图 7-23　智能网联汽车系统中的部件

学习思考

1. 学习自评

请同学们结合个人学习情况，按照完全掌握、部分掌握和没掌握三个等级进行自我学习评价。

	完全掌握	部分掌握	没掌握
（1）智能交通的定义与发展历程	□	□	□
（2）未来出行的关键技术	□	□	□
（3）车联网、智能网联汽车内涵及关系	□	□	□
（4）智能网联汽车的关键技术	□	□	□
（5）智能网联汽车与新能源汽车的区别	□	□	□
（6）自动驾驶的内涵、分级及其应用	□	□	□
（7）我国新能源汽车发展历程与现状	□	□	□
（8）我国新能源汽车产业发展规划	□	□	□
（9）未来新能源汽车整车技术发展趋势	□	□	□
（10）未来新能源汽车关键技术发展	□	□	□

2. 个人收获及思考

同学们通过对本单元的学习，在知识、技能与素质方面都有什么收获呢？是否还存在什么问题？思考一下，记录下来吧！

（1）知识：

____

____

____

（2）技能：

____

____

____

（3）素质：

____

____

____

参考文献

[1] 中华人民共和国工业和信息化部. 电动汽车术语: GB/T 19596—2017 [S]. 北京: 中国标准出版社, 2017.

[2] 中国汽车工程学会. 节能与新能源汽车技术路线图2.0 [M]. 北京: 机械工业出版社, 2021.

[3] 赵振宁, 杨舒乐. 新能源汽车技术(第3版) [M]. 北京: 人民交通出版社, 2021.

[4] 宫英英, 张北北. 混合动力电动汽车结构原理与检修 [M]. 北京: 机械工业出版社, 2018.

[5] 吴荣辉, 李颖. 新能源汽车认知与应用 [M]. 北京: 机械工业出版社, 2018.

[6] 陈社会. 混合动力电动汽车构造与维修 [M]. 北京: 机械工业出版社, 2017.

[7] 王灿, 张雅欣. 碳中和愿景的实现路径与政策体系 [J]. 中国环境管理, 2020 (06): 58-59.

[8] 何泽刚, 等. 新能源汽车认知与使用安全 [M]. 北京: 机械工业出版社, 2018.

[9] 唐葆君. 新能源汽车: 路径与政策研究 [M]. 北京: 科学出版社, 2019.

[10] 瑞佩尔. 图解混合动力电动汽车结构·原理与检修 [M]. 北京: 化学工业出版社, 2017.

[11] 高惠民. 混合动力乘用汽车发动机的选择及其关键技术分析(一) [J]. 汽车维修与保养, 2020 (10): 62-65.

[12] 高惠民. 混合动力乘用汽车发动机的选择及其关键技术分析(二) [J]. 汽车维修与保养, 2020 (11): 69-72.

[13] 李晓易, 谭晓雨, 吴睿, 等. 交通运输领域碳达峰、碳中和路径研究 [J]. 中国工程科学, 2021 (06): 16-17.

[14] 许建强. 新能源汽车车载网络结构剖析 [J]. 内燃机与配件, 2018 (24): 171-174.

[15] 付中伟, 滕勤, 刘青林. 阿特金森/米勒循环发动机的技术与应用 [J]. 小型内燃机与车辆技术, 2017, 46 (5): 75-82.

[16] 杜慧起. 新能源汽车维修从入门到精通(彩色图解+视频) [M]. 北京: 机械工业出版社, 2019.

[17] 张斌，蔡春华．新能源汽车概论［M］．北京：机械工业出版社，2019.
[18] 吴晓斌，刘海峰．新能源汽车概论［M］．北京：人民交通出版社，2017.
[19] 张则雷，贺利涛．新能源汽车概论［M］．北京：人民交通出版社，2018.
[20] 冯永忠．丰田 Mirai 氢燃料电池汽车解析（上）［J］．汽车维护与保养，2020（7）：71-73.
[21] 冯永忠．丰田 Mirai 氢燃料电池汽车解析（下）［J］．汽车维护与保养，2020（8）：66-67.
[22] 付于武．中国战略性新兴产业研究与发展新能源汽车［M］．北京：机械工业出版社，2013.
[23] 孙慧芝、张潇月．智能网联汽车概论［M］．北京：机械工业出版社，2020.

读者意见反馈

为收集对教材的意见建议，进一步完善教材编写并做好服务工作，读者可将对本教材的意见建议通过如下渠道反馈至我社。

咨询电话 400-810-0598

反馈邮箱 gjdzfwb@ pub. hep. cn

通信地址 北京市朝阳区惠新东街4号富盛大厦1座

高等教育出版社总编辑办公室

邮政编码 100029